博瑞森图书
BRACE
企业阅读 本土实践

鲁花：一粒花生撬动的粮油帝国

余盛◎著

中华工商联合出版社

图书在版编目（CIP）数据

鲁花：一粒花生撬动的粮油帝国 / 余盛著. --北京：中华工商联合出版社，2020.2

ISBN 978-7-5158-2679-0

Ⅰ.①鲁… Ⅱ.①余… Ⅲ.①粮油工业－工业企业管理－经验－中国 Ⅳ.①F426.82

中国版本图书馆 CIP 数据核字（2020）第 001154 号

鲁花：一粒花生撬动的粮油帝国

著　　者： 余　盛
责任编辑： 于建廷　王　欢
责任审读： 郭敬梅
封面设计： 仙　境
责任印制： 迈致红
出版发行： 中华工商联合出版社有限责任公司
印　　刷： 河北宝昌佳彩印刷有限公司
版　　次： 2020 年 3 月第 1 版
印　　次： 2020 年 3 月第 1 次印刷
开　　本： 710mm × 1000mm　1/16
字　　数： 200 千字
印　　张： 14
书　　号： ISBN 978-7-5158-2679-0
定　　价： 78.00 元

服务热线： 010－58301130
团购热线： 010－58302813
地址邮编： 北京市西城区西环广场 A 座
19－20 层，100044
http：//www.chgslcbs.cn
E-mail：cicap1202@sina.com（营销中心）
E-mail：gslzbs@sina.com（总编室）

『前言』

当年，笔者在益海嘉里花生油品牌小组工作时，参与胡姬花和金龙鱼双品牌的花生油营销管理。在工作过程中，对鲁花品牌进行了广泛而深入的研究。了解越多，就对鲁花品牌越发感到惊讶和敬佩。鲁花对中国式营销手法的得心应手，不仅在食用油行业，可以说，在整个消费品行业都是首屈一指的。鲁花出自草根，以一家乡镇企业起步，不脱家族企业的本色，最终成长为一个非常优秀的民营企业，在与央企和外企的抗衡中毫不逊色。鲁花参与了花生产业链的全过程，从最初的育种、种植和收获，再到收购、加工和销售，在产业链的每一个环节都扎实地下过工夫，为中国花生产业的茁壮成长奠定了坚实的基础。鲁花的许多成功经验，不仅值得粮油行业学习，值得其他农产品相关品牌学习，甚至对中国的整个消费品行业乃至中国的企业家们都有很强的借鉴意义。

在离开益海嘉里集团后，笔者曾经在某省一家茶叶龙头企业工作过。该省是一内地农业省份，经济落后，茶叶是支柱产业之一。为了引导农民脱贫致富，发展地方经济，政府很是重视对茶叶品牌与农业产业化龙头企业的扶持。相信有许多地方政府都知道农业品牌和龙头企业对提高农民收入、增加就业和带动农业产业发展的巨大作用，但相关的成功案例并不多。鲁花是一个非常难得的以品牌带动农业产业发展的经典成功案例，值得中国所有有志于振兴农业产业和促进农业产品销售的人士关注和研究。

最近几年，唱衰山东经济的文章不时出现，以产能过剩的传统行业为主体的山东经济，似乎进入了一个积重难返、举步维艰的阶段。而鲁花作为一家传统的不能再传统的食用油企业，何以能够不仅长期保持高速增长的势头，而且发展后劲十足，很值得其他鲁商深思。

笔者在写作《金龙鱼背后的粮油帝国》一书的过程中，每每感慨于受篇幅所限，不能给鲁花更多一些笔墨，于是就萌生了单独为鲁花写一本书的念头。鲁花集团虽然和益海嘉里一样以食用油为主业，但两者的商业模式大不相同。益海嘉里背后的丰益国际是一家世界级的企业，它拥有的是世界一流的竞争力和全球范围的影响力。《金龙鱼背后的粮油帝国》这本书中的关键词是外资粮油品牌、世界500强企业、中国粮食安全、世界粮食危机等。而本书的关键词则是乡镇企业、农业产业化龙头企业、三农问题、扶贫致富、中国式营销、家族企业、鲁商等。这本书亦可作为《金龙鱼背后的粮油帝国》一书的姊妹篇来看。两书相互对照、相互补充，亦会是一个有趣的阅读经历。

本书是笔者《粮油帝国》系列写作计划的第二部，对那些想要了解和研究中国三农问题出路、中国式营销及中国民营企业发展史的读者，真心希望这本书对你们能够有所帮助。本书力求以一个农业产业化品牌的故事为线索，考察农民、消费者、行业、政府等各利益相关方的互动与影响，来为这个时代留下一份真实而客观的记录。如果本书能够对中国农业产业化发展有一点小小的帮助，给相关人士在制定政策或企业经营中提供一些有益的启发，则笔者幸莫大焉。

笔者尽力做到以客观和公正的态度进行叙事，所有用到的资料都尽可能地有可靠的出处，并大量应用了笔者亲自搜集和整理的市场数据信息。感谢原益海嘉里集团老领导伍翔飞给我的指导意见，感谢原益海嘉里集团乔明、原恒大粮油集团张弘力等老同事对本书稿的审阅及修改意见。囿于本人学识所限及资料不足，书中存在的疏漏与错误在所难免，所有可能与事实不符的地方都应由我一人承担责任。

更多交流，敬请关注个人微信“公众号”和今日头条的“头条号”：粮食帝国。

余盛
2019 年 9 月完成终稿

第一篇

道路：走、闯、逼

第 1 章　莱阳不止产梨，也产花生

孙孟全，兵圣孙子的“孙”，儒亚圣孟子的“孟”。孙孟全为烟台市莱阳姜疃（tuǎn）镇人氏，孙子和孟子俱为其山东老乡。他之所以能够缔造出鲁花品牌，亦不外乎内修儒家治世之道，外用兵家诡战之术。

今天的山东，沃野千里、五谷丰登，是中国排名第三的产粮大省。与河南和黑龙江这两个产粮大省不同的是，山东地处沿海，自春秋时期始就享鱼盐之利，以工商业发达著称，如今还是中国仅次于广东和江苏的经济强省。自古以来，山东人杰地灵，文人墨客辈出、英雄豪杰不绝，在中国的历史地理版图上占有非常重要的地位。

然而，山东在近代史上却多灾多难、饥馑不断。山东自清末以来就有闯关东的传统。20 世纪七十年代末，计划经济稍有松动，又有不少烟台人到东北去贩木头，孙孟全也是其中的一员。

“孙孟全早年曾到东北扛木头，上班头一天，别人就给他脸色看，排最重的活儿给他，想把他吓走，但他咬牙坚持下来。每天忙完回到营地，

累得床都上不去，两手使劲摁着床边，才慢慢躺下去，第二天一大早又接着干。”（引自华商韬略百家号）

八十年代初，孙孟全成为一个生产队的队长。由于号召能力强，他所在的生产队，总是取得所在公社里第一的劳动成绩。

1983 年，33 岁的孙孟全被任命为姜疃镇物资站的站长。

孙孟全新官上任之时，物资站只有六七个人，平房四间。由于经营不善，物资站连年亏损，累计已达 17 万元，不到一年就要换一任站长。碰上这种烂摊子，别人避之唯恐不及，孙孟全却迎难而上。他是个从不服输的人。

姜疃镇物资站隶属于莱阳县物资局。说是物资站，其实就是个建材供应门市部，主要向农村提供水泥、玻璃、木材等建筑材料，还做一些五金和农业机械配件。那时候，全国各地大兴土木、大搞建设，各种建材供不应求，市场价格不断升高，但物资站囿于计划管理体制，只能销售上级调拨来的物资，市场反应慢，产品售价高，还经常货不对路。市场急需的物资没货，市场不需要的物资却大量积压。与此同时，大量个体户参与到建材经营中，他们的产品全、售价低、服务优，物资站没法与他们竞争。

一个人的能力再强，也拗不过体制。怎么办?

物资站还是计划经济的坚强堡垒，粮油市场却已经开始了翻天覆地的变化。

中国改革开放的第一枪，正是在农村打响。1978 年，党的十一届三中全会决定，在农村逐步推行包产到户、分田单干。全国粮食征购指标稳定不变，粮食统购价格提高 20%，超购部分在提价基础上再加价 50%，同时进口一部分粮食，以减轻农民的征购负担。到 1983 年，粮油征购全面更改为以户为单位交售和结算，不再以生产队为单位。国家还逐年减少粮食征购品种和数量，扩大市场调节范围。在这一系列改革措施的推动下，“交足国家的、留足集体的，剩下都是自己的”，广大农民的种粮积极性空前高涨。再加上种子的改良、化肥农药的应用和水利工程的建设，粮食生产连年获得大丰收。

到1984年，中国人均粮食产量接近400公斤，与世界平均值的425公斤已相去不远。本该皆大欢喜，但却丰产成灾。国家的粮食处理能力竟然跟不上，粮食购不进、存不下、销不出、调不动，许多地方都出现了农民“卖粮难”的问题。造成这种困境的主要原因，除了购销体制和价格体系存在弊端，主要还是购买力不足。受粮票、油票的限制，城乡居民的消费能力很有限。

由于粮食销售价格仍然固定不动，收购粮食越多，政府财政负担就越重。有人计算过，如果补贴收购方式不变，用不了多久，中国财政开支的60%都要填进去。而且农民依据国家的补贴政策而不是市场真实需求来种植庄稼，会导致农业生产信息的巨大失真。为了减轻财政负担，中央决定取消已实施长达30年的统购统销政策，允许农民在完成政府分配的粮食征购任务的基础上，把余粮自行加工和出售。农村粮食集贸市场重新开放，各级粮食部门也相继成立专营议价粮油的专业贸易公司，从而形成了粮食按计划平价购销和按市场价随行就市议购议销的“双轨制”。国家依据粮食的丰欠状况，通过调整平价粮与议价粮的相对份额，来调剂粮食的余缺。

大环境的变化，给小小的姜疃镇物资站带来了转型的机会。

这一年，正逢姜疃镇地瓜大丰收，很多农民家中的地瓜干卖不出去，堆到没地儿放。眼看就要生虫坏掉，他们找到孙孟全帮忙。在大家的眼里，孙孟全见过世面，是姜疃镇的一个能人。

按理说，粮食收购有供销合作社负责，不关物资站的事情。可是，大家都是乡里乡亲的，孙孟全很难拒绝农民们的请求。孙孟全把事情应承了下来，四处打探，终于在青岛找到一家急需地瓜干的酒精厂。一番磨合，敲定了生意：物资站按每斤一毛钱的价格把地瓜干收上来，加点运费和人工费，再卖给酒精厂。

销路确定下来，大家干劲十足。有的装包，有的封袋，有的记账，热火朝天地干了三个月。最后一算账，竟然还赚了 5000 元（也有说是 3 万元）！

要知道，在当时，身为一个物资站的站长，大小也是一个干部，孙孟全一个月的工资也不过几十元。

本来只想给农民帮个忙，没想到还能赚钱，而且能赚大钱。这件事给孙孟全的震动很大，孙孟全的思路活络开了。建材经营要靠计划调拨，做得束手束脚，有力不得使，农产品却可以自主经营，咱何不多做点农产品的收购和加工？莱阳是农业大县，莱阳的梨、沙参和芋头都是闻名天下的好东西。孙孟全决定，他要卖莱阳梨。

要卖莱阳梨，本身没毛病。问题在于，孙孟全要把莱阳梨卖到新疆去。

到了新疆才知道，原来新疆也产梨，而且皮薄味甜，品质一点也不逊于莱阳梨。梨的保质期又短，没几天，几车皮的梨就开始腐烂变质了。

眼看就要血本无归，危急关头，虽然心急如焚，但表面上，孙孟全不惊不慌。他四处搜罗价格信息，发现新疆缺花生。于是，他欣喜地把好消息告诉大家，又筹了一些钱，从山东发了几车皮的花生到新疆去。

结果，这批花生在新疆大卖，连卖梨的亏损都补上了。

从此以后，孙孟全就与花生彻底结缘。莱阳亦是花生之乡，莱阳花生，也有不寻常的来头。

花生耐干旱、耐贫瘠，在全国范围内均有种植。山东土地上沙下壤，秋高气爽，在花生种植上拥有得天独厚的条件。山东、河南、河北、辽宁和广东五省集中了中国 70% 以上的花生产量，其中仅山东和河南两省的花生产量就接近中国花生总产量的一半。胶东低山丘陵地形，四季分明，水资源丰富，日照时间长，非常适合花生的成长。当地种植花生历史悠久，且农户种植经验丰富，所产花生数量大、质量好。以至于有“世界花生在中国，中国花生在山东，山东花生在胶东”之说。

莱阳市位于胶东腹地，品质尤佳，在清朝末年还成为朝廷的贡品。据民间传说，光绪二十年，国家内忧外患，慈禧却大办六十大寿。时任法部右侍郎的莱阳人王埣（xù）一边为朝廷的奢靡之风深感痛心；一边又为不知该送什么寿礼发愁。正好家乡送来一筐花生，王埣大喜，提笔在金笺上书“长生果”三字，将花生进献慈禧。大太监李莲英素与王埣不和，遂有意把花生摆在了最显眼的位置，期待慈禧降罪于王埣。久居深宫的慈禧太后，还是第一次听说花生在民间的称呼是“长生果”，入口一品，清脆香甜，大悦，下旨要求莱阳进贡花生，莱阳花生也由此而名满京城。王埣虽然没能借机提倡朝廷厉行节俭，但却意外捧红了莱阳的花生。

莱阳贡品花生属于小果型的花生。小果花生好吃、味香、多油，但产量较低。山东花生产业的兴旺，还要有赖于美国大花生的引进。美国大花生的含油率虽然较低，但其高产量足以弥补含油较少的缺点。美国大花生传入山东的时间，可以非常明确地定格在1889这一年。

据1924年9月27日美国《伯克利每日公报》上的一篇名为《花生和橄榄球》的文章：“三十五年以前，汤普森带到中国的4包美国花生成了中国大花生的祖先，现在中国花生产量超过了美国。当年汤普森主教慷慨地把一半花生分给正要回山东的美国长老会传教士梅理士博士。梅理士博士又把花生分给了两个农民，并要求他们先种上三年，然后分发给大家。一个农民在年底把花生吃了，另外一个则按梅理士的要求做了。现在光山东一年就生产18，000，000蒲耳的美国大花生。”

1800万蒲耳的美国大花生，大约相当于45万吨。到1934年，山东烟台港每年输出的花生，价值高达五百三十多万银元，在那个时代乃是一个巨额数字。中国因此而成为世界花生生产的第一大国，也是花生出口的第一大国。由于中国花生的巨大影响力，花生在欧洲被称为“中国坚果”，在日本则被称为“唐人豆”。美国花生的出口市场大受影响，就像今天的美洲大豆抢占了中国大豆的市场一样，美国的花生农们很不开心。

花生虽然是个好东西，但中华人民共和国成立以来，由于中国农业长期执行“以粮为纲”的方针，包括花生在内的大多数经济作物都不受重视，产量长期徘徊不前。直到1978年，中国的花生总产量仅有238万吨，与1949年前相比几乎没什么增长。经济改革之后，中国的粮食供给由长期短缺演变成总量基本平衡、丰年有余，出现了粮食供给的相对过剩。包产到户彻底改变了以前上级让种什么就种什么、不讲效益的被动做法，农民开始自主经营，注重调整农业种植结构，减少劣质粮的种植面积，增加花生等产值较高的经济作物种植，从而带来了花生产量的显著提高。到1984年全国性粮食大丰收之际，中国花生总产量较改革开放前翻了一倍。

在这样的时代背景下，莱阳也大力调整农村产业结构，压缩小麦、玉米和地瓜等粮田面积，重视花生、果品两大优势产业，大力引进先进技术，发展商品生产。日本于20世纪70年代才创造的花生地膜覆盖技术，1982年就开始在莱阳推广。病虫害防治、灌溉、平衡施肥等方面的技术也都得到快速发展。花生的高产量和高质量，让莱阳成为重要的花生出口基地。

莱阳的花生这么好，何不主做花生贸易？孙孟全就此做出了一个“宁农勿工”的重大决策。物资站不再把经营五金、建材作为主营项目，而是将重点转向了花生的出口加工。在当时，许多企业都只想着多赚钱，没把质量当回事。孙孟全却小心翼翼，每次都挑最好的花生。别人要求破损率不超过3%，他一个坏的花生都不许有；别人要求含水量不超过9%，他严格控制在8%以内。到后来，欧洲人点名要他的货，有多少要多少，而其他企业都是有配额的。物资站在孙孟全的带领下，不仅扭亏为盈，还得到了日新月异的发展。

莱阳的花生产业虽然在蓬勃发展，但农民得到的实惠却有限。那时候，农民辛辛苦苦种出花生也不一定能卖得出去，能卖出去的也不一定能卖得上好价钱。原因是花生深加工能力不足，丰收的花生往往积压库存，只能贱卖。

孙孟全决定，他要利用当地丰富的花生资源，办一个花生油厂，帮助农民把花生卖出去。

说干就干，物资局也有农业机械的销售业务，弄来榨油所需的各种设备是小事一桩。物资站居然榨起了花生油，当时的人们看着新鲜，上级领导也斥之为不务正业。孙孟全可不管那么多。在他的领导下，物资站的花生油生意蒸蒸日上，员工很快增加到了三十多人。物资站是个集体所有制企业，不过孙孟全“从来就没想过这个企业是谁的，我天天就把它当成自己的企业来对待，以无为的心去经营这个企业，想着责任，想着实现自身价值。”他把自己的所有精力都投注到花生油加工业务上来。

花生油生产变成了主业，物资供应变成了副业。1986 年，物资站成立了莱阳市鲁花植物油厂。鲁花植物油厂的名字，“鲁”是山东，“花”是花生油，“鲁花”就是“山东花生油”的意思。孙孟全要用山东的大花生，做出最好的花生油。那时正开始流行厂长负责制，于是，孙孟全当上了植物油厂的厂长，从采购、生产到销售，一手抓起了植物油厂的所有经营业务。

鲁花植物油厂是一个典型的乡镇企业。

那时候，全国农村恢复乡镇建制，人民公社、生产大队、生产小队三级体制已完全解体。农民不再被束缚在土地上长时间地集体劳作，有了大量的农闲时间可以从事副业。但由于国家偏向重工业的产业政策和严格的户籍制度限制，造成城乡严重对立。农村劳动力难以自由流动，出门要不带粮票连饭都没得吃，很难进城去寻找活计。农民“离土不离乡、进厂不进城”，被迫在农村创办乡镇企业或是进入乡镇企业工作。几千万农民在农产品加工业、建材建筑业、服装加工业、流通运输业等领域大显身手。与此同时，中国社会长期被压抑的消费欲望突然释放了出来，各种电器、家具和服装开始迅速进入普通人的生活中。在这一消费热潮中，多种商品供不应求，处于卖方市场。老百姓对质量要求不高。乡镇企业生产设备简陋，生产出来的产品质量较差，但仍然不愁销路。

在 20 世纪 80 年代，乡镇企业的产出以年均 28% 的速度发展，远远超过国有工业产出 8% 的增长速度。山东乡镇企业的发展还走在了全国的前面。1981 年才到邹平县第五油棉厂担任厂长的张士平，仅用三年时间就让企业利润跃居全国棉麻行业第一，日后更是以魏桥集团之名成为“中国纺织行业巨人”。宋作文带领前宋村从兴建玻璃纤维厂、棉纺厂等起步，发展成后来著名的南山集团。西王村的王勇将面粉厂捐献给村集体，同时投产油棉厂，也走上了工业化的发展道路。再加上因张瑞敏砸冰箱而一举出名的海尔电器，成功引进世界一流制造技术并屡获国家优质产品荣誉的海信彩电，以“小鸭小鸭顶呱呱”的广告语响彻全国的小鸭洗衣机等国有企业，一大批山东企业崭露头角，让山东的 GDP 一度跃居全国头把交椅。而胶东又因经济基础好且地理位置优越，其乡镇企业在山东又是最发达的。孙孟全开办鲁花植物油厂，可谓占尽了天时地利。

到了 20 世纪 90 年代，国家不再进行物资划拨，物资供应站也随之走入历史。而孙孟全的花生油事业，以莱阳市鲁花植物油厂为基础，越做越大，走向全国。

鲁花花生油的崛起，需要以掌握 5S 压榨核心技术为前提。那么，什么是 5S 呢？

第 2 章　5S 压榨：噱头，还是秘诀

东南沿海最早开始种植花生，也是最早将花生用于榨油。《康熙台湾府志》载：“落花生，即泥豆，可作油”。嘉庆年间的《滇海虞衡志》载：“落花生为果中第一，以其资于民用者最广。落花生以榨油为上。故自闽及粤，无不食落花生油。”直到今天，两广及福建仍是中国最喜欢吃花生油的区域之一。

传统花生油木榨工艺的主要工序，是将花生原料碾磨成碎粉，入蒸锅蒸煮，然后倒入榨机内，以木楔打砸方法压榨。老式的木榨油坊设备非常简单，主要靠手工生产，卫生条件差，而且没有任何的清油设备。

作为花生种植的大省，山东的花生油产业也发展得很早。那么，山东又是怎么榨花生油的呢？曾让莱阳花生一举成名的王𡋯，有个堂弟叫王圻

（qí），曾潜心研究过花生油的压榨手艺。在其后人所做的《蚬子湾王圻风云》中，以其口吻自述“在不断的失败实践与摸索中，我渐渐总结出了一套优质油料压榨的方法”。

筛选：先用簸箕簸出花生碎壳和柴草等，然后用圆罗筛去石块、土屑和铁类等杂物。筛后生仁杂质越少越好，最多不超过百里挑一。

碾坯：可用石碾将花生仁碾碎，碾花生仁不要铺得过厚，以免碾坯不均匀，碾出的生坯厚度在0.3～0.5毫米为好。

蒸坯：可用铁锅笼屉，待水烧开后将碾好后的生坯均匀平铺其上。上汽要均匀，蒸好后要求一捻见油，水分在8.5%左右，温度在100℃以上。

装垛：生坯蒸好后即为熟坯，要迅速包饼装垛，包饼可采用单圈，饼圈上下口要对齐，铺草要均匀，熟坯装好后要压实踩平，使中间略高。要求包饼要快而平，装垛要正而直，以达到保持饼温和延长压榨时间的要求。

头道压榨：人力螺旋榨要放在保温的房间内，饼装好后要立即压榨，要步步压紧，轻压勤压，一般达到出油九成左右时，拆榨，卸饼，并用弯刀刮去饼边（不应同饼一起粉碎，最好掺到生坯中去，再进行头道压榨）。

粉碎压坯：将刮去饼边的头道饼用石碾进行粉碎，使通过3目的筛子，直至全部筛过为止。

二次压榨：操作均同前述。两次压榨所得的毛油合并过滤，滤后的花生油即可食用。滤渣可掺入生坯中重复进行压榨。

有意思的是，这部家史还酸溜溜地称：“没有当时我们蚬子湾王家的努力，哪有今日的鲁花花生油啊，应该说莱阳花生油规模化经营我是第一人。莱阳花生的出名还是源于我家。”当然，鲁花花生油的生产能力远非昔日的手工作坊可比，但前人在花生油手工压榨上积累的经验，也为花生油的机器生产提供了不少有益的借鉴。

到了民国时代，花生油的制取逐步进入机器时代，青岛开始引领山东乃至中国花生油压榨工艺的发展。

自1917年始，日本人陆续创办了东和、三井和三菱等青岛最早的油坊。一开始的设备还很简陋，主要有石碾、蒸炒锅、人力木榨和铁榨等。到1933年，青岛不仅有日本人开办的油坊6家，还有中国人开办的油坊28家。从美国、德国和英国等地进口的水压榨油机和螺旋榨油机逐渐替代了需要繁重人力的木榨和铁榨，并且让花生油品质得到很大提升。尤其是后来发展的花生油清油工艺，用宣纸对花生油进行过滤，让花生油变得清澈而纯正。当然，那时的油坊还不能完全脱离手工，最多只能称为半机械化的操作。

中华人民共和国成立后，青岛的大小油坊经过公私合营，整合并入青岛植物油厂。青岛植物油厂成为山东省最大的花生油生产基地。

1957年，青岛植物油厂建成我国第一套花生预榨间歇浸出生产线，也就是将花生通过压榨制油后，再通过浸出工艺取得饼粕中的残油。与压榨法制油相比，预榨浸出花生的出油率提高了3%～5%，干粕残油率降至0.5%。

1967年，通过一年多的努力，青岛植物油厂革命性地开发研制出了独具特色而且高品质的浓香花生油。原本花生都是在蒸煮后进行榨油，该产品却是将花生进行焙炒后再榨油。在香味、色泽、加热实验等方面，浓香花生油均别具一格，较普通花生油更胜一筹，深受外商的青睐。

到了20世纪80年代，花生原料的充足和粮食市场的改革，推动了山东、河南等地乡镇兴办花生油厂的热潮。那时候，不仅是花生油厂遍地开花，以大豆、菜籽、棉籽为原料的民间小油厂在全国范围内都如雨后春笋般蓬勃生长，可谓“村村点火、处处冒烟”。外资也在这时候开始进入中国油脂行业。20世纪80年代后期，新加坡郭兄弟公司等外商陆续来到大陆办起油脂加工厂，涉水中国食用油市场。中国油脂行业的企业体制向国有、集体、个体和外资等多种所有制方向的发展，已是不可扭转的历史趋势。到20世纪90年代初，非国营的油脂企业，已在中国油脂行业中三分天下有其一。

山东多数乡镇都有自己的花生油厂。以莱阳为例，比鲁花还早建厂的食用油生产企业有外贸公司植物油厂、石河头榨油厂、古柳榨油厂等，不过压榨工艺都比较落后，主要以土法榨出毛油，卫生健康标准非常差。国营的莱阳植物油厂于1988年投资150万元对浸出车间进行规模改造，年生产花生油5000吨，是当时莱阳最大的花生油厂。同一年，莱阳齐花特香纯正花生油有限公司建立——其企业名称“齐花”很可能借鉴了早一年成立的鲁花植物油厂。莱阳植物油厂、鲁花和齐花等花生油厂代表了莱阳花生油的生产向规模化和标准化方向的升级。

在鲁花以10万元注册资本起步的1986年，青岛植物油厂的总产值已达3000万元左右，利税高达248万元。1984年和1988年，青岛植物油厂生产的花生油两次获得国家质量金奖。青岛植物油厂所产的浓香花生油已有20年的出口历史，为国家累计创汇一亿多美元。青岛植物油厂已是国内粮油工业设备较好、工艺较先进、产品质量检验设备较齐全的大中型骨干企业之一，出口创汇在全国同行业中名列前茅。青岛植物油厂的花生油产品质量居全国同行业之首，达到国际先进水平。

无论是从企业规模、生产设备还是技术力量来看，鲁花植物油厂这样一个小小的乡镇企业，远远不能和青岛植物油厂这样一个有着悠久历史的国营大厂相比。当年的鲁花也没有奢望将来居然能有机会与青岛植物油厂争雄。与当时大多数乡镇花生油厂一样，鲁花主要从市场上采购花生，榨成花生油后供给当地粮食局下属的国有粮油加工企业或国营粮油公司，再由粮食局依靠政府补贴把油按照国家指定的低价格卖给各粮站。城镇居民要吃油，必须拎着油瓶，凭油票到粮站去打油。每人每月4两，再多一滴没有。除此之外，鲁花的客户只有乡镇里的小餐馆、小饭店，以及周边村子里的农民。鲁花也为农民做来料加工，帮农民把花生榨成花生油。鲁花经常还免收农民的加工费，只要求农民留下花生饼粕，鲁花再把花生饼粕出售，所得利润充作加工费用。

包括鲁花植物油厂在内，20 世纪 80 年代新建的这些乡镇花生油厂，都是国营的或社队的企业，生产条件都差不多，资金实力也都很有限。当时地方保护主义严重，市场呈碎片化，小油厂的生存主要靠地产地销，自己走不出去，别人也进不来。那个时代散装油尚且一统天下，这些乡镇企业所产的花生油连包装桶都没有，更不要说打上商标。由于市场监督不到位，乡镇企业的体制又灵活，许多花生油厂通过给国营粮油公司的采购人员行贿来打开市场，或者通过往花生油里掺入其他食用油来牟取不当利益。市场鱼龙混杂，相当混乱。

但是孙孟全从来不做这些歪门邪道的事，只是埋头磨炼自己的榨油工艺，做出品质一贯的浓香花生油。鲁花凭借口碑在市场上占有一席之地，生意做得不温也不火。

为了突破市场局限，孙孟全不得已盯上了出口市场。

在当时，山东的粮油外贸业务由山东省粮油进出口公司专营。孙孟全亲自把第一批花生油样品送了过去。一个从业三十多年的质检员说，他从没有见过这么香的花生油。随之问他们，加热试验是否合格？因为，普通花生油加热到一定的程度是要冒烟起沫的，要想不冒烟起沫，必须将油中的磷脂除掉。加热实验结束后，检验员说，这个技术解决不了，油是达不到出口标准的。

食用油中多多少少都会含有一些磷脂。磷脂能让油脂的颜色深暗、混浊。将食用油长时间存放，磷脂易吸水、沉淀，让油脂加快变质。含磷脂较高的食用油，加热到 280℃时会有析出物，并开始焦苦发黑。所以，磷脂对食用油的品质有较大的影响，必须尽可能地将之去除。

回到莱阳后，孙孟全带领技术团队一头钻进实验室，进行技术攻关。他还把厂区下边建成地下室，让所有的油品恒温储存，以保证技术实验的顺利进行。功夫不负有心人，孙孟全终于研究出了“无水化脱磷”技术，让花生油达到了出口的品质要求。

一般花生油采用的水化脱磷技术，需要在花生毛油中加入其重量的1%～5%的水，混合30～60分钟后，让磷脂吸水膨胀、相互聚集成肉眼可见的物质，再离心分离。而无水化脱磷技术，是使用珍珠岩等物质做成的助滤剂，在低温条件下吸附磷脂，成本较低，但需时较长。

“无水化脱磷”仅仅是孙孟全对花生油工艺进行改进的一个方面。很长一段时间内，孙孟全都在潜心重点研究其他一些更重要的课题，例如如何提升花生油产品的香味、如何去除黄曲霉毒素等。尽管鲁花植物油厂的生产设施简陋，生产规模很小，但孙孟全对提升产品品质却从来都不遗余力。

曾经有人劝过孙孟全，“先把牌子打响，产量打上去，赚了钱再说，搞研发不是你们乡镇企业该干的事。”对这样的好心劝慰，孙孟全也就是笑笑。乡邻的好意，在他看来没有必要去反驳，他更加觉得自己有义务让他们吃上更好的花生油。

莱阳是山东闻名的工业发达县，有一批具备生产柴油机或拖拉机实力的重型机械厂，这也为包括鲁花植物油厂在内的莱阳花生油产业的兴旺奠定了技术基础。凭借其工业实力，莱阳早在1987年就县改市。那时的莱阳，已经有500多家与鲁花类似的集体所有制工业企业，并普遍推行了承包责任制和厂长负责制。由于市场太好做了，许多企业只顾赚钱，不管产品质量，也没有品牌意识，更不重视研发。能像鲁花这样潜心钻研改进生产技术的，凤毛麟角。

到了1992年，孙孟全终于做出了色泽金黄、香味浓郁、品质上乘的浓香花生油产品。

孙孟全总结了花生油生产工艺的五个核心部分（section），包括：纯物理压榨技术，避免了高温精炼对食用油品质的不利影响；生香、留香技术，尽可能激发和保留了花生中的香味物质；无水化脱磷技术，去除有害物质，保留油品中的活性营养，如白藜芦醇、B－谷固醇和植物异黄酮等；恒温储存、维 E 保鲜技术，确保食用油中的天然营养成分不变质；去除花生油中黄曲霉毒素技术。孙孟全将这套工艺命名为“5S 物理压榨工艺”。

有意思的是，鲁花在产品宣传过程中，并不试图向消费者解释清楚什么是5S。相反，鲁花还维持着 5S 的神秘性，让消费者觉得鲁花花生油是个不明觉厉的好东西。就像汽车 4S 店，谁知道 4S 是哪 4 个 S？异曲同工的是，“金龙鱼”第二代调和油推出的脂肪酸平衡比例 1∶1∶1，也没有几个消费者能说得清楚什么是 1∶1∶1，但并不影响概念的成功和产品的热卖。

为了与市场上的其他浓香花生油产品区别开来，孙孟全还将他的花生油产品命名为“特香纯正花生油”。

在鲁花出名以后，“5S 物理压榨工艺”被传得神乎其神。据说，鲁花的每个花生油厂都有一道工序被列为绝对机密，该工序有点石成金之妙，能让鲁花花生油散发出无与伦比的浓郁香味。这道工序所在的车间永远大门紧锁，只有厂长和个别高级技术人员可以进入。其他任何人，包括郭老板在内的鲁花最重量级的投资人和合作伙伴，都不得入内。

其实，在业界专家看来，5S 物理压榨工艺并无多少特异之处可言。花生油要做出浓郁香味的关键点有 4 个。

第一，花生原料的品质一定要好。

品质不好的花生，无论如何都不可能榨出优质的花生油来。生产浓香花生油的花生要求新鲜饱满，未成熟、陈化、霉变或破损的花生不能用于生产浓香花生油。未成熟和陈化的花生所产的油脂酸价较高，风味较差，而霉变和破损的花生又极易受到黄曲霉毒素的污染。

第二，在榨油过程中增加炒香花生的比例。

普通花生油，是将花生蒸过再榨。而浓香花生油，是将 18%～30% 炒过的花生加入蒸花生中榨出的花生油。用炒香花生榨油，比蒸花生榨油的香味要好，但出油率要低一些，成本较高。用百分之十几还是二十几的炒香花生来榨花生油，香味优劣自然会有很大的区别。

第三，烘炒温度的影响。

热风烘炒是生产浓香花生油的关键工序，花生在高温烘炒过程中发生美拉德反应，产生大量芳香物质。花生油香味的产生与烘炒温度有直接关系。温度太低，香味较淡；温度太高，油料易焦煳。一般控制烘炒温度为180～200℃。为防止油料糊化，烘炒后应立即散热降温。

第四，蒸炒环节的影响。

浓香花生油的出油率高低、香味、色泽、磷脂与胶溶性成分的含量都与生坯的蒸炒环节有直接的关系。在蒸炒过程中，要使磷脂及胶溶性物质充分吸水凝聚并与蛋白质结合。这就要求在设备耐压许可的前提下，尽量提高水蒸气的压力。

鲁花花生油之所以能够比普通花生油要香，没有别的奥秘，就在于孙孟全傻傻地以工匠精神来坚持做到以上所有的关键点。第一点和第二点，都要求舍得投入较高的成本来制取花生油。舍不得孩子套不住狼，一定要买到优质的花生原料，而且炒香花生相对蒸花生的比例要比普通花生油高很多。成本问题谈起来容易、做起来难，因为花生原料占了花生油成本的绝大部分，而食用油产品的毛利率又低，这就意味着略高的成本往往要吃掉大部分的利润，而提高价格又可能丧失大量市场份额。第三点和第四点则与操作的技术和责任心有关。手一滑，花生油的质量就大不相同了。其他厂家不是做不出品质能和鲁花花生油媲美的产品，只是更看重对成本的控制罢了。

孙孟全凭直觉抓住了花生油行业的本质。花生油与其他大多数食用油不同，是一种有着浓郁香味的食用油。这意味着吃花生油的消费者会对花生油的香味形成重度口味依赖，并且相信花生油越香越好。这样的消费者忠诚度极高，吃惯花生油的人很难转换成其他食用油的消费者，吃惯鲁花的人也很难转换成其他花生油品牌的消费者。而忠诚的消费者对高价格并不敏感，这就将逐步形成产品越贵越好卖的良性循环。鲁花的核心品牌定位，从早年的“滴滴鲁花，香飘万家”，到2008年前后的“香味浓、用量省，一瓶要顶两瓶用”，再到今天的“中国味，鲁花香”，从未脱离“香”的这一主线。

直到今天，鲁花所有工厂的质检室内都设有“香味评审室”，所有批次的花生油在出厂之前，都要经过“盲评”。所谓“盲评”，就是在品尝过程中，既不告诉产品批次和编号，又要将每个品评人间隔开，以防意见相互干扰，只有所有品评人的意见一致，产品方算合格。品评小组由来自工艺、研发、品控、市场等核心部门负责人组成。除了本厂品评小组评审外，每个油厂每个批次的油品在出厂前，还必须将样品寄回到总部，重新检测产品品质与报表是否符合，并且还需经过总部的品尝和评审环节。在总部品评环节中，集团董事长、总裁及高层领导都要作为品评组成员，品评合格方能出厂。而且这些样品还要由总部统一储存，直至这个批次的产品在市场上销售完毕，才能销毁。

为了保证花生油的香味，鲁花花生油经过压榨产出毛油，过滤掉杂质后即包装销售，没有经过精炼这一环节。鲁花崛起的过程，也是精炼油逐步成为中国食用油市场主流的过程。在20世纪80年代及以前，中国吃的都是二级油（相当于今天的四级油标准），油色深重，不可直接食用，非得烧得沸腾冒泡、满屋油烟不可。从20世纪90年代开始，色拉油（相当于今天的一级油标准）大行其道。油色清浅，油烟很少，不需加热即可凉拌生食，色拉油很快获得人们的青睐。然而，历史往往不是直线式的前进，而是螺旋式的上升。鉴于色拉油在精炼过程中会损失许多宝贵的营养物质，在色拉油推广20年后，食用油行业又形成一种新的主流观点，认为食用油必须“适度精炼”，不可“过度加工”，以最大程度地保存油料中固有的营养成分。再来看鲁花，其实鲁花花生油一直就是在走适度精炼的路子。

鲁花掌握了5S压榨技术，产品也达到了出口的标准，孙孟全还差什么呢？

钱。

工厂要提高产能，产品要向市场推广，什么都需要钱，没有钱就什么也做不了。

钱不是万能的，但没有钱却万万不能。

第3章 结盟外资：孙孟全携手郭孔丰

到了1992年，当鲁花炼成5S压榨秘技的时候，正逢天下形势大变，英雄有了用武之地。

自邓小平发表南方谈话后，各地加快改革步伐、加大改革力度。国家粮食改革进一步深化，全国各地先后放开粮油价格和粮油经营，使粮食流通在由计划经济向市场经济的转变上取得了突破性的进展。1993年，城镇居民粮油凭票证供应的制度被一举取消，已使用了40年的粮本和38年的粮票退出居民生活，粮油顺利地转变成了可以自由买卖的商品。同时，国务院决定对主要粮食品种实行收购保护价的制度，确保农民收入，平抑粮价，稳定市场。

油料购销政策的放开，带来了花生流通上的以质论价、公平竞争和多渠道经营。中国在农业科研方面，选育了一大批适合各种不同地理生长条件和加工用途的高产优质花生新品种，与之相配套的栽培技术也进行了大面积的推广和完善，为花生的稳定增产奠定了良好的技术基础。花生市场开始活跃升温。

中国花生生产进入了一个快速发展期，面积、单产、总产全面增加。在1993年以前，中国粮食产量连续多年徘徊，花生产量也在五六百万吨的水平上停滞了8年。此后三年时间，中国花生产量连续突破800万吨、900万吨和1000万吨大关。中国花生总产量自此超越印度和美国，长期稳居全球首位。

国家一放开粮食价格，随即拉开了国有粮食企业改革的大幕。国有粮食企业从此不能再等指标、靠补贴，必须开始市场化运作，按市场价格购买原料加工后，再按市场价格销售。国有粮食企业除了仍需承担粮食储备、军粮供应等政策性业务外，被要求转换经营机制，完善经营管理，真正成为自主经营、自负盈亏的独立市场主体。计划经济时代“一镇一所”的传统组织结构被打破，镇粮管所纷纷关门，地方小型国有粮食企业纷纷退出市场。粮油经营由国家垄断转变为以国有经济为主导，集体、外资和民营等为辅的多元化市场主体竞争的新格局。

花生的丰产给花生油产业提供了充足的原料，购销市场的放开又让所有粮油企业能够公平竞争，优胜劣汰。市场风起云涌，时代变革的大幕已经拉开。可是，这一切似乎与鲁花没有什么关系。鲁花花生油的品质虽好，但一直养在深闺无人知。仅以散油形式销售的鲁花品牌也几乎没有知名度。作为一个弱小得很不起眼的乡镇企业，孙孟全只想着怎么能把花生油多卖一些出去。

参加大大小小的展会，是将自己的产品推介给外部世界的一个好途径，而鲁花花生油的浓郁香味，总是能吸引来不少惊异的眼光和由衷的赞叹。这不？一个看着不怎么起眼的业务人员站在了鲁花的展位前。他彬彬有礼地做了个自我介绍，说他是中粮北海粮油工业（天津）有限公司（以下简称“北海工厂”）的一个采购员。

中粮北海工厂是一家于1992年新建的合资企业，由央企中粮集团有限公司（以下简称“中粮”）控股，美国粮食贸易巨头的阿彻丹尼尔斯米德兰公司（以下简称“阿丹米”）和新加坡丰益公司参股。北海工厂虽然是中粮控股，但一开始需依赖丰益的管理经验和阿丹米的技术支持，总经理亦由丰益的老板郭孔丰担任。

在当时，中国的小包装油市场才刚刚起步，由新加坡郭兄弟公司和中粮合资的南海油脂工业（赤湾）有限公司（以下简称“南海油脂”），于1991年才生产出第一桶的金龙鱼牌小包装油。郭孔丰是新加坡郭兄弟公司掌舵人郭鹤年的侄儿，早年在马来西亚就一手推动了郭兄弟公司进入大豆压榨和油脂精炼行业，并为郭鹤年组建了粮油加工业务遍及全球的郭氏粮油集团。郭氏粮油在华业务的子公司是嘉里粮油，而南海油脂正是嘉里粮油在中国兴建的第一家油厂。由于在经营上与叔叔有些意见不合，郭孔丰刚刚离开郭氏粮油，并与中粮在天津合建了北海工厂。北海工厂不做油料压榨，只做油脂精炼和包装销售，几乎就是南海油脂的一个翻版，只是少了李福官这么一个自称工程师出身的品牌营销教父。郭孔丰也在推动北海工厂涉足小包装油业务。他需要寻找优质花生油的供应商，以便为福临门牌的小包装调和油产品供应配料，并因此在一个国际商品展示会上邂逅了鲁花。

对供应商的选择，郭孔丰有一套严格而周密的标准。对生产现场进行卫生质量打分，是必不可少的一个环节。让郭孔丰惊讶的是，到他手里的几个供应商考察报告中，鲁花植物油厂的卫生质量得分出奇的高，超过了一些规模要大得多的国营油脂工厂。郭孔丰决定亲自到鲁花植物油厂去考察。鲁花植物油厂的条件虽然简陋，但质量标准和卫生管理相当严格，现场操作井然有序，各项记录清晰完整。郭孔丰是油脂加工的行家里手，自然看得出来，孙孟全对工厂的管理是下过很大一番工夫的。孙孟全对花生油品质的执着追求，以及对花生油产业未来发展的雄心打动了郭孔丰，郭孔丰也给了孙孟全一份天大的意外惊喜：郭老板决定注资鲁花，帮助鲁花升级改造。

社会主义市场经济体制的改革，不仅逐渐放宽对外资的限制，还在税收、土地等政策上给予外资不少优惠政策。外资随之蜂拥而入，掀起了一个来华建厂的投资高潮。鲁花正巧赶上了这一拨的外商投资热，获得了一个难得的发展机遇。

鲁花是北海工厂的供应商，郭孔丰不可能撇开中粮，自己去对鲁花进行投资。于是，丰益和中粮专门新成立了香港嘉银（莱阳）有限公司，双方在香港嘉银中各占51%和49%的股份。香港嘉银又在莱阳鲁花浓香花生油有限公司（简称“莱阳鲁花”）中占有49%的股份，这就相当于丰益和中粮各拥有莱阳鲁花25%和24%的股份。

郭孔丰与孙孟全一见如故。不过，在当时，两人谁也没有料到，这只是丰益与鲁花一系列合作项目的开始。

1993 年，也就是合资公司成立的当年，莱阳鲁花即引进丰益和中粮的资金300 多万美元，买来国外先进设备，扩大生产规模，年产量由原来2 千吨增加到2 万吨，一跃成为全国规模最大的高级浓香花生油专业生产厂家之一。莱阳鲁花又建起了胶东半岛容量最大的万吨恒温花生原料库和容量达3 千吨的地下储油罐。丰益和中粮对莱阳鲁花的投资陆续一共增加到900 多万美元。对比一下，鲁花植物油厂的初始投入资金据说为300 万元，其工商注册资本仅有10. 3 万元人民币。

山东作为中国生产花生油的第一大省，有着大小上百家的花生油厂。鲁花作为一家乡镇企业，不可能从银行或农村信用社拿到多少贷款。如果要凭借自身的资金积累发展，不知道要花多少年才能做大。鲁花花生油品质虽好，但因为规模太小，此前名不见经传。鲁花能够一飞冲天，莱阳鲁花的创立绝对是一个关键节点。没有从0 到1 的这一步飞跃，就不会有未来从1 到100 的辉煌。

更具重要意义的是，外资的进入，迫使鲁花进行改制，逼着鲁花将产权明晰化。和那时的多数乡镇企业一样，鲁花植物油厂属于集体所有制。在20 世纪80 年代的社会现实中，必须要有地方基层政府的支持，乡镇企业才能有效获得各种生产要素和其他社会资源，从而发展壮大。模糊的产权有助于乡镇企业降低交易费用，在双轨制的大环境中寻隙野蛮生长。人民公社制度的传统，也决定了乡镇企业必须从属于集体。但郭老板是绝对不会把资金投向一个产权不明晰的集体所有制企业的。莱阳鲁花一个企业引进的外资，就相当于莱阳市当时其他十多家外商投资企业所实际引进外资的总额。对于天上掉下的这么一大笔巨额外资，何况还有央资的成分在内，当地政府自然是全力予以支持，大开绿灯。又遇上莱阳对工业企业全面推行股份制改造，鲁花植物油厂得以顺利完成改制。

需要强调的是，与倾向个体私营经济的江苏和浙江不同，山东更青睐将集体企业改造成股份制企业，而且多是国家控股。而鲁花产权清晰并且没有国资成分（中粮的股份是“出口转内销”，形式上表现为外资），应该说是相当幸运的。当时因企业的产权不清晰造成的经济案件，可谓数不胜数。鲁花的改制，绝对是一件至关重要的大事。

鲁花的改制是很超前的。因为全国性的集体企业产权改革，要到1998年才全面开始，鲁花整整提前了5年的时间。鲁花的改制也很彻底。改制前的鲁花规模很小，也不知名，所以改制几乎没遇到什么障碍。鲁花很可能是一步到位，集体经济彻底退出，而不是像很多企业需要分步走——先是国家或集体控股，再让公有制经济成分逐步退出。分步走的改制往往需要企业耗费大量的时间和精力，许多企业就这样被谈判给谈死了。

新成立的莱阳鲁花，明确由孙孟全控制了51%的股份。在2001年3月成立的莱阳鲁花贸易有限责任公司，后更名为山东鲁花集团有限公司，并完全由孙孟全家族控股，成为其投资平台。孙孟全在莱阳鲁花等各公司拥有的股份及鲁花商标均改由山东鲁花集团有限公司持有。产权的清晰为鲁花的发展壮大奠定了坚实的基础。

鲁花因引入外资而获得的好处还远不仅于此。

自20世纪90年代以来的这二十来年，是中国消费品营销狂飙猛进的年代。一方面，消费者的消费能力在迅速提高，但消费心智尚未成熟，容易被各种吹嘘得天花乱坠的广告所轻易诱导。另一方面，市场遍地是黄金，到处都是机会，而市场环境还远未规范，给了那些随意夸大产品功效的企业以极大的生存空间。许多企业如肥皂泡般迅速放大又瞬间破灭，主要有三大模式：或者过度依赖广告；或者多元化失败；或者公司管理混乱，尤其是现金管理能力不足——不管出了什么问题，多数死掉的企业最终都苦于现金的匮乏。更糟糕的是，将这几种模式聚集于一身，如主做保健品和房地产开发的珠海巨人集团就是一个典型。山东企业也不乏这类失败案例，如央视标王秦池白酒、包治百病的三株口服液和多元化扩张失败的小鸭电器等。

而莱阳鲁花则拥有很独特的企业股权结构，民营：外资：央企 =2：1：1，外资和央企不参与鲁花的具体经营，这就让鲁花能够拥有民营企业的灵活机制。但另一方面，外资和央企的股份又足够大，对鲁花的战略发展有足够的影响力。更何况外资和央企是出资人，更有监控鲁花资金运用的权力。

鲁花的企业治理是相当成功的。鲁花虽然也投入了包括央视在内的大量广告费，但鲁花在电视报纸上的广告预算其实从来不超过销售额的2%。鲁花的多元化扩张极其有限，虽说也兼并了一些酱醋小厂，但更可能是为地方政府解忧之举。鲁花也做房地产，不过仅开发了几个楼盘，主要是为公司员工解决住房问题。为了让出资人满意，鲁花自然要有规范的财务管理。在郭老板与鲁花未来的一些合作项目中，我们也可以看到郭老板派驻有财务高管担任董事一职。鲁花的成功，当然有赖于孙孟全个人高超的企业治理能力，但也离不开投资人对鲁花在战略发展和资金运用上的管控。应该说，莱阳鲁花的股东结构对鲁花的健康成长大有好处，鲁花得以轻松避免民营企业容易陷入的上述三大陷阱。

还有一点至关重要：鲁花品牌居然不归合资公司所有，而是被牢牢控制在孙孟全自己的手中。这意味着孙孟全掌握了很强的话语权和主动权。关于这一点的重要意义和深远影响，我们只要对照着同时期的另一个案例就可以看得很清楚。1996 年，法国达能集团出资 4500 万美元拥有了“娃哈哈”51% 的股份，娃哈哈也从一个集体所有制企业变成了产权清晰的合资企业。三年后，宗庆后从政府手中获得了娃哈哈 29% 的股份，此后开始大规模设立“体外公司”。这些非合资企业多达 61 家，所生产的产品均使用与达能合资的公司拥有的娃哈哈品牌，达能却未从这些企业身上分享到任何收益。忍无可忍的达能于 2006 年提出抗议和诉讼，要收购这些非合资企业 51% 的股权。大股东和企业创始人之间的冲突，让在中国市场上已有很大影响力的娃哈哈品牌危在旦夕。幸运的是，在中法两国政府的协调下，双方最终达成和解，达能将所有的娃哈哈股份都出售给了宗庆后。在外资大举进入中国的浪潮中，在资本主导下，许多中国品牌都像娃哈哈这样被收归外资所有，其中有不少退出了市场。而鲁花就从来不曾经历过类似的品牌危机。

孙孟全将鲁花品牌控制在手，并不是说当时孙孟全有多强的品牌意识，实际情况恰恰相反。山东有一家面粉厂，迟至1990年才注册了米面品类的鲁花商标，居然还早过孙孟全。也许是受鲁花面粉的启发，也许是受郭老板的指点，总之，孙孟全较迟才在食用油类别上注册鲁花商标，并阴差阳错地让郭老板痛失鲁花品牌的控制权。要知道，郭老板的品牌意识可不是一般的强。他最早在马来西亚注册金龙鱼商标，在与山东博兴一家油厂的合作中获得了口福品牌，甚至还一度拥有福临门品牌的部分控制权。

中粮拥有鲁花的股份，对鲁花来说还有很多微妙的好处。我们知道，地方政府与民营企业之间往往是“剪不断、理还乱”的关系，民营企业上交的税费是地方政府的财政支撑，民营企业解决的就业问题关系当地老百姓的福利，民营企业采购的农产品能帮助农民增收致富，因此，地方政府支持民营企业的发展。但是，另一方面，地方政府的利益诉求与民营企业也不完全一致。例如，地方政府会要求民营企业尽量把投资留在当地，要求民营企业兼并当地的其他破产企业，或者让国有企业兼并遇到各种危机的民营企业，有的地方政府甚至会直接插手民营企业的具体经营管理……这些困扰鲁花几乎都不曾遇见过，这与其背后有“央妈”的无形撑腰应有莫大的关系。

鲁花植物油厂的脱胎换骨正逢其时，因为中国乡镇企业正走到了一个十字路口。

1992年，中国市场化进程开始加速。乡镇企业的产出竟以平均42%的超高速度增长，占国家工业总产出的比重一度超过了四分之一，出口创汇超过了三分之一。乡镇企业的发展在各区域间开始失衡。国家对农民的管制放松了，农民可以“离土又离乡”。上亿内地农民跨省来到沿海地区打工，沿海地区的“三来一补”劳动密集型产业突飞猛进。热闹都是沿海的，留给中西部的只有落寞。

表面上看，乡镇企业形势一片大好，但在繁荣的表象之下却是危机重重。大城市经济圈的高速扩张，吸引了大量农民进城发展，让乡镇流失了资本和劳动力。政企分开成为趋势，地方政府对乡镇企业的优惠政策在减少，外资企业反而成为座上宾。金融机构银根紧缩，乡镇企业从银行和信用社得到贷款的难度增加。中国社会商品供应越来越丰富，消费品市场从卖方市场向买方市场转变。乡镇企业在前期发展阶段拥有的比较优势开始慢慢丧失，甚至转成不利因素。再加上改革深化后的国企因其垄断地位而大肆膨胀，获得超国民待遇的外资企业大举进入，乡镇企业面临严峻的挑战。许多乡镇企业由于自身资本不足、管理粗放并缺乏品牌意识，导致其技术落后，生产安全条件差，产品质量不行，对环境污染严重，越来越不适应残酷的市场竞争和政府管制规范化的要求。

市场压力也带来了改制和转型的机遇。能够生存下来的乡镇企业，大多数都在向民营企业转变，并有约 2% 的比例引入外资而成为三资企业。不少乡镇企业在成功改制后，重新成为中国经济发展的中坚力量。

鲁花就是那少数引入外资的乡镇企业中的幸运儿。当然，莱阳所属的烟台市，早在 1984 年就被列入首批沿海开放城市，拥有政策优势，积极开展招商引资工作，引入美国、日本和韩国等世界各地的外资也已是平常事。值得一提的是，1992 年 3 月，山东省主要领导同志带队分赴广东、福建、海南取经，回来后立即召开全省对外开放工作会议，提出解放思想更新观念、筹集搞活资金、老企业嫁接改造和乡镇企业利用外资等八大方面实现新突破。鲁花引入外资，正碰上了个阳光灿烂的好日子。鲁花也许是 1949 年以来首家引入外资的花生油企业，但我们将看到，很快会有不少花生油厂，包括青岛植物油厂在内，都像鲁花一样引来了外资的注入。

郭老板给鲁花送来了资金，却没有送来利润。鲁花给北海工厂做供应商的时间并不长。

20世纪90年代初，中国老百姓的生活水平还很低，连小包装油都还是新生事物，更不要说能吃得起小包装的花生油。北海工厂和南海油脂一样，也以调和油作为产品主推的方向。调和油对花生油的品质要求不需要太高，于是就有人抱怨莱阳鲁花供应的花生油原料价格太高，增加了产品成本，成为小包装调和油产品推广不力的原因。我们知道，中粮和丰益都擅长大规模生产和低价格竞争，价位较高的品牌产品实非其所长。而孙孟全也不可能为了适应北海工厂的要求而降低花生油的供货质量。

大树底下不一定好乘凉。一气之下，孙孟全决定转型，推出刚注册的鲁花商标，主打小包装油市场。

自1993年以来，国家敞开供应粮油产品，以市场调节粮油产品的价格。失去财政补贴的散装油价格暴涨，与小包装油大大贴近。许多消费者开始尝试购买小包装油。小包装油的春天终于来了，成为一个高速增长的朝阳行业。鲁花进军小包装油市场正是时候。

回过来看北海工厂。重视控制成本更甚于重视消费者体验，这似乎预示了福临门品牌的未来走向。要知道，福临门品牌的起步几乎与金龙鱼和鲁花在同一时间。路径选择的不同，决定了品牌力的差异。

鲁花要进军小包装油市场，正与一个强敌迎头相撞，那就是胡姬花牌的花生油。胡姬花是隶属于青岛嘉里植物油有限公司（以下简称“青岛嘉里”）的品牌，而青岛嘉里是嘉里粮油集团和青岛长生集团股份有限公司于1994年成立的合资企业，仅比莱阳鲁花的成立晚了一年。青岛长生集团股份有限公司又是由青岛植物油厂演变而来。胡姬花隶属于国际粮油巨头和国营花生油大厂，可谓根正苗红、家大业大。

两“花”相遇，狭路相逢，谁是勇者?

第4章 福利团购市场：肥肉大家都想吃

应该说，一开始，胡姬花占据了很大的竞争优势。

小包装油最早的一批经销商，主要脱胎于旧有的国有粮油系统。在国有粮食企业改革的浪潮中，原有“小而全”“小而散”的粮食企业布局被打破，一个市县往往只留下一家国有独资或国有控股的粮食企业。国营粮油经营网点在同一时间被压缩，粮站退出了城区居民粮油供应的主渠道。大量国有粮企职工买断工龄后下岗，不得不寻找新的发展机会。不少人就干起了驾轻就熟的食用油经销业务。这些经销商往往已有较好的粮油销售网络和人脉，并且更熟悉长期打交道的传统国营粮油大厂。青岛嘉里传承自已有70多年历史、实力雄厚的国有青岛植物油厂，对这些经销商来说，显然要比后起之秀的鲁花更有吸引力。

青岛植物油厂还是浓香花生油品类的开创者，也是1988年浓香花生油国家标准的起草者。很自然，其产品线就有普通花生油和浓香花生油两类。在推小包装油产品的时候，胡姬花也就同时推广特香型花生油和金醇浓香型花生油两个产品。前者价位较低，主攻大众市场；后者价位高，主攻高端市场。由于消费者对花生油香味的偏好，随着市场的发展，只有蒸煮工艺的花生油基本退出了消费品市场。胡姬花的两个花生油产品，都是浓香花生油，区别只在于烘炒花生的添加比例高低不同。既然青岛植物油厂是市场的领导者，其他多数花生油企业，也像胡姬花一样，推出两个或更多的花生油产品，分别满足不同层次的消费者需求。例如金龙鱼的花生油，就也有浓香花生油和特香花生油两个产品。

而孙孟全却是个对产品质量的追求非常偏执的人，鲁花的花生油仅有浓香花生油这一个单品，单剑闯天下。

1995年，鲁花招聘了一些销售人员，采用“跑单帮”的形式，在山东省内推销产品。次年，为建立稳定的销售渠道，并且给经销商更好的服务和指导，鲁花开始在烟台和济南各建立了一个分公司。

鲁花牌小包装花生油一经投放市场，立刻得到消费者的欢迎。即便如此，鲁花的市场做得还是很辛苦。在20世纪90年代中后期，中国消费者的消费能力还很有限，一般人的月工资不过几百元的水平。而山东省的国营和集体经济较发达，而且偏向重资产、低利润的化工、采矿、纺织等传统产业。这导致山东企业的产品附加值低，员工收入低，居民购买力有限。不像民营制造业发达的珠三角和长三角地区，民间富裕，购买力很强。所以，山东多数消费者还只吃得起价位较低的花生油产品。质优价高的鲁花花生油，高处不胜寒。

既然在零售市场上难以打开销路，鲁花就盯上了政府和企事业单位的福利团购市场。就像金龙鱼最初上市时通过福利团购打开小包装油市场一样，鲁花也看中了这块大蛋糕。福利团购市场是个典型的坐商市场。一般厂家都是依赖经销商的个人人脉，等着客户上门要货。鲁花却用行商的方式来做福利团购。鲁花的每个分公司都有专职的团购客户开发人员，以拉网的方式对所在城市的每一条街道上的每一个可能发放福利团购的企事业单位一一拜访，而且一年四季，坚持不懈。一旦客户有意向，即刻记录在案，持续予以跟进，并且将这些辛苦得来的团购订单送给经销商。这让许多实力还不是很强，自己没有精力跑团购的经销商很是感激。另外，由于鲁花的产品利润空间大，操作空间也大，各级中间商获利丰厚，这极大地帮助了鲁花在团购市场上的开拓。

到 1997 年，鲁花在山东省内共发展了 12 个分公司，做到了全省花生油销量前列。不过，质优价低、根基深厚的胡姬花，一直都是横亘在鲁花面前的一座大山。

销量难以做到山东老大，面对市场天花板，孙孟全不为所动，坚决不以降价来换取市场份额。鲁花要收购最好的花生并给予农民较好的回报，就必须以较高的价格收购原料。鲁花的花生油要做出最香最好的质量，就必须承受较高的加工成本。鲁花也要有较大的利润空间，才能支持研发和营销的投入，并以较高的税收反馈给地方财政。所以，鲁花的价格不可能降低。既然山东人觉得鲁花花生油贵，那我们就去找能吃得起鲁花花生油的地方。我们要进军中国的一线城市！

1998 年，鲁花提出了“以营销为龙头，实施名牌战略，扩大营销网络，全面开拓国内市场”的战略性转移，走出山东，面向全国。鲁花以花生油为主打产品，杀入中国高端小包装油市场。

年初，鲁花首先进入在中国小包装油市场具有绝对战略意义的北京，以在农贸市场的早晚市做车销起步，靠一桶一桶花生油的交易，卖出了当年3000万元的销售收入。次年北京市场的销售额即爬升至8700万，第三年达到1.5亿，到2006年更是达到4.5亿。北京成为鲁花的根据地市场之一，其重要性仅次于山东和广东两省。至今，鲁花拥有北京三分之二的花生油市场，并凭此稳占北京小包装油销售额第一的宝座。注意，这里说的是包括调和油、豆油等低端油种在内的北京小包装油市场销售额第一，而不仅仅是花生油第一。

1999年，鲁花又拿下南方花生油最重要的广州市场，北京和广州这一南一北两个一线城市高地被收入囊中。紧接着，鲁花四面开花，又相继组建了天津、石家庄、武汉、南京、大连等分公司，配合强有力的线上媒体投放，在全国重点城市布设销售网络。

按常规战略，一个区域性品牌得从犄角旮旯的小地方做起，先做好企业所在区域的市场，再逐步走向全国。如果鲁花真是这样做了，那它今天就一定还是小企业，因为全国坚持这种战略20年、30年仍是老样子的企业多的是。幸运的是，它没有这样做，它把目光瞄准全国最高端的市场。要知道，虽然胡姬花全国销量远逊于鲁花，但在山东市场上，它曾经当了老大好多年。而且山东还有“长生”“吉龙”“龙大”“喜燕”等多个区域性强势花生油品牌。长生是青岛长生集团股份有限公司自己的品牌，牢牢扎根于青岛的大本营市场。莱阳吉龙植物油食品有限公司成立于1998年，6年后在新加坡成功上市，首期融资1.5亿元。龙大花生油同样起家于莱阳，属于以肉制品和粉丝出名的龙大食品集团，于1998年开始以烟台为中心进军山东市场。龙大与鲁花只有一墙之隔，彼此知根知底，据说龙大刚起步时就靠从鲁花挖业务员来抢福利团购市场。前有饿虎、后有群狼，如果鲁花一直在山东市场与这些地方花生油品牌缠斗不休的话，它很可能至今都走不出山东。

山东花生油强手如林，鲁花花生油并不占有多少优势。鲁花之所以能够高高雄踞中国花生油第一品牌的位置，与它率先走出山东，在全国范围内跑马圈地，有着非常重要的关系。相比之下，胡姬花直到2004年才进入北京市场，比鲁花晚了足足6年，市场先机已失。

鲁花能在全国范围内迅速产生品牌影响力，离不开在央视上的广告投放。投放央视广告，可以视为鲁花发展史上的又一个关键的转折点。

1998年下半年，通过中央电视台，鲁花将“滴滴鲁花，香飘万家”的广告推向全国。那时候，看电视是中国城乡居民最主要的娱乐方式。而在卫视崛起之前，央视又在全国大小各级电视台中拥有绝对的影响力。最多时曾经有9亿人同时收看央视。投放央视广告，既是向大众消费者传播品牌诉求和产品利益的最佳媒介，又是面向全国招纳经销商的利器。

图1　鲁花2010年央视春晚上的广告植入

可是，投放央视广告并不就能保证一个品牌的成功。在鲁花投放央视广告之前，山东白酒早已叱咤风云，连夺1994～1996年央视广告招标头三年的标王。

孔府家酒原本是鲁酒的老大，也是争夺央视第一年广告标王的热门候选之一。没想到，孔府宴酒斜刺里杀出，以3079万元的价格勇夺标王，这让曾经诉讼孔府宴酒商标侵权的孔府家酒好不窝火。夺得标王之后，孔府宴酒的销售额一飞冲天，直达 9. 2 亿元，位居全国白酒行业前列。而它夺标前的年销售额仅有 3. 5 亿元。

为了一雪前耻，在第二年的央视标王争夺战中，孔府家酒狠狠心报出了 6298 万元的天价，超过去年标王的两倍。而孔府宴酒的报价为 6398 万元，正好比前者高 100 万元。哪知螳螂捕蝉、黄雀在后，名不见经传的山东秦池酒厂报出 6666 万元的价格，轻摘第二届标王的桂冠。秦池的销售额也从 1. 6 亿元着魔般地拉升到了 9. 5 亿元。而痛失标王的孔府宴酒则销量陡跌。

第三年的央视招标现场，新来了两位山东好汉，山东金贵酒厂和山东齐民思酒厂分别将价格抬到了 2 亿元和 2. 2 亿元，藐视天下英雄。而当主持人念到“秦池酒厂”的时候，原本已经沸腾的全场顿时鸦雀无声。“秦池酒，投标金额 3. 212118 亿元……”，所有人都不敢相信自己的耳朵，连央视广告部负责人都连称“酒疯子疯了”。而姬厂长则气定神闲地解释：“投标金额的这个奇怪数字是我的手机号码。”

20 世纪 90 年代末，鲁酒的成功带来了强大的示范效应，山东企业投放央视广告蔚为风潮。仅以莱阳为例，除鲁花外，还有龙大等不少莱阳企业都登陆央视。莱阳市竟然成为全中国投放央视广告最多的县级市。然而，山东白酒的辉煌也仅到此为止。随着媒体曝光秦池采购川酒勾兑成低度酒再包装销售，秦池的销售额连连大跌，从此被市场边缘化。不仅是秦池，整个山东白酒品牌都一蹶不振。如今，山东没有一家白酒企业上市，做得最大的景芝和花冠，也不过二三十亿元的营收，在中国白酒行业中只能算是小厂家。这与山东白酒产量全国排名第三的市场容量极不相称。

同样是山东企业，为什么在食用油行业能走出好几个全国品牌，白酒行业却一个都走不出来？虽然原因可以说上很多，但最根本的还是在于产品质量。鲁花等山东花生油品牌给消费者带来的是全国最优质的花生油产品，而鲁酒则在业内普遍被认为白酒度数总体偏低，且在制作工艺、口味等方面没有形成自己的独特风格。白酒行业笑到最后的，是当年为鲁酒提供原料的川酒。五粮液、泸州老窖、剑南春、水井坊和郎酒，川酒占了中国十大名酒的半壁江山。

与“千金散尽不复来”的鲁酒不同，鲁花的央视广告投放策略，极重视性价比，有着很强的指向性。鲁花要打山东省外市场，首先仍然是主攻福利团购市场。鲁花的央视广告投放，也要优先考虑对福利团购市场的配合。

经济落后的区域，往往也是福利团购市场较为发达的区域。一般来说，中国的经济发展，北方落后于南方、内地落后于沿海，北方和内地也就比南方和沿海更具福利团购市场的特征。

最初，鲁花选择新闻资讯类的《东方时空》栏目进行广告投放，随后也是重点选择《新闻联播》和《焦点访谈》等政府和企事业单位领导必看的电视栏目，以及《新闻会客厅》和《国际观察》等高端政商人士爱看的新闻频道。

从2000年开始，鲁花参与央视黄金时段的广告招标活动，年年中标，年年递增投放额度。鲁花的央视广告投放策略也转向男性决策领导与家庭主妇这两个群体并重。2001年起，鲁花连续冠名央视《厨艺大赛》《美味情缘对对碰》和《美味中国》等节目。主持人刘仪伟抱着鲁花花生油教消费者做菜，简直成了鲁花的形象代言人。这些厨艺节目锁定美食家、大厨等意见领袖，吸引了无数家庭主妇的眼球。到了2006年，鲁花又盯上了家庭主妇爱看的电视连续剧，如《太平天国》《乔家大院》等，在CCTV－1黄金电视剧场投放贴片广告。鲁花在央视广告上的投入，从最初的100万元增加到1亿元，仅用了不过8年的时间。

除了央视广告，鲁花还在领导们必看的各级党报上逢年过节进行广告投放。尤其是发行量巨大的《参考消息》，鲁花长年保持在头版报眼黄金位置的广告投放，至今不止。

随着各区域市场的开拓，鲁花也逐渐增加在各重点城市的电视和报纸广告投放。鲁花在各城市的广告投放量，主要依据产品销量大小进行匹配。个别需要重点攻坚的区域重点市场，也会额外加大广告投放力度。至于销量不佳的市场，如东北的黑吉、中南的湘赣及西北西南的省份，基本也不做什么媒介投放。有意思的是，鲁花不投线上广告的这些市场，都是风味豆油或风味菜油的市场。风味市场要改变口味很难，这是鲁花难以拿下这些市场的原因。

在广告投放时间上，鲁花也会考虑与福利团购的旺季做匹配。春节和中秋这两大旺季，鲁花的广告投放力度会比平时加大不少。

鲁花把团购市场做到了什么份上呢？据说，有一年，某工厂过年发福利，以前都发鲁花，那年突然换成其他牌子的食用油。结果，全厂几千号员工质问工会主席：你为什么不发鲁花，是收礼了吧？

这样的故事绝非孤例。笔者当年走访华北市场，拜访某金龙鱼经销商时，该经销商称：“花生油市场基本上被鲁花全占了，这生意做得非常憋气。某个大单位的领导和我的关系好得不行，问他团购能不能不买鲁花？说不行，怕被下面的老头们骂，那些人就认鲁花。”

而南方和沿海地区的市场，单位不怎么发放福利，食用油以居民自己掏钱购买为主。在鲁花打全国市场的时候，正逢超市这一现代渠道在中国的兴起，消费者的购买习惯被重新塑造。

在国营粮站衰落后，中国人购买食用油，都要去农贸市场的粮油店。粮油店多数是夫妻店，店面狭小，货架陈列位置有限，只能摆放少数畅销品牌的产品。而且，粮油店比较讲人情味，粮油店的老板较多地会考虑与某些经销商的长年合作关系。金龙鱼在农贸市场有着先发优势，已精耕粮油店渠道多年。要想打入传统渠道，分食金龙鱼品牌的市场，绝非易事。

超市的流行极大地冲击了传统零售业态。全世界的第一家超级市场1930年于美国纽约问世。迫于经济大萧条的压力，一些零售商希望通过大量进货和降低售价来增加销售，于是创新了以消费者自选、一站式购物、较低价格为特征的新零售业态。超级市场一问世即取得了巨大的成功，“二战”后普及于世界各地。超级市场所到之处，当地原有的小杂货店纷纷倒闭。

中国在20世纪80年代开始有了一些小型超市。自1992年允许外资零售企业进入中国零售领域后，家乐福、沃尔玛等国际零售巨头大举进军中国，台系、日系及本土超市也相继崛起。中国人从前得隔着玻璃向售货员要货，此后可以在超市中享受自由自在购物的感觉了。超市宽敞明亮、清洁卫生、商品丰富、物美价廉、明码标价，仅用了10年时间就占到了中国社会零售总额的四分之一，成为中国零售行业的主流。

连锁超市的兴起，给了鲁花在零售网点与金龙鱼平等竞争的机会。

作为总体销量落后于金龙鱼的跟随品牌，鲁花更舍得在超市的终端投入，也更擅长在超市的操作。根据超市的特点，鲁花创造性地提出了“铺货就是做广告”“决胜在终端”等口号，在许多大超市建设长年的店中店，集形象建设和销售专卖为一体，把超市变成鲁花的广告秀场和销售阵地。

鲁花还会花大价钱购买超市内外的广告位，包括超市入口大牌广告、扶手电梯广告、货架楣板广告、形象堆头广告、购物车广告、收银台广告、存物柜广告，还有超市内播放的分众电视广告，等等。鲁花还掏钱在超市买整组货架，做出整齐划一的产品陈列形象，摆出大品牌的气势出来。

多数超市都喜欢打价格战，而且偏好拿最适合聚集人气的食用油产品做炮灰。食用油是老百姓天天都要吃的生活必需品，老百姓对食用油的价格极其敏感。各食用油厂家也经常主动或被动地卷入价格战。食用油的价格，从来是只有更低、没有最低。鲁花却从来不参与打价格战。如果要打价格战，连鲁花的导购大妈都不愿意。鲁花导购都知道，调和油可以不时做点特价，便宜个五块十块就很好卖，但花生油要坚持守住价格，稳着高价也会有消费者长期忠诚购买。

鲁花产品定价高，自然要比其他品牌的中低端产品卖得慢。鲁花又要维持高库存以排满货架陈列，产品走得慢库存又大，时间一长，日期旧了，产品不新鲜了怎么办？鲁花就把老产品撤下来，给超市换上新鲜日期的产品，坚持给消费者留下产品周转快的印象。超市有末位淘汰，长时间销量低的产品会被超市强行下架。鲁花就又自己掏钱去把产品买下来，保证产品的正常周转。即使真的被超市淘汰下市了，鲁花也会重新交进场费，再组织进场销售。锲而不舍、水滴石穿，鲁花就是要咬着牙坚持下去，直到市场被慢慢地打开。

在连锁超市渠道，由于金龙鱼的销量大，品牌地位强势，业务人员经常要大牌脾气，动不动以产品下架为要挟，卖场人员也得不到好处。鲁花以民营企业的灵活机制和内部政策，从不吝啬客情投入，维持与卖场采购和主管的良好关系，从而额外获得卖场更多的关照和实惠。再者，在卖场团购业务上，鲁花除正常的团购资源投入外，还不时对相关经办人员进行感情联络。于公于私，大卖场的大宗服务部门当然极力推荐鲁花的产品。

“淡季做市场、旺季做销量”。到了中秋和春节旺季，鲁花平日里的不懈耕耘就到了收获的时候。由于鲁花产品品质好、零售定价高、品牌形象好，就更容易受到福利团购客户的青睐。鲁花在两三个月的旺季团购期里获得的销量，往往会超过平日里销量的总和。

鲁花的早期发展史，有三个关键的年份。第一个是1993年获得外资注入并进行厂房改造升级；第二个是1998年投放央视广告，走向全国；第三个是2003年，这或许是鲁花历史上最为重要的一年。

第二篇

市场：抢、创、造

第5章　国标制定：另一种争夺

自从开始投放央视广告，鲁花在全国范围内迅速扩张。2000年时还只有22家分公司，两年后就翻了一倍，达到44家。企业规模一大，人员工资、办公费用、营销投入和物流成本等各种开支都随之暴增。2002年，鲁花集团虽然实现了10亿元的营业收入，但整体亏损1200多万元，经营业绩并不理想。

从2003年开始，鲁花调整策略，从大举扩张、管理粗放改变为精细化管理，提出“团队、销量和利润”三个考核指标，要求每个分公司都必须要盈利，分公司的经理从一个超级销售人员转变为企业的经营管理者。几个做得不好的分公司予以裁撤（后来随着业务发展又都恢复了）。

鲁花集团对分公司的管理，主要通过“传真+电话”的方式进行。在迅速膨胀的业务面前，这种沟通方式效率低下，难以为继。并且，由于数据严重滞后，使得总部无论是对市场要求的快速反应，还是对分公司的有效监控上，都显得力不从心。

鲁花发展迅速、资金饥渴，但分公司向总部的汇款，“汇多汇少，什么时候汇，都由分公司主管说了算，总公司很难把控。”鲁花集团曾采用了资金最高限额管理法，要求分公司在一定额度上必须汇款，但因为分公司倾向于维护小团体利益，希望将资金尽量留在手中，所以新方法的收效并不明显。同时困扰鲁花的还有异地物流、库存、应收账款等方面的管理问题。由于信息滞后，总部并不能及时掌握分公司的具体经营状况。

为了适应快速扩张对管理要求的提升，鲁花集团引进用友软件，于2002年底开始实施信息化项目。分销业务系统可以实时反映产品的进销存，还可以帮助公司商务部及生产部门更方便地找出单品在区域间的销售差异，从而发现畅销品或畅销趋势。分销财务系统在资金管理上强化了“收支两条线”，实现了对分公司的费用预算管理，帮助公司对应收账款余额和账期能够及时掌握，从而提高资金周转率，减少坏账风险和损失。信息化帮助鲁花集团加强了对分公司的集中管理和统一规划。

鲁花在改善分公司管理和信息化建设的同时，还通过对国家标准制定的参与，开始影响行业的发展。

中国原先的食用植物油国家标准大部分是20世纪80年代制定的。随着油脂加工技术的快速进步，原有的植物油标准已不能满足发展的需要，暴露出许多不足，如标准繁多、产品名称不规范、标准之间要求不统一、卫生要求偏低等问题，使得食用植物油加工工艺不规范，技术水平参差不齐，导致市场竞争不公平，掺假造假现象时有发生，给市场监管带来了难题。

为了提高我国食用植物油的产品质量，并与国际标准接轨，2001年，在国家标准化管理委员会的统一部署下，由国家粮食局提出并组织有关科研院所、检验机构和大型油脂企业近40余家共同开展8项食用植物油的国家标准修订工作。

2002年5月，全国30多位油脂行业的权威专家，齐聚莱阳，对鲁花独创的5S纯物理压榨工艺和企业内控质量标准进行了认真研究。专家们此行并不仅仅是对鲁花的工厂进行考察，他们还有一个更重要的任务，那就是要对花生油等多个食用油产品的国家标准进行讨论。

在此之前，花生油有4个国家标准，GB 1534—86的《花生油》、GB 9849.1—88的《花生色拉油》、GB 9850.1—88的《花生高级烹调油》和GB/T 8615—88的《浓香花生油》。标准的起草单位分别是：商业部粮食储运局检验处，商业部西安油脂科学研究所和青岛植物油厂。由于浓香花生油是青岛植物油厂的创新，所以其标准由企业起草。其他的标准均由商业部下属单位起草。

2003年，4个花生油标准整合成了1个GB 1534—2003的《花生油》，标准的起草单位除了国家粮食局标准质量中心、国家粮食局西安油脂食品及饲料质量监督检验测试中心外，竟然还有4家企业的参与，包括山东莱阳鲁花花生油有限公司、青岛嘉里植物油有限公司、上海福临门食品有限公司和深圳南顺油脂有限公司。标准的起草人中，孙孟全的儿子孙东伟赫然在列，由此可见鲁花对花生油标准制定工作的重视。

国家标准的制定，成了企业激烈竞争的竞技场。原本是为了建立良好市场秩序的国家标准，却往往成为企业弯道超车的工具。

在前期的食用油国家标准中，食用油的质量等级按照用途和工艺被划分成色拉油、高级烹调油、一级油和二级油。在新的食用油国家标准中，食用油被划分为一级油、二级油、三级油和四级油。为了避免读者的混淆，如无特别说明，本书中都是以新的等级标准进行论述。

由于生产工艺和产品质量的进步，新国家标准中的许多质量指标都比老国家标准有所进步，花生油和油茶籽油却有一个关键的质量指标在退步——酸值。

油脂长期贮存在不适宜的条件下，往往会产生一系列的化学变化，对油脂的感官性质发生不良的影响。这种变化被称为油脂的酸败。油脂酸败机理有两个方面：一方面由于油脂原料组织残渣和微生物产生的酶引起的生物学的酶解过程；另一方面是纯化学过程，即在空气、阳光和水的作用下，发生的水解过程和不饱和脂肪酸的自身氧化。这些变化过程的后果，使油脂分离出游离脂肪酸，产生酮醛类物质以及各种氧化物等。在感官表现上，油脂产生混浊和沉淀，并出现哈喇味。

食用油的品质越纯净，原料残渣越少，就越不易酸败。所以，花生油老国标中的色拉油，酸价要求小于等于0.30mg/g，相当于千万分之三。这么低的酸价指标，必须将花生毛油过滤后再经过脱酸、脱胶、脱色、脱水、脱臭和脱蜡等精炼工艺后才能达到。但是经过精炼的花生油，卫生质量指标虽然高，花生香味却也大受损失。显然，香味与卫生质量两者不可兼得。

在新出台的花生油国家标准中，成品花生油被分成压榨花生油和浸出花生油两类。压榨花生油的一级油，酸值要求小于等于1.0mg/g。浸出花生油的四个等级，酸值分别要求小于等于0.2mg/g、0.3mg/g、1.0mg/g和3.0mg/g。压榨花生油一级油的酸值要求，与浸出花生油的三级油的酸值要求相当。

除了酸值外，在气味、水分及挥发物、过氧化值等指标上，压榨花生油的一级油也都与浸出花生油的三级油接近。

也就是说，花生油的新国标，把三级的压榨油变成了一级油。油茶籽油也有类似的现象。

奇怪的是，同样是风味油种的菜籽油，却并不把压榨菜籽油和浸出菜籽油用两个分级标准区别开来。不管是压榨菜籽油，还是浸出菜籽油，四个质量等级的酸值分别要求小于等于0.2mg/g、0.3mg/g、1.0mg/g和3.0mg/g。压榨菜籽油的酸值要求与压榨花生油、压榨油茶籽油不同，却与浸出花生油是一致的。

不仅是菜籽油，其他新修订的食用植物油国家标准，三级油的酸值要求都是小于等于1.0mg/g，一级油都要求小于等于0.20mg/g，压榨花生油和压榨油茶籽油是仅有的两个例外。

因为压榨花生油和压榨油茶籽油把其他食用油的三级标准用到了一级

油上，四级标准用到了二级油上，所以压榨花生油和压榨油茶籽油也是仅有的两个没有三级油和四级油等级的食用植物油。

显而易见，压榨花生油和压榨油茶籽油受到了特别优待。

今天，我们在超市里看到的花生油和菜籽油，同样是金黄色泽、香味扑鼻，但前者往往标的是一级油，后者标的是三级油。

消费者以为他们吃到的是压榨一级花生油，其实吃到的是卫生质量标准仅相当于三级油的花生油。

某品牌花生油的生产工艺，需要将花生毛油热过滤后，进入储藏罐长期静置，磷脂等胶体物质在静置过程中聚集沉降，才容易被去除。这一工艺的优点是可保持花生油的浓郁香味，缺点是因静置时间长达 20 天到一个月以上，花生油因缓慢氧化而导致酸价升高。设置较低的酸值标准，显然对这一类花生油有利。

8 项新修订的食用植物油国家标准，其中 5 项，《棉籽油》《葵花籽油》《油茶籽油》《玉米油》和《米糠油》，早在 2003 年 10 月就实施了。《花生油》和《大豆油》拖到 2004 年 10 月才实施，实施前的过渡期竟长达将近一年。《菜籽油》的实施更是迟至 2005 年 2 月。《花生油》《大豆油》和《菜籽油》3 项国标背后的制定工作，可能存在较大的争议和激烈的利益博弈。

表 1　各等级成品食用油的酸值国家标准比较（2003～2005 年版）

酸值（KOH）/（mg/g）	压榨花生油/压榨油茶籽油	其他成品食用油
< =0.2		一级
< =0.3		二级
< =1.0	一级	三级
< =2.5	二级	
< =3.0		四级

注：其他成品食用油包括浸出花生油，浸出油茶籽油，压榨或浸出的菜籽油、大豆油、棉籽油（无四级）、葵花籽油、玉米油和米糠油（稻米油）等。

在这次国家标准的制订工作中，还有几项重要的变更。例如，各种食用油均“要在产品标签中分别标识‘压榨’‘浸出’字样”。

如果要从消费者的健康角度来考虑，这样的标识区分毫无意义。无论是压榨法，还是浸出法，制取出来的都还是不宜食用的毛油。

压榨法制出的油品，如果是葵花籽油、玉米油、棉籽油、稻米油等对风味没有需求的油种，往往再加上精炼工序后再包装出售。因为精炼食用油，经过六脱精炼工艺后，质地纯净，性能稳定，可长时间保存。在国外，精制的葵花籽油可以达到24个月的保质期。

而花生油、菜籽油和芝麻油这样对风味要求高的油种，往往不再精炼，简单过滤后即可包装出售。未精炼过的食用油，含有相对较多的杂质，容易酸败氧化。酸值和过氧化值等对人体不利的指标会随着时间的推移而提高，最好尽快食用。

浸出法制出的油品，不管是哪种植物油，都一定要经过精炼工序，将毛油中残存的溶剂去除干净，达到检不出的标准，才能够食用。

所以，如果要对消费者的健康负责，把食用油标识为“精炼”和“未精炼”要更科学。精炼过的食用油，一定要比未精炼的食用油更加健康。但未精炼的食用油，也有风味较好、营养较多的优点。在食用油产品上标识为“精炼”和“未精炼”，可方便消费者根据个人的偏好进行选择。这样的标识，也不存在歧视性，不会误导消费者的选择。

“浸出+精炼”的制油法，出油率高，粕的质量好，所以是一种更加先进的制油方法。在国际上，浸出法制油占据了90%以上的份额，是绝对的市场主流。可是，在中国，自从新的食用油国家标准中要求明确标识“压榨”或“浸出”后，引发了食用油行业的地震式动荡。一些厂家刻意持续出台大量误导性的新闻、软文和广告，不断地向消费者充分说明压榨工艺的优势。在网上随手百度，这样的宣传比比皆是：

“浸出法制油，用这种方法制出来的油经过高温精炼，无色无味、营养受到损失，而且有溶剂残留、不利于人体健康。”

“纯物理压榨技术代替化学浸出，避免了高温精炼和化学溶剂对油品的污染。”

……

由于新的食用油国家标准，给食用油产品无端地抹了“浸出油不健康”的黑，让消费者疑虑中国的食用油厂为什么要生产这些不健康的食用油，一些行业专家权威宣称“压榨法和浸出法只是两种不同的油脂制取工艺，无论是浸出油还是压榨油，只要符合我国食用油脂质量标准和卫生标准的，就都是安全的食用油。”① 早知如此，又何必要在国家标准中强调标识“压榨”和“浸出”?

食用油国家标准的制定宣称要与国际接轨。让人尴尬的是，国际上就没有其他任何一个国家要求在食用油产品上进行“压榨”和“浸出”工艺标识的。食用油的国家标准接的是哪里的“轨”?

新的食用油国家标准正式实施后，食用油行业从此分成“物理压榨油”和“化学浸出油”两大阵营，而社会和新闻媒体都已经认可“压榨的才是健康的”，压榨油占据了产品品质的制高点，从而形成“物理压榨油”相对“化学浸出油”的压倒性优势。

比“压榨”和“浸出”之争的影响更深远的，是食用油产品转基因标识上的争议。

玉米油、大豆油、菜籽油和棉籽油，这四种存在转基因原料的食用油，如果是用转基因原料制取的，分别被国家标准定义成了“转基因玉米油”“转基因大豆油”“转基因菜籽油”和“转基因棉籽油”，“要按国家有关规定标识”。

而所谓的“国家有关规定”，则是指《农业转基因生物标识管理办法》。该办法要求，如果使用了转基因原料生产出来的食品，必须在产品标签上进行标识。

---

① 《浸出油不如压榨油？调和油没营养?》，中国网，2017-01-11。

有意思的是，关于浸出食用油的溶剂残留量，在国标中是有明确检测标准的。1 公斤食用油中的溶剂含量不得超过 20 毫克，也就是含量低于十万分之二。压榨油溶剂含量低于 10 毫克/公斤，即可视为“未检出”。[①] 连黄曲霉毒素也有指标要求，花生油和玉米油不得超过 20 微克/公斤，其他植物油不得超过 10 微克/公斤（相当于亿分之一）[②]。可是，在所有的食用油的国家标准中，却找不着转基因的量化检测标准。

事实上，除了气味、滋味和透明度这少数几项内容外，绝大多数项目都是有检测指标的。气味、滋味和透明度只有感性要求，如“具有花生油固有的香味和滋味、无异味”，“澄清、透明”之类。

这倒不是中国的专家们偷懒，转基因成分在全世界都没有量化检测标准，只有转基因农产品的含量标准。例如说欧盟的 0.9%、韩国的 3% 和日本的 5%，意思是如果进口一吨非转基因大豆，欧盟、韩国和日本分别允许其中掺有转基因大豆不超过 9 公斤、30 公斤和 50 公斤。因为转基因农产品容易污染非转基因农产品，一阵风刮过，就可能把转基因大豆的花粉吹到非转基因豆田中去。100% 的非转基因是很难做到的。

转基因项目没有检测标准，就意味着可以无限上纲。没有人敢说“绝对不含”不是？

就像浸出法制出的油品，经过精炼加工后检测不出溶剂成分一样，转基因成分在一级油中也是检测不出来的。所以，包括美国在内的世界各国，均不把食用油当做转基因食品，也就无须进行转基因标识。而中国也是世界上唯一要求在食用油产品上进行转基因标识的国家。

广大围观的群众不知道的是，出于成本的考虑，只要是盈利性的餐馆，都必须用到转基因原料制成的大豆油或菜籽油作为烹饪用油。否则，

---

① 《食品安全国家标准 植物油》（GB 2716—2018），卫生健康委员会、国家市场监督管理总局 2018 年 6 月 21 日发布，2018 年 12 月 21 日实施。

② 《食品安全国家标准食品中真菌毒素限量》（GB 2761—2017），卫生和计划生育委员会、国家食品药品监督管理总局 2017 年 9 月 17 日实施。

占中国食用油产量三分之二比例的转基因原料食用油都要往哪里去消化？所以，所谓的让消费者拥有知情权，知道自己吃的油用的是不是转基因原料，只是一个愚弄消费者的噱头。随着经济的发展，人们外出就餐的次数增加，在餐馆消耗的中包装油数量超过在家庭消耗的小包装油数量，并且差距不断加大。所以，讽刺的是，尽管消费者越来越少在超市购买转基因原料的食用油，可他们通过餐馆吃到的转基因原料食用油却越来越多。

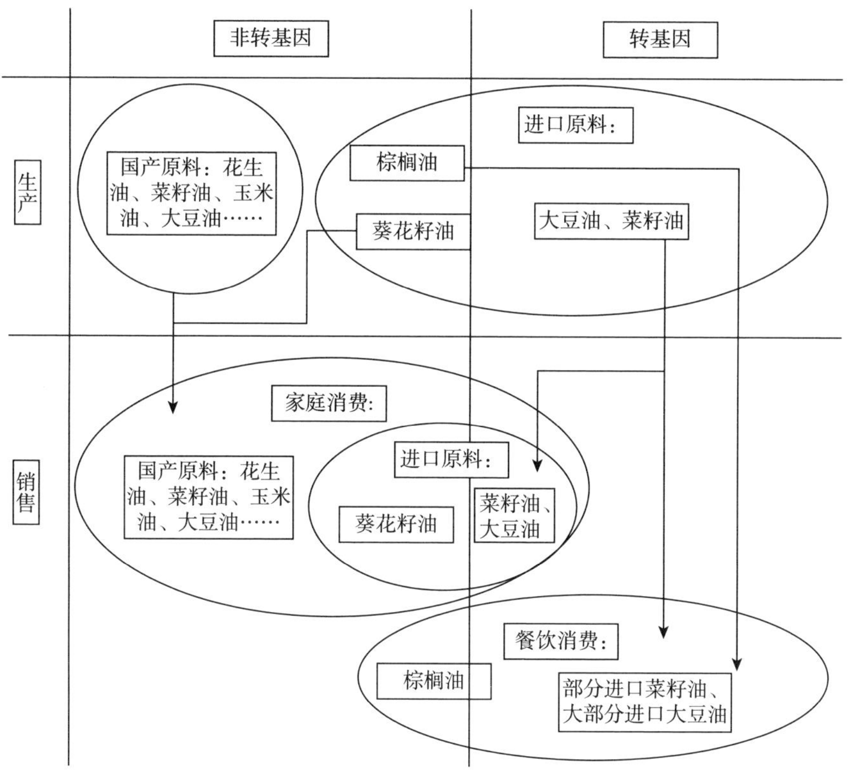

图 2　一张图看懂中国食用油从原料、生产到销售的走向

通过重新制定游戏规则，颠覆现有市场秩序，来取得营销成功的品牌，在中国快消品营销界已有不少成功案例，如“不添加甲醛”的金威啤酒，“非油炸、更健康”的五谷道场方便面，“我们不生产水，我们只是大自然的搬运工”的农夫山泉等。惜乎一个企业的声量终究有限，它们不知道要把营销战上升到标准战的高度，未能将胜利果实长期保持下去。

2003 年的食用油国家标准，要求在食用油产品上添加“浸出”和“转基因”标识，是那些主要生产压榨和非转基因食用油厂家的一次成功的公关。当然，国家标准经常需要修订，这就意味着国家标准决非一场战斗即可决胜负，而是一场可能永远也不会结束的战役。调和油国家标准修订之战，才刚刚拉开序幕。谁也没有料到，调和油国标的修订，竟然将要持续 13 年时间之久。

而鲁花的收益，还远不止于此。

第 6 章　不可复制的竞争优势

山东是孔孟之乡，儒家的发源地。儒家思想有强烈的入世意识，提倡“学而优则仕”，走仕途、进官场，是山东人一贯的优良传统。山东人不仅文化基础好，还有北方人的豪气、阳刚、强悍、果断，文武双全、做事踏实，容易交朋友，当然适合从政做官。

多难兴邦。山东的问题多半都是中国的问题，仅凭山东之力是无法解决的。例如山东多黄河水患，但需要依靠黄土高原的生态治理来解决；山东地势平坦、无险可守，要依靠北方的长城来抵御游牧民族的入侵；山东多自然灾害，动不动就闹饥荒，需要依靠闯关东来解决吃饱肚子的问题。所以，山东人从来都不可能偏居一隅偷安，自孔子周游列国始，就天下兴亡、匹夫有责，把国事当成家事来看。

孙孟全虽不入官场，却也非常了解中国老百姓对官方权威的信任。

2003 年 2 月 1 日，鲁花花生油通过高层公关运作，被人民大会堂管理局选为“人民大会堂宴会用油”。

这个“人民大会堂宴会用油”的称号是怎么来的呢？

人民大会堂管理局给了一家名叫华堂国际的广告公司授权书，授权书称：“为维护人民大会堂的声誉，更好地利用人民大会堂的无形资产，规范市场行为，现授权华堂国际广告公司对‘人民大会堂’字样和‘人民大会堂建筑图形’及人民大会堂专用称谓在商标、广告中的使用，进行统一规范管理。”

而华堂国际广告公司又给了山东鲁花集团有限公司一份授权，同意在其产品“鲁花”牌食用油的包装物和媒体宣传中使用“人民大会堂宴会用油”用语。

依据“天眼查”网站的查询可知，华堂国际广告公司是人民大会堂管理局纪念品服务部的全资子公司，人民大会堂管理局纪念品服务部又是由中央办公厅人大会堂管理局100%控股。所以华堂国际广告公司、人民大会堂管理局纪念品服务部和中央办公厅人大会堂管理局三者其实都是一家人。

被授权使用“人民大会堂”进行宣传的不仅仅是鲁花花生油，在网络上能搜索到的相关产品还有人民大会堂国宴酒，人民大会堂宴会用饮用水，人民大会堂宴会用酱油，人民大会堂宴会用牛奶，人民大会堂国宴用凉茶，人民大会堂专用地板，人民大会堂特供月饼，人民大会堂会议特供冬虫夏草胶囊，等等。

在获得“人民大会堂宴会用油”称号后，鲁花请来广东省的某大牌广告公司，重塑鲁花品牌战略。

首先，鲁花确定了“中国味，鲁花香”的品牌定位，这一品牌定位确定了鲁花厚重而淳朴的中国乡土气息，又坚持了鲁花产品“香”的最大利益点。

品牌定位明确了，然后就需要依据品牌定位来做好品牌识别的工作。消费者面临的产品选择实在太多。如果不能在最短的时间内吸引消费者的关注并能给其留下深刻的印象，那就意味着品牌识别工作的失败。品牌识别是一项系统工程，包括品牌标志、品牌主色、品牌调性、品牌年龄等许多内容。

鲁花的品牌标志，是在一个中国红的扇形上，书写着“鲁花”两个中国传统书法演绎的白色大字，简单朴素又不失十足的中国风。

品牌标志虽然重要，但最具识别度的却是品牌主色。因为颜色可以最大面积地使用，走到哪里能容易被消费者发现。因为精炼程度较高的食用油，是一种淡黄色的液体。所以食用油品牌多喜欢将黄色做品牌基本色，并大量用于产品的外观设计。有些品牌爱用金黄色，金黄色显得财大气粗、富贵逼人。鲁花却选用了最接地气的正黄色。正黄色是黄河的颜色，是黄土高原的颜色，是黄种人的颜色，是带壳花生的颜色，是最中国的颜色。鲁花将正黄色用到了极致，从产品包装、销售终端、电视广告、员工服装、企业厂房、运输车辆……全都是大面积的正黄色。正黄色一经坚持就是多年，被消费者视为“鲁花黄”。

鲁花最经典的“手掰花生”广告片，创意却也简单到只能用“朴实”两个字来形容。一个农民将丰收后的花生从泥土中拔出，然后用手剥开一粒饱满的花生，一滴油从花生壳中滴落，溅起油花。鲁花的这一广告画面竟然将在未来二十多年中一直不变，连央视的人都嫌看烦了，恐怕也创了中国电视广告寿命最长的纪录。但是，鲁花广告的长期重复播放，也给消费者一遍遍加深了印象。正如孙孟全所说，“鲁花的广告一直不变，就是要不断地向消费者传递一个声音。”鲁花的中国花生油专家的形象也因此而深入人心。

鲁花的成功，很大程度上在于它的坚持。鲁花坚持一个产品：5S压榨花生油；坚持一个广告：手掰花生；坚持产品质量与卖点：无与伦比的花生香；坚持正黄色等品牌要素；坚持终端陈列阵地的占领……

而鲁花之所以能够十年如一日地坚持，无疑应归功于孙孟全的守护。孙孟全对鲁花品牌的偏执到了顽固的地步。虽然鲁花的营销战术可以百般多变，但关于鲁花品牌的基本元素，很难有新的创意能得到孙孟全的认同。这就使得鲁花的主视觉和电视广告创意能够尽可能长时间地保持下来。孙孟全甚至要求鲁花所有广告画面中的油桶必须要始终正立，即使是倾斜做倒油状，也不被允许。

鲁花不遗余力地对这“人民大会堂”概念进行全方位的宣传，传播声

图3　鲁花LOGO及手剥花生形象

量超过了其他任何一个人民大会堂特许产品。“人民大会堂宴会用油”让鲁花拥有了与竞品区隔的终极武器。鲁花的其他所有竞争优势，其实都是可以复制的。例如竞争对手也能做出品质不差的浓香花生油，也能投入巨额广告费用，建几个花生油工厂也非难事。所有能用钱解决的问题都不是问题，唯有像“人民大会堂宴会用油”这样用钱未必能买到的稀缺资源，才是竞品不可跟随和复制的竞争优势。

鲁花花生油的高定价，也从此获得了有力的概念支持。鲁花花生油为什么能卖这么贵？因为它品质好，都能进人民大会堂，登上国宴，在各国总统政要面前给中国长脸，当然是好东西，好东西当然要卖得贵了。能够接近人民大会堂，自然给鲁花套上了耀眼的光环。

这时候，鲁花坚持多年的高价政策开始大显威力。其他品牌的花生油就显得尴尬了。前文说过，一般花生油品牌都会推至少两个不同档次的花生油产品。在实际推广中，由于低价位的花生油销量大，走量快，获得的各种广告促销资源就多，销售团队和销售渠道也乐得拈轻避重，挑好卖的产品主推。相比之下，高价位的花生油就因推广难而销量低。时间一长，低价位的花生油产品就成了这些花生油品牌的主打产品，消费者也把这些低价位花生油与品牌关联在一块。例如胡姬花就等同于特香型花生油，而不是金醇浓香型花生油；金龙鱼的花生油也等同于特香花生油，而不是浓香花生油。而这些低价位花生油产品的香味肯定是不能和鲁花花生油相提并论的，消费者就此形成了其他品牌的花生油都不如鲁花“香”的顽固认知。

花生油是一种风味油种，消费者吃的就是这个浓重的花生香味，口味一习惯就很难改变。中国的消费者还是喜好吃美食的，也愿意为好吃的东西付出更多的钱。而且，随着老百姓收入的提高，迟早有一天，大家都会觉得这一桶八九十块钱的花生油，这个价格根本就不是个事。

再加上“人民大会堂宴会用油”的光环一加持，消费者自然就牢牢地认定鲁花的花生油是最好的花生油了。鲁花从此做到了与竞品的强大品牌区隔。鲁花的成功带动了一大批企业转产小包装花生油，在短短几年内迅速放大小包装花生油的市场空间。可是，因为鲁花定位的成功，在不少地方，鲁花几乎是花生油的代名词，消费者根本就不认其他的花生油牌子。鲁花牢牢把握住高端花生油市场，其他竞争对手只能在中低端市场分食。

“人民大会堂宴会用油”的称号对鲁花的崛起居功至伟，但很可能鲁花在这个称号的获得上并未支付多少的赞助费用。事实上，鲁花从来不做大手笔的赞助。鲁花的赞助项目很可能从未有年费用超过百万元级别的，这与金龙鱼和福临门动辄千万元级别的赞助形成鲜明的对比。例如，金龙鱼赞助过的有北京奥运会、中国女排，福临门也赞助过上海世博会、中国航天基金会等，相信都所费不赀。

鲁花也从来不做明星代言。而金龙鱼请过吴小莉、沈星、林丹、黄晓明和 Angelababy 等代言人，多力葵花籽油更是爱走明星路线，先后启用过蒋雯丽、田亮和林心如等多个年轻、靓丽、阳光的代言人，欧丽薇兰橄榄油则用了谢霆锋。

在称号赞助和明星代言上，鲁花坚持了农民式的纯朴：我可以在原料收购上多花钱，我可以在产品品质上多花钱，我可以在央视和其他广告媒体上多花钱，但是我不会把钱花在那些不会让农民、产品和消费者受益的，虚无缥缈的赞助和花枝招展的明星上。

鲁花日新月异的发展让郭老板刮目相看。要知道，在莱阳鲁花项目之后，将近十年的时间里，郭老板基本上是一个甩手掌柜，既没有与鲁花有什么业务往来，也没有与鲁花再有新项目进行投资合作。如今，眼看鲁花居然在不经意间成长为全国性品牌，郭老板慷慨解囊、锦上添花，从2003年开始持续与鲁花又合资了菏泽、周口、常熟和襄阳4个花生油厂，以解决鲁花对资金极度饥渴。此外，双方还合建了芝麻油、葵花油、酱油和吹瓶厂，甚至在房地产业务上也有合作。在所有这些企业中，鲁花均占有了控股权和董事长的位子，负责对企业的实际操盘管理。依据天眼查网站所查询到的鲁花集团各合资企业注册资本及投资比例进行粗略计算，丰益在鲁花集团一共投资了2亿多元人民币。而如今，郭老板一年从鲁花得到的收益都可能超过这些投资总额（不计通货膨胀因素）。鲁花是郭老板在中国的最成功的投资项目。

“人民大会堂宴会用油”称号的获得，对郭老板的投资决策有着很大的影响。鲁花2月份才步入人民大会堂，郭老板4月份即与鲁花合资成立了位于菏泽定陶的山东鲁花浓香花生油有限公司，时间前后仅隔2个月，而且菏泽项目仅是一系列新合作项目的开端。郭老板甚至对为鲁花做人民大会堂广告策划的广告公司留下了深刻的印象，以至于在他4年后入主嘉里粮油集团时，还将该广告公司推荐去为金龙鱼品牌提供服务。

中粮与鲁花在合作了莱阳和菏泽的两个花生油厂和一个酱油厂后，就不再继续投资。大概是因为福临门牌的花生油也开始了上市推广，中粮不希望再进行与自己产品有冲突的投资吧。

这里还要特别说说鲁花集团与郭老板在2003年合作成立的莱阳鲁花丰益塑业有限公司。

塑化剂污染，可对食品卫生质量产生严重威胁。塑化剂又称增塑剂，是一种在工业上被广泛使用的高分子材料助剂。最常见的塑化剂是邻苯二甲酸酯类物质。在塑料加工中添加这种物质，可以使其柔韧性增强，容易加工。塑化剂属环境荷尔蒙物质，长期过量摄入可引起肝、肾、肺及心脏、生殖等多组织系统的病变，已先后被欧盟、美国、日本、中国等组织和国家列入优先控制污染物的黑名单。塑化剂不是食品原料，也不是食品添加剂，严禁在食品、食品添加剂中人为添加。塑化剂可用于食品包装材料，但在品种、范围和特定迁移量或残留量上有严格限定，并且不得接触油脂类食品和婴幼儿食品。2011 年的台湾地区黑心商家将塑化剂当食品添加剂使用而造成大面积食品污染，2012 年的中国某白酒品牌被查出塑化剂含量严重超标，这两起事件都造成了很恶劣的影响。

塑化剂容易溶入油脂，食用油产品尤其需要注意防止塑化剂污染的问题。国家市场监督管理总局多次在全国范围内部署开展食用植物油塑化剂专项检查。相关研究显示："（食用油）生产过程中避免使用含邻苯二甲酸酯的塑料制品可以有效防范邻苯二甲酸酯的污染；包装材料可选用不含邻苯二甲酸酯的塑料瓶。"① 从该项研究对食用油包装物的抽检结果来看，透明 PET 瓶都是合格的，主要是不透明 PE 瓶和瓶盖存在不合格现象。由于塑化剂和苯并芘一样，不是食用油产品的常规检测项目，许多小厂就对防止塑化剂污染不够重视，不时有食用油产品在市场抽检中被发现塑化剂含量超标。

莱阳鲁花丰益塑业有限公司花费巨资引进先进设备，自己生产食用油产品所需的塑料瓶和塑料盖，既降低了成本，又彻底消除外部采购带来的安全隐患。为了保障产品包装容器质量的绝对安全，鲁花还率先在行业内引进"绿色包装"。购入多台 HUSKY 吹塑机以及高品质食品级的聚酯切片生产包装，率先推行塑化剂批次检测，从源头上保证了产品的质量安全。

不仅是瓶子和瓶盖，鲁花连纸箱都要自己做，用的都是很好的材料。还有一个细节不容忽视，鲁花所有食用油产品，不论规格大小，一律在瓶口处都有塑料包膜，以防止产品在装卸和物流过程中被过度挤压后，从瓶口渗出油脂。这在各食用油大厂家中几乎是绝无仅有的。

鲁花在打开北京市场时，重点进攻在北京的政府事业单位福利订单，

① 《食用油中塑化剂的来源和如何去除?》，中国油脂网，2018－11－27。

争取成为人民大会堂的指定用油，想方设法争取党和国家高级领导人到工厂参观等。这些活动都有助于鲁花营造影响力。通过树立产品在政界的形象，鲁花获得了许多回报：当地银行的低息巨额贷款、与粮油界的行业协会紧密合作、与中央级媒体的良好关系，等等，为品牌宣传、产品概念炒作和企业的发展打下良好的基础。

2003 年是鲁花发展史上非常重要的一年。在这一年，鲁花获得了“人民大会堂宴会用油”的称号，郭老板追加投资继续与鲁花合作建厂，食用油行业出台了对鲁花有利的国家标准，总书记视察了鲁花刚刚建成的菏泽定陶新厂。这些重要事件昭示着鲁花走上了金光大道。在莱阳鲁花成立的第一个五年，鲁花成为山东名牌。第二个五年，鲁花成为中国名牌。而在第三个五年的 2003 年，尽管有“非典”带来的对消费大环境的不利影响，但在“人民大会堂宴会用油”这一招商利器的影响下，鲁花集团的整体销售收入还是大增 30%，达到了 13 亿元，而且还实现盈利 1307 万元。

第 7 章　大妈也有战斗力

从 2004 年开始，鲁花花生油销量超越金龙鱼花生油和胡姬花花生油，连续稳居行业榜首至今，成为中国花生油第一品牌。

传统上，花生油只是一个在花生主产区才有消费习惯的区域性油种。鲁花是第一个吃螃蟹的人，付出了教育消费者的成本，也收获了市场先行者所应得的果实。由于花生油的香味是一种可让人愉悦和开胃的芳香，能被消费者慢慢所接受，而鲁花的高定价又让消费者觉得花生油是一种高档的食用油，即使平时吃不起，逢年过节或是发福利也还是很适合的。鲁花花生油就此走遍中国大江南北，甚至远达东北、西北等边陲地区。鲁花在许多没有花生油消费习惯的地区都卖开了花生油。

经过鲁花多年来全国范围的大力推广，花生油品类已为消费者熟知。鲁花除了要继续教育消费者吃花生油外，还得防范其他花生油品牌跟着摘桃子。不论鲁花把产品命名为“特香纯正花生油”还是“压榨一级花生油”，市场上都有人跟风。鲁花决定，将产品名称再改为“5S 压榨花生油”。有消费者提出怎么不是“一级”的了？于是又加回“一级”二字，成了“5S 压榨一级花生油”，并沿用至今。

有了好的产品，还需要好的营销队伍把产品卖出去。而鲁花对营销人员的管理，也相当地有特色。

鲁花和金龙鱼的销售管理体制不同，对销售团队的要求也不同。金龙鱼实行的是大经销商制，一个城市只设一个大经销商。金龙鱼经销商实力雄厚，社会资源丰富。金龙鱼主要依赖大经销商去做市场，销售人员对经销商进行指导和监督。所以金龙鱼的销售团队只有几百人，经销商 600 多个。而鲁花实行的是小经销商制，主要依赖分公司去做市场，所以鲁花的销售团队有几千人，经销商也有 2000 多个。鲁花的经销商的实力和规模一般仅相当于金龙鱼的分销商。

鲁花为了取得良好的销售业绩，无论是福利团购渠道，还是超市零售渠道，都需要大量的人力予以支持。如果没有一支销售“铁军”的努力，鲁花是不可能做到这样辉煌的营销业绩的。鲁花的营销人力成本较高，但工作做得也更细致。

随着销量的增加，鲁花不断地进行渠道下沉，一方面把许多办事处升级成分公司，另一方面把许多二批商升级成经销商，同时还大力开拓县级经销商。从前，通常情况下，鲁花在一个城市会有一个现代渠道经销商和一个传统渠道经销商。如今，鲁花在一线、二线和三线中的靠前城市的现代渠道基本实现直营，此外还会在每个城市的传统渠道和特殊渠道设多个经销商。

金龙鱼是离了经销商不行，分公司和办事处的人员可以随便换。鲁花却是离开分公司和办事处不行，经销商可以随便换。鲁花的一个分公司其实相当于金龙鱼的一个大经销商，鲁花的分公司经理就相当于经销商老板。既然是老板，就必须是一个通才，不仅得懂营销，还得懂管理，对人才素质的要求很高。否则，一将无能、累死三军。金龙鱼的销售队伍则不存在这种情况。相对来说，金龙鱼更喜欢专才，例如渠道管理，就从商超渠道、传统渠道到特殊渠道，分得很细。

应该说，鲁花的销售管理理念是比金龙鱼超前的。从发展趋势来看，金龙鱼也在向鲁花趋同：增加经销商的数量和销售团队的人数，增加直销部对连锁超市渠道直营的比重，通过深度分销来满足将市场精耕细作的要求。

面对如此庞大的销售队伍，鲁花极其强调团队的重要性。“鲁花从小到大的发展，离不开团队。鲁花是靠优秀团队战胜了前进中的困难；是靠超强凝聚力、战斗力、执行力和忠诚度来支撑这个大厦的。”“是不是鲁花人，就看有没有团队精神，身体里有没有流淌着鲁花人的血液。鲁花的水平就体现在创建优秀团队的能力上。”

鲁花员工的地域性很强，多数都是莱阳人，这使得鲁花的团队向心力强，非常稳定。鲁花还规定员工30%的薪酬要进行年终统算，一般拖到次年五六月份才发放，这也提高了人员流动的门槛。鲁花的省外市场，几乎所有的销售人员，甚至一些导购骨干，也都是鲁花从山东派出去的子弟兵。鲁花的驻外销售团队进行军事化管理，所有人都住在一起，早上7点半学企业文化，晚上10点必须回驻地，有的还规定10点半就得准时熄灯。领导也不得例外。大家平时在超市联络客情做终端生动化，周末就去社区做推广搞路演，套个围裙就上阵卖货做促销，到了仓库甚至自己做搬运，把一箱一箱沉重的鲁花食用油扛进仓库。每个员工每年有三四次探亲假，每个假期15天。除了探亲假外就没有休息日。

据说，2009年，有一回，孙孟全去了某个分公司，发现该分公司士气低落，而该分公司从经理到主任的各级领导均各归各家、各找各妈。孙孟全大发雷霆，马上让公司商务部出台规定：“分公司经理为了贴近生活、贴近团队、贴近工作，一定要与分公司人员同吃同住，务必做到不脱离群众，每周可以抽空回家一次。”不仅是分公司经理，其他员工即便在当地有家的也不能回，“分公司在所在地招聘的员工（不含促销员、理货员），吃、住由分公司统一安排，遵守分公司作息时间，按照分公司规定时间休班。”相关规定严格到不近人情的地步，“分公司员工禁止家属在分公司或办事处所在地居住”。这个规定出台后，群情激动，许多家属要闹离婚，结果执行不到一年就无疾而终。

由于购买食用油的主流人群是家庭主妇，销售食用油的导购也多是中年大妈。导购往往文化素质不高，工作流动性大。但很多公司没有意识到，优秀导购是非常稀缺的资源，有些大妈天生就是王牌促销，只要她往那一站，货就稀里哗啦地往外卖。如果是缺乏亲和力、不擅长与人沟通的大妈，怎么培训也不可能培训成优秀导购的。鲁花对导购非常重视，有一套系统、科学的导购管理模式。鲁花的导购，有些是公司签约的正式员工，也有不少是和经销商签约的。即使是和经销商签约的，也由鲁花直接将基本工资打到导购账上（提成工资由经销商承担），让导购感到她们是鲁花的人。鲁花对导购全部进行直接管理，经常进行培训，尤其是企业文化的培训。优秀导购可参观工厂，并且参加全国性的年终评优。鲁花导购的收入其实不一定比其他厂家高，但对企业的归属感却一定是最高的，极少流动和跳槽。鲁花默许导购们敢吵敢打，导购们也都拿出死力来给鲁花卖货。鲁花导购战斗力之强悍，在业内公认是一流的。

鲁花定销售目标倒也简单粗暴，一般每年都要求50%的增长。这样就不需要和销售团队讨价还价，也赶着销售团队往前快跑。

不管什么行业、做什么事情，人的要素始终是第一位的。而包括小包装油行业在内的整个快消品行业，人员文化素质和薪酬相对其他行业来说是偏低的。既要控制人力成本，又要让这样的一支销售队伍将战斗力发挥到极致，是所有快消品行业都要面对的难题。在这一方面，鲁花公司做的是很成功的。

鲁花销售团队的战斗力强，绝非偶然、亦非特例。

山东是中国的粮仓之一，年产粮食4700万吨，仅次于河南和黑龙江的

6000 万吨。山东又邻近日本和韩国这两个缺粮的发达国家，也是粮食、果蔬等食品出口大省。山东还是重工业制造的大省。这些有利的条件，为山东的食品产业奠定了坚实的基础。

作为粮食大省的河南和黑龙江，却仅有一个“九三”是比较知名的食用油品牌，而九三还是隶属于北大荒集团的大国企。河南早已是花生种植的第一大省，却因为没有自己的花生油强势品牌，以至于沦为山东的花生原料基地。河南抱怨，每到花生收购季节，就见到山东品牌前来河南大肆收购花生，河南本土品牌却无所作为。

山东不仅是油料种植和油脂加工的大省，更是食用油品牌的大省。

除了鲁花，山东还出了胡姬花、西王、长寿花、龙大、口福和美食客等多个全国性食用油品牌，在本土还有长生、崔字和喜燕等多个区域食用油强势品牌。山东成了省外小包装油品牌的畏难之地。金龙鱼、福临门和多力等全国性的食用油品牌在山东市场均表现一般，在一些市县甚至开发不出经销商。这些山东本土食用油品牌能够做得好，与山东人组成的销售团队的执行力之强是分不开的。笔者在山东走市场时，每每感慨于不少山东品牌的食用油产品在市场终端上的出色表现，例如满墙海报的粮油店、农贸市场摊位上的整组陈列、超市上下楼梯黄金位置的抢占等，这些市场表现不是用钱砸出来的，靠的都是基层销售人员的用心和勤快。

山东人的执行力强，是有其历史基因的。在历史上，山东丰年与灾年频繁更替。这几年风调雨顺、粮食丰收，于是人口大量繁衍，那几年却是旱灾、水患、蝗害接踵而来，民不聊生。面对重重灾难，山东人不得不团结起来，以坚忍不拔的精神与天斗、与地斗、与虫斗。山东人从来不会怨天尤人，只会默默地埋头苦干。

与一般人的想象不同，鲁花能取得这样的销售业绩，鲁花营销团队超强的执行力却并不是最重要的因素。在快消品营销中，灵活创新的能力，其实远比呆板的执行力更重要。

确实有一些企业，极端强调执行力，并借此获得了超越常规的发展速度，成为行业翘楚。但是，这样的企业，往往属于房地产、制药、保健品之类的暴利行业。

例如房地产行业，几个龙头老大，如碧桂园、恒大和万科，都是以速度见长。恒大要求“当年拿地、当地建房、当年售完”，碧桂园甚至要求6个月内就要把房子建好卖光。房地产行业，周转速度越快，就意味着资金成本越低，也就越有竞争力。这时候，执行力就至关重要。各子公司团队必须按照总部的各项指标要求，在最短的时间内达成各项经营指标。

而快消品却是市场竞争最激烈的行业。充分的市场竞争环境，意味着这个行业的利润率需降低到一个尽可能低的水平上。要想比其他厂家的产品卖得好，死打蛮缠绝非最佳的成功方式，能打破常规、另辟蹊径，借得别人借不了的势、开发出别人忽略了的渠道、找到别人没想到的营销手段，才能在竞争中胜出。

搞创新或者有想法其实都是很烧脑的事，很多营销人员并不爱这么费心。与之相反，执行力其实是一件很容易做到、而且营销人员还很乐于去做的事情。盲目去执行上级的命令是很轻松的，把自己当成一个机器人就是了。领导说每个月要开5个经销商，我就去给他开出10个；领导说这个月要有100万元的回款，我就给经销商压上200万元的货；领导说下个月销量要冲1000万元，我就“买一送一”不行就“买一送二”把销售额整上去……像这样不管市场实际情况，盲目强调执行力的公司，在快消品行业是走不远的。

鲁花的营销管理之所以能够在食用油行业脱颖而出，实在是与它对创新的重视分不开的。

鲁花在营销管理上讲“简政放权”，把权力和责任都下放给处于市场前沿的各地分公司，使分公司的管理具有灵活性和实效性。鲁花讲究不按套路出牌，不管黑猫白猫，能把市场做出来就是好猫。在鲁花的眼里，一个个的分公司其实就是一个个的经销商。作为一个经销商，鲁花各分公司必须要天天琢磨赚钱的路子，必须要自负盈亏。

甚至做得好的经销商，也可以“变”成鲁花的分公司。广西是鲁花的样板市场。广西经销商会让下面的办事处两两竞赛，销售落后的，要接受做俯卧撑之类的当众羞辱。为了面子问题，每个销售人员都跟打了鸡血似的拼命卖货，这可比金钱激励有效多了。广西经销商的一些管理经验，例如学习时必须站着不能坐着之类，都在鲁花集团范围内得到了推广。广西经销商向孙孟全提出，我可以把广西这块市场做好，但前提是不要有分公司来管我。孙孟全于是破格让广西经销商完全自主管理市场，并享受与鲁花分公司一样的供货价格，其实就成了鲁花的南宁分公司。广西市场是特例。鲁花也想把其他市场的一些大经销商发展成享受分公司待遇的“直供经销商”，但再没有像广西这样做得那么成功的。

鲁花的销售分公司，也可以对供货工厂进行选择。例如，笔者曾经走访西安市场时，就看到过鲁花坚果调和油同时存在来源于襄阳厂、菏泽厂和周口厂的产品。分公司经理进货主要考虑物流成本，但也会顾及其他的一些因素。虽说各工厂的对外报价是一样的，但各工厂由于原料采购成本的不同，不时会有自己的优势产品，可以给出一些特别的支持。此外，分公司经理与各工厂经理都是山东人，相互间的关系也有亲疏远近之分，这也是重要考虑因素。

鲁花亦无全国统一的价格体系。分公司经理有权限依据当地市场的情况，制定自己市场的经销价格和零售价格。以2010年4月笔者走访市场时搜集的市场价格信息为例，鲁花零售价在华北区域（京津冀鲁蒙）卖89.9元/5升，华东和辽宁在90~93元/5升，黑吉晋陕湘桂在93~97元/5升，其他区域高于97元/5升。大致来说，竞争激烈、核心重点的区域，销售价格要低一些；物流成本高的区域，销售价格要高一些。

鲁花各分公司亦把权力进一步下放，甚至连导购都有业务自主权，无须事事层层审批，营销前端对市场的反应速度非常快。2015年，鲁花将导购一律改称店长，意思是导购所在的店，由导购说了算，全权负责管理。

笔者曾经听过这么一个故事。在某个超市，一个团购客户先向金龙鱼的导购要团购优惠政策，金龙鱼导购答复说她给不了，要向领导汇报和请示。该团购客户转而去找鲁花的导购，鲁花导购二话没说，自己掏钱在超市买了两桶鲁花花生油送给该团购客户。自然，这个团购订单就被鲁花拿下了。金龙鱼的销售人员叹息说，我们无论如何是做不到像鲁花这样管理的。

鲁花分公司经理的权限也非无限大。鲁花对分公司实行业务和财务两条线管理，分公司财务直属总部财务。如果认为费用不合理，分公司财务有权力否决分公司经理的营销费用支出计划，或者不给分公司经理报销费用。鲁花分公司的经理与财务形同陌路的现象并不鲜见，而总部也乐见业务和财务的不合。为了防止业务和财务同流合污，鲁花不允许分公司经理和分公司财务长时期同台搭班子，过几年就必须分拆。分公司经理和分公司财务反正都是山东人，各有自己的山头。每年春节便是各自回总部拜码头的时候，就看哪一方的关系硬，能够把另一方调走。鲁花每年也会对各分公司进行审计，确保分公司的财务管理工作合乎总部的要求。

鲁花还鼓励各分公司自主开发宣传物料和设计促销方案，激发各分公司员工的自主创新意识。一些在区域市场行之有效的营销战术经验，会很快上升为公司的战略，复制到全国范围去进行推广。孙孟全不仅要求领导干部要鼓励创新、带头创新，还强调：“创新并不仅仅是领导干部的事，也是全体员工的事。我们要营造全员创新的目标定位，要人人想创新，处处有创新。人人都是创新高手，在各行各业都要掀起创新的热潮，只要具备这个条件，我们的企业就能始终保持旺盛的生命力。”

在要求创新的指导思想下，各分公司产生了不少适合当地实际情况的精彩营销案例。例如广西南宁的香蕉事件营销。

2009 年 11 月，广西香蕉大丰收。但恰逢北方各地普降大雪，香蕉运不出去，价格直线下跌，最低到 2 角/斤。此事得到了中央和广西壮族自治区有关部门、社会各界、新闻媒体的高度重视。自治区办公室专门发出通知，倡导社会各界向蕉农伸出援手。

鲁花南宁分公司联合各大超市发起爱心香蕉倡议活动，各大超市纷纷响应，在粮油区挂满“鲁花爱心香蕉”的广告牌，在显要位置贴上关于爱心香蕉购买倡议的海报。超市广播播报购买爱心香蕉倡议行动内容，在超市购买鲁花产品可以免费获得一份爱心香蕉。鲁花在超市路演活动中融入香蕉元素，进行油炸香蕉品尝、香蕉知识有奖问答、吃香蕉速度大赛、剥香蕉比赛等游戏活动。

鲁花还到香蕉产地直接向蕉农采购香蕉。南宁电视台、当代生活报等当地主流媒体都对鲁花的爱心之举进行了专题的新闻报道。

在这起香蕉事件营销中，鲁花既促进了产品的销售，又取得了媒体的宣传支持，吸引了消费者的眼球，有名又有利，得到很好的品牌宣传效果。

把营销创新放得太开，宣传内容时有不合法律规范之处，也可能会产生一些负面影响。例如，个别比较狠的市场，把公司老板与国家领导人的合影都摆到了产品堆头上。各分公司各自为政，也会让鲁花的品牌终端表现显得一片混乱，不能因协同一致而产生强大的声势。

为了对市场操作进行规范，鲁花集团总部于 2007 年左右成立了市场部。市场部会进行每年三次的全国性促销活动的设计，包括春节、女人节（每年三八妇女节至 5 月第二个星期日的母亲节）和中秋节，这在一定程度上减少了各分公司自行其是的乱象。

鲁花在中国小包装油市场上的野蛮成长、屡出奇招，不能不引起市场竞争对手的关注和警惕。

第 8 章 “健康”概念大争抢

2007 年，中国食用油行业发生了一件大事：益海集团和嘉里粮油两个公司合并。益海集团是郭孔丰于 2000 年组建的在华粮油企业集团，而金龙鱼品牌则隶属于郭鹤年的嘉里粮油。两个集团的合并，其实是家族产业的整合。整合之后，益海嘉里打通了产业链的上下游，既有大豆压榨上游的大规模、低成本生产优势，又有下游的金龙鱼品牌在消费品市场的影响力。两个集团合并后的小包装油销量占到中国市场45%的份额。这个事件，对此后的中国食用油产业格局产生了极其深远的影响。

事实上，金龙鱼最早就是由郭孔丰于1986年在马来西亚注册，如今真正归郭孔丰所有，可谓实至名归。巧合的是，鲁花也在那一年诞生。

金龙鱼和鲁花的巧合不仅于此。作为中国小包装油市场上最具价值的两大品牌，两者在早期历史上，有着非常接近的发展节奏。20世纪80年代中叶，当中国取消粮食统购统销、进入粮食经营双轨制之后，鲁花和金龙鱼在中国的第一家工厂，分别于1986年和1988年开工建设。1993年，也就是双轨制终结及粮油市场放开的那一年，鲁花取得郭老板的资金注入，金龙鱼也在小包装油市场上实现重大突破。而当小包装油逐渐成为城市居民的消费主流时，金龙鱼和鲁花分别于1996年和1998年开始投放央视广告。

所以，无论是外资企业还是民营企业，要进入食用油市场这个关系国计民生的敏感领域，无不被中国粮油市场改革的浪潮所裹胁，并深受国家政策变化的影响。相对来说，在市场初期，中国极需引入资金和技术，外资企业会比较占有优势。但随着市场的发展和成熟，民营企业反而会取得更多的政策支持。

例如，外资企业不能直接向农民收购农产品，这就让外资企业在原料收购上要多了个粮贩子环节的流通成本，让中间商赚差价。如果粮贩子将一手直接收购的农产品卖给下游企业，可开具据以计算增值税进项抵扣的票据而自身又无须缴纳增值税，这导致农产品发票虚开问题屡禁不止，成为税务检查的重点。在这粮食流通尚不规范的灰色地带，显然不利于外资企业。

当然，无论是外资企业还是民营企业，均无法和国有企业相比。国有企业肩负政府的委托，要协助政府完成让人民吃饱肚子和平抑食品价格的重任，在粮油领域自有得天独厚的优势。早在建国初就成立的中粮集团，在改革开放前曾长期主导着中国粮油的进出口业务。即便在改革开放后，国家放开大部分粮油市场了，中粮仍然享有大量政策上的优惠。

早在1993年，金龙鱼就开始稳居中国小包装油第一品牌的位置。而那时候，中粮的福临门品牌刚刚推向市场，而鲁花甚至还在卖散装花生油。当金龙鱼在全国各地开疆拓土的时候，福临门也跟着力推调和油产品，鲁花则默默地蛰伏在山东，积蓄自己的力量。调和油是金龙鱼的核心产品，而花生油则在山东市场很受欢迎，属于区域性很强的食用油品种。因此，虽然鲁花和胡姬花在山东打得不可开交，但在很长一段时间内，金龙鱼和鲁花两个品牌相安无事。

对于1998年才刚进军全国市场的山东鲁花来说，无论其资源实力、品牌影响力和经销商网络，与金龙鱼、福临门的差距都是极其悬殊的。但鲁花却在短短几年里，靠着灵活而精准的营销策略打开了市场。作为后来者的民营企业山东鲁花，靠着抢占新类别和改变行业规则的“颠覆”战略，在嘉里系和中粮系的铜墙铁壁中撕开一个缺口，劈下花生油这一细分市场。

鲁花小包装花生油销售额从1998年的不到1个亿，迅速攀升到2002年的10个亿，花生油类别市场稳占鳌头。当金龙鱼力推世界卫生组织、联合国粮油组织和中国营养学会三大权威机构推荐的1∶1∶1第二代调和油的时候，鲁花紧接着就宣传“人民大会堂宴会用油”。金龙鱼感受到了鲁花的威胁。金龙鱼对鲁花的态度，从不屑、惊讶转变成了不安。

然而，金龙鱼又拿鲁花没有办法。两个品牌虽然做的都是食用油产品，但商业模式大不相同。

金龙鱼作为小包装食用油销量最大的品牌，注定了它主要满足人数最多的中低端消费者的需求。而食用油行业又是一个资源型的产业，中国食用油产量一半依赖进口转基因原料的现实，又注定了金龙鱼的产品必须以进口转基因原料为主。所以，金龙鱼的产品线以调和油、菜籽油和大豆油为重点。福临门的产品定位与金龙鱼相似，两者于是成为主要的市场竞争对手。

而鲁花是个起家于山东的花生油厂，以国产花生为原料，花生油又走的是高端风味路线。这就使得鲁花和金龙鱼、福临门的产品线较少有交集，各说各话。当然，在一些花生油重点市场，例如北京和两广地区，鲁花和金龙鱼还是动刀动枪，打得很凶的。

鲁花和金龙鱼对营销团队的考核方式都不同。前者主要考核销售额，花生油市场容量相对较小，坚持高价才能卖出较高的销售额。后者主要考核销量，这样会导致较多的特价审批，因为把货尽快卖掉是最重要的。孙孟全经常说“要打价值战不打价格战”。李福官虽然也强调“价格是品牌的生命线”，但这句话是针对 1∶1∶1 这样的差异化产品，而不是针对等级为“一级”的菜籽油、大豆油、葵花籽油和玉米油等同质化产品。大多数油种，只要精炼到品质“一级”，基本上都清澈如水、颜色极浅、几无香味。鲁花靠高价出利润、金龙鱼靠销量来赚钱，两种不同的战略导致它们的市场打法有很大区别。

益海嘉里的优势在于进口大宗食用油，如豆油、菜籽油、棕榈油和葵花籽油。由于市场先发优势及规模效应，在这几个品类上，谁的成本也没有益海嘉里低。在金龙鱼及其兄弟品牌（香满园、口福等）的低价攻势下，豆油、菜籽油和葵花籽油品类的小包装油品牌数量在趋向减少。而鲁花的花生油只做高端，从来不打价格战，这就给其他花生油品牌留下了一大块生存的空间。一般人总以为鲁花的品牌力太强，花生油市场难做。事实却是由于鲁花做大了花生油品类并抬高了花生油利润空间，仍有不少花生油中低端品牌活得比较滋润，毕竟吃便宜花生油的低收入消费者也为数不少。金龙鱼和鲁花两个品牌导致的市场生态是不同的。简单地说，前者的成功在于把市场做小、唯我独尊，后者的成功在于把市场做大，一荣俱荣。

草根出身、并与新中国一块成长的孙孟全，对政治比较敏感，并且擅长与政府和行业协会维持良好的关系。嘉里粮油的掌门人李福官是新加坡人。新加坡是亚洲最西方的城市，比英国还要英国，这造就了李福官这样典型的西方式职业经理人。李福官完全没有和政府打交道的兴趣，一心只想着如何达成股东利益的最大化。但是粮油行业却是一个关系国计民生的敏感行业，不可能不受政府和行业协会的管制和影响。对公关工作的忽视让金龙鱼在中国的发展吃了不少大亏，最集中地体现在对金龙鱼极不利的各项食用油国家标准的出台。

对金龙鱼来说，糟糕的是，随着消费者对非转基因和压榨概念的广泛接受，以及消费者购买能力的提高，鲁花开始侵蚀金龙鱼的地盘，金龙鱼的不少消费者在向鲁花升级转化。而鲁花的消费者忠诚度很高，转化成金龙鱼消费者的可能性很小。金龙鱼的销量增长速度和利润率都不如鲁花。随着时间的推移，鲁花对金龙鱼的威胁越来越大。

金龙鱼大感头疼，而鲁花则表现得“就喜欢你看不惯我又干不掉我的样子”。

在中国食用油市场上，形成金龙鱼、福临门和鲁花三大品牌长期混战的局面。商场鏖战正酣之际，中粮和鲁花突然得知，自己最亲密的合作伙伴郭老板，居然成为了金龙鱼的老板，其心中的感受可想而知。不无巧合的是，《中华人民共和国反垄断法》于2008年8月1日起施行。2008年9月，可口可乐宣布以154亿元收购汇源果汁所有股份，正撞在枪口上，未通过反垄断法的审查而被中止。“垄断”一时成为一个敏感话题。此后，中粮和鲁花再也没有和丰益合资成立新的公司。而鲁花也早已树大根深，不再差钱，完全可以凭借自己的利润积累和银行的政策性优惠贷款来解决发展所需的资金，不再需要外来资本了。

益海集团的业务主要是进口大豆压榨后销售豆油和豆粕。当益海与嘉里合并后，金龙鱼品牌的主要任务转变成完善集团的产业链，消化益海集团所生产出来的豆油。这就让金龙鱼品牌更不可能往高端方向发展。金龙鱼在为鲁花蚕食自己的地盘而着急，然而却又力不从心。要拿金龙鱼1∶1∶1调和油去打鲁花花生油，完全是鸡同鸭讲，各说各话。益海嘉里的资源又不可能向金龙鱼花生油和胡姬花花生油倾斜，毕竟花生油不是集团的优势和重点。

更何况，福临门又对金龙鱼缠斗不休，分散了金龙鱼的不少注意力。

2008 年的夏季奥运会在北京召开，中国代表队获得金牌总数第一的好成绩。作为北京奥运会食用油独家供应商的金龙鱼大出风头。金龙鱼发布了“为健康中国加油”的奥运战略，推出各少数民族齐喊加油的奥运广告，与央视《天天饮食》栏目和国家体育总局训练局联合打造“金龙鱼我为奥运献美食”的特别节目，与国家体育总局社体中心合作开展“健步享奥运、健康十三亿”的活动。金龙鱼还向社会发出“金龙鱼世界品质与 13 亿人共享”的承诺，公开招募 2008 位品质监督员，举办金龙鱼奥运生产企业开放日活动，让生产过程接受全社会的广泛监督，以实际行动为塑造中国食品安全健康的形象作出表率。

福临门憋了一口气，一举拿下 2010 年的世博会赞助资格，要让“预计全球 7000 万人次，共享 13 亿国人熟知的味道。”世博会期间，拿着加盖福字印章的世博护照的游客，可以走进园区内的中粮“食博会”餐厅，品尝由中粮食材做成的美味健康食品。同时，福临门 BEST 50 明星厨师大赛在全国轰轰烈烈地开展，并在上海举行决赛，向世界展示中国的精湛厨艺与丰富美食。以“食博会”为主题的促销活动在各大超市相继启动，第一次让中粮旗下的产品集体亮相在消费者面前。当然，福临门食用油处于最核心、最显眼的位置。

中粮还试水网络营销，搭建了一个基于 SNS 社区游戏的“中粮生产队”互动体验平台，旨在通过寓教于乐的方式，让年轻白领群体理解什么是“全产业链”。中粮生产队吸引了超过 1000 万人次参与。2010 年 7 月，中粮生产队把游戏中诞生的 20 名靠谱玩家从线上虚拟平台送到上海世博会，让他们见证，自己在网络上虚拟生产的产品，在现实世界是如何服务上海世博会的。

金龙鱼虽然没抢到上海世博会赞助商的风头，但也没闲着。金龙鱼确定了“让世界博览中国的味道”的年度营销主题，携手上海市旅游局，在豫园联手打造“上海旅游美食节”，编撰《上海旅游美食攻略》，设计精品旅游美食路线。美食路线的亮点包括：被包装成金龙鱼美食广场的上海名胜城隍庙，在黄浦江上巡回游弋的金龙鱼美食方舟以及在上海世博会Abilia育乐湾项目中打造的金龙鱼中国味道馆。金龙鱼还继续与央视《天天饮食》节目合作，在全国广泛征集“爱吃、会吃、懂吃”的家庭，并从民间选出“最具中国味道”的特色美食，送往上海旅游美食节。总之，金龙鱼大搞“非世博营销”，挤着凑着要在上海世博会期间露脸。

金龙鱼和福临门龙虎争霸，鲁花却基本置身度外。除了孙东伟作为奥运火炬手亮了下相，鲁花与奥运和世博都没扯上什么关系。鲁花并非无所作为，它在悄悄入侵金龙鱼和福临门的地盘。鲁花原本以“香飘万家”为品牌主诉求，如今却调整成了“健康全家”，也开始宣传起了金龙鱼最强调的“健康”概念。

“鲁花，5S压榨花生油，纯天然营养，富含油酸、亚油酸、维生素E，不含胆固醇，关爱心脑血管健康。”从2006年开始，经常出现在各个电视台的这条鲁花广告可谓家喻户晓。其中玄机，在“不含胆固醇”五字。

首先，胆固醇并非一无是处。胆固醇是人体不可或缺的营养物质，具有三大主要生理功能：形成胆酸、构成细胞膜、合成激素。胆固醇要达到一个相对平衡值才有利于身体健康。如果体内胆固醇过高，会增加患心梗或中风的危险，但是胆固醇水平过低，会让红细胞增加脆危性，容易引起细胞破裂等，无法维持正常的生理功能。一般来说，处于身体发育阶段的少年儿童，应该多吃胆固醇含量高的食品。而运动不足、营养过剩的中老年人，则应减少胆固醇的摄入。

其次，胆固醇是一种油脂性物质，是一种动物性（非植物性）产物。所有植物油中都不含胆固醇。植物油中不含胆固醇，这本是一个普通的公众常识，可经鲁花花生油广告渲染，很容易让消费者误认为植物油里也含胆固醇，可以在加工过程中被去除。这则广告还会让人产生“别的食用植物油含有胆固醇”的错觉。

最后，“不含胆固醇”的宣传，给消费者一种暗示，让消费者觉得这种植物油是健康的，多吃无害。事实上，即便是不含胆固醇的植物油，也不应多吃。中国营养学会编著的《中国居民膳食指南》提醒人们，要均衡营养，少摄入油脂。要想保证心脑血管健康，最简单、也是最有效的措施就是从减少食用油的摄入入手，而不是选择“不含胆固醇”的植物油。

不仅仅是鲁花，那时候还有多个食用油品牌都在宣传“不含胆固醇”或“零胆固醇”。由于所有的植物油都是不含胆固醇的，这些品牌这样标示，是在概念忽悠，既利用大众畏惧胆固醇的心理来误导消费者，也构成不公平竞争，损害了其他生产者的信用。

当时的相关法规尚不规范。此后，卫生部2008年实施《食品营养标签管理规范》，2013年实施《预包装食品营养标签通则》，规定了声称“无或不含胆固醇”的限制性条件为“应同时符合低饱和脂肪的声称含量要求和限制性条件”，并同时规定了声称“低饱和脂肪”的含量要求为“≤0.75g/100ml（液体）”。食用油中饱和脂肪含量最低的低芥酸菜籽油和紫苏油，饱和脂肪含量也达到了6%。也就是说，按照卫生部的规定，所有食用油都将不被允许标注“不含胆固醇”或“零胆固醇”。

食用油行业“不含胆固醇”的宣传从此基本销声匿迹。不过，迟至2018年8月，仍有相关判罚案例出现。湖北武汉一沃尔玛超市所出售的某品牌山茶橄榄葵花食用调和油，因在产品标签主展示面显著标注“不含胆固醇”而被判10倍赔偿，赔偿金额高达30多万元。

既然“不含胆固醇”不能用，那就换一条思路来宣传花生油的营养健康。这个任务是颇具挑战性的。因为花生油的脂肪酸构成比例并无优势，它的饱和脂肪酸含量较高，其他各种不饱和脂肪酸的占比则相对较低。而如果人体摄入较多的饱和脂肪酸，可能提高血脂中的胆固醇含量并造成血管堵塞。如何宣传花生油的营养健康呢？鲁花转了个大弯，借了个“洋”势。

在各路媒体和营养专家当中，最受热捧的食用油是橄榄油。早在西方文明的源头——古希腊时期，橄榄油就与古希腊人的生活密不可分。古希腊人不仅用橄榄油来食用和点灯，还将它涂抹在身体上来滋润皮肤。古奥林匹克运动会的健儿们喜欢浑身涂满橄榄油，赤裸着身体参加各种竞技，获胜者的奖品仅仅是用橄榄枝编成的桂冠。直到今天，包括希腊在内的地中海区域还仍然是橄榄油最主要的产区。

《中国居民膳食营养素参考摄入量》认为，“在地中海地区，尽管居民膳食脂肪供能达到甚至超过总能量的40%，但其血清总胆固醇水平与冠心病发病率远低于欧美国家。研究者将此归因于橄榄油，特别是其中所含油酸的作用。”不过，也有观点认为，地中海人的身体健康是多种饮食习惯综合影响的结果，不能完全归功于橄榄油。被誉为油脂界圣经的《贝雷：油脂化学与工艺学》介绍了一项为期8周的比较实验，实验结果表明：玉米油能显著降低7%的胆固醇，而橄榄油仅降低了4%的胆固醇。

不管怎么样，出于对舶来品的盲目崇拜，以及橄榄油品类在高利润率支持下的宣传攻势，中国老百姓已普遍认可橄榄油是最好的食用油。鲁花就把自己定位为“东方第一油”，以此与“西方第一油”的橄榄油相提并论。鲁花的论证逻辑是这样的：

“作为新一代健康食用油，它们都不含胆固醇，而且油酸含量非常高。花生油的油酸含量最高能达到68%，橄榄油最高能达到84%，这是普通食用油无法达到的。而且油酸可以降低血液总胆固醇中的有害胆固醇，而不降低有益胆固醇，因此油酸含量的多少成为衡量食用油品质的重要标志。无论是花生油还是橄榄油无疑在这点上成为健康食用油的优秀代表。”

问题是，包括鲁花5S压榨一级花生油在内的普通花生油，油酸含量仅在40%多，只有高油酸花生油的油酸含量才能达到68%。由于自身产品的油酸含量低，鲁花不好直接鼓吹油酸的好处，就将高油酸花生油的油酸含量与橄榄油进行比较，然后得出花生油和橄榄油都是好油的观点，再推导出鲁花花生油是和橄榄油一样好的食用油的结论。

在这一结论的基础上，鲁花进一步分析，认为“与味淡的橄榄油相比，浓香扑鼻的花生油更适合中国人讲究色、香、味的传统饮食习惯。市场上的橄榄油多为进口产品，因此价格十分昂贵，是一般食用油的数倍。相对橄榄油的昂贵，花生油不但具备了橄榄油的特点，而且在性价比上更容易为普通的工薪阶层所接受。”

花生油既有橄榄油的营养，还价格便宜，符合中国人的饮食习惯，为什么不选择花生油呢？在各种小包装油产品中，鲁花花生油在软文广告的投放量上仅次于金龙鱼 1∶1∶1 调和油。长期大声量的软文攻势，足以让消费者慢慢接受花生油也是一种营养健康好油的说法。

鲁花还进一步地宣称：“花生油膳食几乎同橄榄油膳食一样，在预防心血管疾病方面可发挥有效作用。常吃花生油可缓解心血管疾病。”这就涉入保健品营销的概念中去了。

类似“不含胆固醇”“预防心血管疾病”，许多食用油品牌都或明说或暗示地做过具有保健功能的广告宣传。

例如，××牌葵花籽油宣称：“含有大量不饱和脂肪酸，而且不含胆固醇，有利于身体健康，不囤积、不阻塞、不负担，为健康加分，是中老年人科学养生的健康食品。”

××牌山茶油宣称：“富含维生素 A、D，长期食用有利于降低血脂，预防冠心病、高血压，提高机体的抗氧化能力……”

要不认真看，得以为这是药品或保健品的广告了。

保健品为什么能够在中国大行其道？这应该与中华民族的“食补”或“食疗”的优良传统有很大关系。自古以来，受道教传统思想的影响，中国人很讲究养生。养生的一大内容就是从食物中获取滋养身体的营养元素。在养生名下，世间几乎没有哪种食物不能列入保健品的范畴。因为任何一种食物都有一定的营养，只要是营养素就必定对人体具有特定的功能。理论上说，只要有适当的包装（包括产品外观的硬包装及产品概念的软包装），任何一种普通食品，即使没有健字号，也都可以当成保健品来卖。

于是，保健概念营销手段在保健品销售中所起的作用就异常之大。绝非偶然，保健品在中国营销史上扮演了一个非常重要的角色。从“当太阳升起的时候”“红桃K补血快”到“送礼只收脑白金”，无一不对中国营销业界产生过深远的影响。中国老百姓相信政府、相信媒体、相信专家、相信广告……保健品营销尤其擅长与消费者直接沟通，专家讲座、名医义诊、消费者现身说法等各种会议营销手法无所不用其极，再加上大规模的广告轰炸，自然无往而不利。

因此，小包装油行业要使用保健品营销手法来推广产品就不奇怪了。再说了，食用油也非常容易作为食补概念的载体。每个人每天都要吃的东西，还能有点健康概念当然更好喽。中国人还有送礼的优良传统，食用油也是中国最实惠、最受欢迎的送礼佳品之一。此外，小包装油和保健品针对的消费群体相当一致，都是全国城乡大规模覆盖，都是将中老年人作为重点目标消费群体。如此看来，小包装油要不向保健品学习怎么做营销，那才是怪事了。

当然，谨慎的厂家一般不会像上面提到的那些品牌一样露骨地宣传保健功能。毕竟法律法规有诸多的限制，如《食品安全法》第四十八条规定“食品和食品添加剂的标签、说明书，不得含有虚假、夸大的内容，不得涉及疾病预防、治疗功能。”第五十四条规定“食品广告的内容应当真实合法，不得含有虚假、夸大的内容，不得涉及疾病预防、治疗功能。《预包装食品标签通则》3.6款规定“不应标注或者暗示具有预防、治疗疾病作用的内容，非保健食品不得明示或者暗示具有保健作用。”

事实上，普通的食用油产品也并不像商家所称的具有那么多保健功能，这样的宣传按规定都是不合法的。国家对保健食品的认定是，必须经过严格功能实验，并接受专家的评估，在得到卫生部或国家药监局批准文号后，才能确定其科学的功能。

鲁花占据了花生油品类的制高点，立足风味概念，并频频向健康概念出击。鲁花品牌定位清晰，市场地位稳固，其最大的挑战，并不来自于市场上的竞争对手，而是花生原料的可靠供应。

第三篇
原料：抢、产、研

第9章　爱农民，就是爱自己

在20世纪90年代初，鲁花植物油厂还只是一个农村小工厂。在花生收购季节，农民排队把花生送到工厂销售，排队的长度达到两三公里。到了晚上，如果不收了，农民就在原地生火过夜，那个排队的场面让人心痛。孙孟全决心要建更多的厂，用更高的价格，收购更多的花生，解决农民花生难卖的问题，帮助农民增收致富。

自开始经营至今30多年，鲁花从未对农民打过一个白条，所有花生全部是当天收购、当天兑现，绝不拖欠一分钱。即使在花生大丰收的时候，鲁花也不压低收购价格。以2018年4月为例，每天约有1500吨的花生在鲁花的姜疃厂被收购，此时的市场价格为每吨5800元，而鲁花开出的收购价为每吨6300元。

一提到花生收购价格，农民出身的孙孟全就非常激动。“例如农民来卖花生，有的人就认为给农民打得价格越低，做得越对。这是非常错误的认识，这就是不爱自己的表现。我们使用的所有原料都是农民种的，就得爱农民。爱农民，归根结底就是爱自己的一种表现。我们一定要将企业的利益与农民的利益结合起来，统筹兼顾，成为利益的共同体，企业才能得到持续不断地发展。”

鲁花的工厂开到哪里，就把哪里的花生价格提高了上去。鲁花在山东定陶建厂前，当地花生价格原本在每吨4000元左右；建厂当年，当地花生价格即上涨到每吨5800~6000元。不仅仅花生，还有葵花籽。2006年，鲁花准备在内蒙古巴彦淖尔开设葵花籽油厂，当时在巴彦淖尔收购了7千吨葵花籽仁，准备运到鲁花工厂做榨油实验。当地的葵花籽价格马上闻风而动，很快就从原来的1.5元涨到了2.5元左右。而鲁花与花生种植农的关系，还远远不只一买一卖那么简单。

传统花生种植的品种、方式、规模等都是参差不齐的，抗风险能力也比较低，加上缺乏统一的技术支持，即便是一些大的种植户与农场也难以获得良好的经济效益。而鲁花集团以现代化订单农业的模式，为广大花生种植户提供技术指导、保险服务、保价收购等全程精准式服务，解除农民的后顾之忧，让农民吃下定心丸。

在技术方面，鲁花集团为农民提供良种选择、种植模式、田间管理、收获加工等系列指导服务，并组建专家团队提供全方位咨询服务。在播种期、生长期以及收获期，专家团队会到现场为种植户提供技术指导。种植户也可以通过电话、微信等方式随时咨询，以解决在生产过程中遇到的实际问题。

在保价收购方面，每年花生播种之际，鲁花集团将根据花生种植的面积、种植户数以及往年花生的总产量、成交量与成交均价，制定当年的花生收购价格区间，并与种植基地的种植户签订花生收购保护价协议。鲁花承诺当花生价格下行严重时，将无条件地以高于市场均价的标准收购种植户手里的花生。花生收购保护价既让农民更加放心地种植花生，获得更多的种植收入，也让合作社更能集中人力物力财力的优势发展生产，为花生种植走上规范化、规模化、产业化提供更多空间。

鲁花集团还会组织召开一年一度的订单农业合作社大会。每年8月底，约有200位来自全国不同地区的合作社负责人聚集于莱阳，共同围绕花生种植、加工、供销、生产、技术等进行年度总结与经验交流。

鲁花为农民做的一切，农民都看在眼里。群众的眼睛是雪亮的，农民都愿意把最好的花生送到鲁花的工厂来。而鲁花花生油也对花生原料品质有较高的要求，最好的花生才能榨出最香的花生油，最香的花生油才能卖出最高的价格。随着鲁花的快速发展壮大，鲁花对花生原料的需求量越来越大，农民不再难卖花生，花生卖价也不断提高，农民也就愿意扩大种植面积。而鲁花的花生原料供应得到了稳定保证，就能更好地扩大销售、提高销量。农民种地和企业经营都进入了良性循环。

鲁花对花生种植业的深度参与，也有助于鲁花从源头开始保证原料的安全。

花生种植基地的选择是保障花生油食品安全的重中之重。在订单农业的基础上，鲁花集团从种植基地开始建立动态管控机制。首先要看种植基地的自然条件。花生喜欢在沙质土壤里生长，如果土壤黏性过大，则会影响土壤的透气性，可能导致花生种苗滋生黄曲霉毒素。而土壤温度过低，则影响花生种苗的成长与破土。光照、温度、土壤、水分等均会影响花生种苗的生长发育与花生的最终品质。其次是种植基地的周边环境。在鲁花的花生种植基地周围3公里内不能有化工厂，种植区地下水的重金属含量等指标必须达到国家检测标准，空气质量必须达到良好级别以上，土壤检测必须无污染且土质情况良好。

在种植基地选址流程上，会由专业技术考察组对传统产区进行调查与评估。如果备选基地均不合格，会全部淘汰并重新选择。选定了种植基地，依据HACCP（危害分析与关键控制点）管理系统，鲁花在种植基地的每位工作人员的工作时间与内容都会与每块地、每个品种进行绑定记录。每年春节过后，鲁花的技术人员便忙碌起来，挖土、测温、测湿、记录，每天都要对种植地块进行土壤温度和土壤湿度的监测工作，动态测算花生种苗下地的准确日期。播种时节，要对花生种植的深度和间距都做好精准记录。完成这些工作的同时，还会对种植基地再次进行全方位的环境测评，及时淘汰不符合 HACCP 及公司有关种植管理规范的基地，并选建新的种植基地。

在花生原料收购过程中，鲁花对进厂的原料以每一车为一个检验批次进行抽样，按照内控标准严格实施检验，合格的原料按质量指标做好标识，分类存放；原料在车间加工过程中，都有详细的跟踪记录，确保对每一批成品都能追溯到原料的批次。

为了保证产品质量，鲁花建立了严格的食品安全管理体系，按照产品质量、生产环境、食品安全等国家检测标准的要求，结合公司实际，建立了《管理手册》《程序控制文件》和《检验规程》，包括《车间工艺操作规程》117 个，各工位的《作业标准指导书》146 个，共有记录表格 258 份，确保生产过程中的各项工艺参数处于受控状态，有效保障整个质量安全管理体系的有效运行。

在生产过程中，鲁花要求“自检”与“互检”并重，每一个工序都把下一道工序当成顾客，建立起一套首尾相贯、环环相扣的质量检测机制。无论是轧胚、蒸胚还是炒胚都有严格的质量控制指标。鲁花还建立了食品追溯体系，每一批产品都有专门的电子档案。

鲁花还不断地推进信息化，来持续提升企业的管理效率。

2006 年，鲁花集团花生油的年生产能力增加到 60 万吨，实现销售收入 48 亿元。在鲁花销量快速增长的背后，是鲁花销售管理工作的不断细化，这意味着企业的信息处理量不断呈指数级的增长。鲁花已有 16 个子公司，58 家销售分公司，职工总数多达 7000 人。鲁花发展太快，于 2003 年实施的信息化项目（当年销售规模不过 13 亿），才过了两三年，就已不适应集团企业的管理要求。

鲁花集团以前采用的信息系统是由不同软件供应商提供的，系统之间不能集成应用，只是提高了部门内的核算水平，并不能支持整个集团的集中管理与业务协同。随着鲁花的快速发展，这种孤岛式的信息化管理模式影响了鲁花集团整体运营的效率与成本。鲁花不得不与济南浪潮集团合作，开始 ERP（企业资源计划）系统的建设。

如果按照惯常的 ERP 项目实施方法，先通过试点再进行全面推广的话，通常需要三到五年甚至更长的时间。而且随着时间加长会使系统的适用性、集成性变差，很难达到真正的协同。为此，鲁花大胆采取“瀑布式”实施策略，所有七十多个子公司分公司一同上线运行，并将财务和业务直接集成在一起。这种大规模的集中实施方式，在当时集团型大企业信息化实施项目中少有先例。

一期项目执行到一半，曾遇到很大的困难，部分财务人员产生了畏难和悲观的情绪。孙孟全适时发表重要讲话："信息化不是搞与不搞的问题，而是一定要搞好，只许成功，不许失败。财务人员是公司资产第一保护人，信息化工作是保证公司财产安全的重要举措。"项目才得以继续顺利推进。

通过实施 ERP 系统，鲁花集团实现了财务业务一体化运行，建立起了一个符合集团企业纵向集中管理、横向同步协作模式的信息系统。

例如花生米采购。鲁花的 ERP 系统与过磅称重系统无缝连接，自动扣重和计价，自动形成过磅单、入库单和结算单，大大减少了花生米供应商排队等候的时间。再加上原料采购的集团集中定价和统一检验标准，从而建立起了一套高效率的过磅控制、质量控制、结算控制的现代采购系统。不仅大量节约了人力成本，还提高了结算的准确性。

最重要的还是应收账款的管理。鲁花集团部分产品通过超市直营销售，要给超市账期，就会产生应收账款。总部会第一时间跟踪每个业务员的回款情况，并通过信用额度来对销售业务进行严格的绩效考评。对超信贷、超账期的现象，及时通过手机邮件发布预警信息。数额大的业务，在发生前，集团就作为重点进行跟踪，并通过完善的内部控制系统对账检查，通过业绩考核报表和工作质量报表实现有效监控。应收账款一旦形成坏账，业务员和相关部门要承担直接经济损失。

从2005年到2013年，鲁花的销售收入从32亿元增长到130亿元，应收账款居然保持在2亿元不变。应收账款占销售收入的比重从6%下降到不足2%。而且，从2006年起，鲁花集团的应收账款几乎没有发生过坏账损失，ERP系统对此功不可没。

鲁花的信息化不仅仅局限于ERP。鲁花在2011年实施了移动商务和产品追溯系统，2012年实施了生产成本和全面预算的信息化管理。产品追溯系统让每一瓶产品都有了身份证。鲁花集团将条形码管理引入ERP系统，其主导产品出厂一律带有条码标识，根据包装上的条码，就可以清楚地查询到该产品出自哪个生产厂、哪条流水线、生产时间、发往了哪里，对产品的肆意窜货起到震慑作用，也为市场上的打假提供了便利的工具。

在各信息化系统的支持下，鲁花集团从原料采购、加工生产到成品储存的各个环节均严格把关，确保产品安全、营养、健康，并保持始终如一的花生浓香。这么多年来，鲁花花生油从未出过任何质量事故。鲁花花生油的品质优越和稳定，为产品销量增长和品牌美誉度的提高奠定了基础。而鲁花品牌的壮大，才能保证与花生产业相关的农民持续增收、脱贫致富。

中国贫困人口的持续大幅下降，是一个举世瞩目的现象，也是中国为全球人类发展和进步所做出的一大贡献。中国贫困人口的减少，首先应归功于工业化和城市化。然而，作为一个有着13亿多人口的大国，中国必须保证“谷物基本自给、口粮绝对安全”。而只有一个走向富裕的农民阶层，才有能力保证中国的国家粮食安全。所以，农村扶贫，是一项国家战略行为。

鲁花集团引导农民种植花生，即是以农业产业化龙头企业带动农民脱贫致富的一个相当成功的案例，对于中国如何能够于2020年在现行标准下实现农村人口的全数脱贫有着重要的参考价值。然而，我们遗憾地看到，像鲁花这样能带动农民致富的农业产业化龙头企业真是太少了。

例如《提价！奶农与奶业巨头的“战争”》这篇文章称：“成本高扬、

奶价停滞，内蒙古通辽的奶农濒临崩溃，牛奶企业却不为所动，拒绝提高收购价格。”[①] 为什么奶农会遭遇与花生农截然相反的命运？我们来比较一下牛奶产业与花生油产业的商业模式的区别。

在原料收购环节，花生油厂尽可能直接向小农、种植大户和合作社收购花生，避免中间商赚差价。奶企则多从奶站收购牛奶。“一直以来，奶农卖奶都不是一手交钱一手交货，这个月交奶，下个月或更晚才收得到奶款。”“奶农最惨，没有听说哪家养牛发了财的，那些开奶站的倒是买了轿车、盖了新房。”[②] 而奶站也正是最容易出质量问题的地方。

在生产加工环节，包括花生油在内的所有食用油对添加剂都有严格限制（只允许抗氧化剂和某些营养强化剂），但配方奶允许加香精、增稠剂、稳定剂……这就给牛奶行业通过降低原料品质要求来压低收购成本提供了方便之门。

最关键的还是产品销售环节，乳业巨头之间的价格战异常惨烈，经常逼得一袋200多毫升的牛奶价格低过一瓶500多毫升的矿泉水，卖一盒牛奶的利润，还不如纸盒供应商从那个纸盒上赚的利润高。乳业巨头不得不通过对奶农的压榨来控制成本和维持市场份额。价格战的结果是没有赢家：消费者喝不到优质牛奶以至于对国产牛奶失去信心、乳业巨头赢了市场份额失去品牌美誉、奶农亏得血本无归。鲁花花生油则从来不打价格战。正是因为鲁花花生油的高品牌溢价，才能既保证给消费者供应优质花生油产品，又保证让花生种植户获得合理的收益。

以《我向总理说实话》而出名的三农问题专家李昌平称：私营企业是以追求利益最大化为原则的，私营龙头企业没有带农户发财的义务和责任。实际上是，扶持农产品收购和加工企业成为高度组织化的、强大的需求方，对付高度分散的两亿多农产品供给方——小农。“公司＋农户”潜

① 《提价！奶农与奶业巨头的“战争”》，葛清，《南方周末》，2016－10－12。
② 《三鹿：罪恶之门如何打开》，卢斌、左志英，《南方都市报》，2009－03－28。

伏着小农破产的危机，奶牛产业“公司＋农户”的发展水平最高，实际的结果是奶农的收入在持续下降。①

为什么中国人可以吃到好的花生油，却喝不到一杯好牛奶？这两个产业的领军企业之战略差异，自是回答这个问题的要点所在。而企业带头人思想境界的云泥之别，又是决定企业战略行为的关键因素。

孙孟全称：“有些人说企业文化是老板个人文化，我不赞成这个观点。只能说老板个人引领了文化的方向，方向正确与否，直接决定企业和员工的命运，所以老板承担起了引领正确企业文化的责任。”

从花生产业和牛奶产业的对比中，我们能看到，一个农业产业化龙头企业的作用。领军企业的健康发展，能给行业相关农民带来直接的收益。

只不过，在国产油料的相关产业中，像鲁花集团这样的龙头企业亦不多。例如国产大豆。大豆贸易商是市场化收购的重要主体，不少农民选择把大豆卖给当地的贸易商，然后由贸易商销往省外。大豆贸易是买方市场，在集中售粮时期，一些外省客户抓住了产区合作社、农民急于出货的心理来购粮，然后拖欠粮款。有的大豆贸易商被外地客户拖欠粮款，资金出现问题，就出现了给农民“打白条”的现象。“一个贸易商被骗，跟着受牵扯的可能就是几户、几十户农民。”中国大豆产量不断下滑，与此也有很大的关系。②

鲁花的经营之道中有这样一句话：“发展一个大同盟——带动农民增收致富。”为了让农民能在自己的土地上增收致富，鲁花把很多花生油和葵花籽油生产基地都建在了中国贫穷的地方。通过企业的发展，不但解决了当地农村富余人员的就业问题，而且还带动工厂所在地及周边地区运输业、餐饮业等第三产业的发展。如今，鲁花集团常年吸纳5000多名农民到

① 《大气候——李昌平直言“三农”》，李昌平，陕西人民出版社，2009年3月，页243～244。

② 《黑龙江个别大豆贸易商“打白条”：资金链断裂拖欠农民卖粮款》，2018－12－10，经济参考报。

企业务工，年人均收入超过 2 万元，此外还通过第三产业解决 1 万多人的就业。

鲁花集团不仅是在生产一种产品，打造一个品牌和经营一个企业，更是在从事一项有意义的产业。鲁花推进花生产业化，改善沙化土地，增加农民收入，实实在在地为中国三农问题的改善做出了突出贡献。

在花生收获季节，每当太阳初升的时候，在鲁花的后院，一个分厂就有一支长达几公里的交售花生米的队伍。按鲁花现货现结不打白条的规定，每天的交易额高达几百万元。毛收入按每亩 1000 元计算，花生种植户一年的获利相当可观。鲁花就地招募的农民工有数千名，而鲁花“第一车间”的“编外员工”可高达数百万人。如此美好的“鱼水”关系，谁又能动摇得了？

可是，当花生价格的波动，威胁到企业生存的时候，鲁花还能为农民着想，优先保证农民的利益吗？

第 10 章　花生价格暴涨，怎么办

自 1998 年投放央视广告以来，鲁花连续十年快速发展，成长为中国最大的花生油专业生产企业，销量超过其他所有花生油品牌之和。到 2008 年，鲁花的销售额攀升到 66 亿，每年要生产和销售 30 多万吨的花生油，为此需要采购 100 万吨左右的花生。

然而，作为一个农产品产业，花生油严重受花生原料供应的限制。而中国的花生产量，自 2000 年突破 1400 万吨后，就再次陷入停滞，多年没什么增长。

先看单产。花生属劳动密集型产业，人口众多的中国在此有一定的优势。进入 21 世纪后，中国花生单产长期徘徊在每亩 225 公斤左右。在各花生种植大国中，中国花生单产已达到了印度的两倍。中国用占世界 1/6 的种植面积生产了占世界总产量 1/3 的花生，花生单产提高的潜力在当时的技术条件下已挖掘殆尽。

单产难以提高，要想增产就只能依靠增加花生种植面积。但是，在过去的十年里，花生种植面积在缓慢下降。21世纪的第一个5年的平均数接近500万公顷，第二个5年却减少到430多万公顷。为什么农民种植花生的意愿下降？这是因为花生虽然产量大、出油率高，但种植花生的经济效益并不算高。

黄淮流域是我国最重要的花生产区。这里主要种植的春播花生，成熟期长达五个月，春种秋收，一年一季，影响倒茬种植其他作物，导致土地利用率低。花生亩产200多公斤（指花生仁产量，含水分10%左右，这也是厂家收购的要求），按2006年9月份山东地区花生仁价格每公斤五元算，种一亩花生的收入仅为1000多元。相比之下，小麦秋种夏收，夏收后可以倒茬种玉米，小麦亩产400至500公斤，价格在每公斤1.5元左右；玉米亩产可达600公斤左右，价格每公斤1.6元左右，两者相加的收入可达每亩1600多元。近年来，国家还加大了对大豆、棉花以及粮食等农作物的扶持，把花生种植效益更是比了下去。

而且，花生是一种机械化程度较低的农作物，需要占用农民较多的时间和精力。除了与种植小麦玉米一样需要浇水、打药、除草，种植花生还需要人工打埂、覆膜、揭膜、掰拔，费时费力。2009年，中国开始出现“民工荒”现象，这意味着农民很容易在城市或工厂里找到工作。种花生虽然比种玉米赚钱，但它费时费力，大大提高了农民的机会成本。

花生的一个特殊优势是不与农争地，不与人争粮，可以最大限度地开发贫瘠和沙化土地，提高非耕地的有效利用率，非常适合中国“保护18亿亩耕地红线”的思路。让人意外的是，中国长期保有约3000万亩的土地弃耕抛荒。所以，中国粮食问题的重点，不是缺乏土地的问题，而是如何提高农民收入的问题。

对花生油厂家来说，让人抓狂的是，花生供应本来就显得不够，还要面临花生食品厂家的争抢。

花生不仅可以用来榨油，还是人们爱吃的一种美味零食。花生的蛋白含量高，富含人体必需的多种氨基酸，有较高的营养价值，也有较好的口感。如果把花生用来榨油，花生蛋白经过高温变性，就成了没什么营养价值的花生粕，通常只能做饲料和肥料，造成蛋白质资源的极大浪费。食用油行业的利润本来就薄，饲料行业利润率更低，花生油和花生粕的销售利润之和，通常是比不上花生食品所能产生的利润。所以，花生油在与花生食品对原料的争夺上处于劣势。好花生一定是优先拿去做成食品，花生食品厂家挑剩的花生才用于榨油。

中国的花生食品产业还处在方兴未艾的阶段，加工设备差，科研力量弱，技术创新能力不足，提升空间很大。中国的大部分花生食品都处于初级加工阶段，以花生仁的粗加工为主，花生饮料、花生酱等深加工、高价值食品所占的比例很低，与发达国家相比还相当落后。美国所产的花生有 6 成的比例用于加工花生食品，仅有 15% 的花生用于榨油，而且榨油只是为了处理次等或工业下脚料的花生。花生产量低得基本可以忽略不计的日本，却有上千家的花生食品工厂，人均花生食品占有量是中国的 3 ~ 4 倍。只有像印度这样与中国一样缺油的国家，才会把花生主要用于榨油。印度自产的花生有高达八成的比例用于榨油。

所以，随着生活水平的提高和花生食品产业的发展，中国人对花生食品的消费量必然不断增加。20 世纪 80 年代，中国的花生有 64% 用于榨油。到 90 年代，这个比例跌到了 58%。到 2000 年，用于榨油的花生已经少于 50%。当然，由于有 8% 的花生须留做种用（随着良种的推广，种用比例目前降到 6%），还有少量花生出口（出口量不断萎缩，至近年已可忽略不计），油用花生在原料消耗量上对食用花生仍保持微弱的优势。

受原料供应限制，中国花生油的总产量也开始停滞不前，10 年时间基本上没什么增长，保持在 200 万吨左右。而中国同期的食用油消费总量却差不多翻了一倍，严重依赖进口的大豆油、菜籽油和棕榈油这三大油种成为市场消费的主流。这意味着，虽然鲁花带动了小包装花生油的快速增长，但抢占的仅是散装花生油的市场。花生油品类在食用油整体市场份额中所占的比例仍然下跌了一半。

花生供应量有限，花生价格却进入一个大幅涨价和凶险波动的阶段。鲁花惊愕地发现，长期平稳的花生价格走势一去不返，市场上的花生价格开始暴涨。鲁花不在乎金龙鱼和福临门的市场竞争，却不能不在乎花生原料的供应。乌云已经密布、暴雨即将来临。鲁花面临一场花生原料价格大波动的生死考验。

中国对花生没有托市收购或临时收储之类的价格补贴政策，花生的价格变动完全由市场决定。一般来说，花生和花生油每年的价格走势会被新花生上市（供应端）和春节旺季（需求端）分割成三个阶段。第一个阶段是2月至7月上旬，春节花生油销售旺季已过，而且随着气温回升增加了花生的保管难度，农民急于出售手中的花生，这时花生价格往往会跌到一个低谷。在新花生上市前，花生价格或者随着花生的紧缺震荡向上，或者随着花生需求的减少而保持低水平。花生油厂往往已经囤好了大量花生，主要依赖库存花生进行压榨，到夏季天热时停工检修。第二个阶段是7月中旬至10月上旬，国内夏收花生和秋收花生先后上市，如果花生因丰产而大量供应，花生价格会大幅下跌；相反，如果预计花生歉收，花生价格则会大幅上调。第三个阶段是10月中旬至12月底，市场进入元旦春节前的需求旺季，市场需求拉动花生和花生油价格上涨。

农民还会根据上一年的花生种植收益情况，来调整花生种植面积。如果发现种花生赚钱，大家一拥而上都去种花生，往往就导致次年花生供过于求，价格下跌。反之，花生不赚钱则会让农民减少种植，使得来年花生涨价。所以，花生整体市场价格一般会有1～2年的周期性波动，最长不会超过3年。花生油价格随花生价格波动。2斤半花生出1斤花生油，扣除花生粕收益，花生油价格可以按花生价格的2倍来粗略估算。

2004年起，中国花生种植面积连续3年下跌，花生产量最低的2006年仅有1274万吨。花生油的产量也随之下滑，花生油价格迅速飙升。2008

年春节期间，花生油价格最高涨到了 20000 元/吨，与 2007 年相比几乎翻了一倍。涨速之快、涨幅之大，前所未闻。

如果是正常的供求关系变化，作为一种粮油产品，花生油不可能在这么短的时间内有如此大的价格变动。然而，进入 21 世纪以来，国际石油供应的短缺，带来生物燃料产业的兴旺。大量玉米、甘蔗和油料作物，都转做生产燃料乙醇或生物柴油，导致全球范围内的粮食价格普遍大幅上涨，引发世界性的粮食危机。正是汽车也和人抢油吃了，才让原本就供不应求的花生油，其价格如脱缰野马般地涨势凶猛。

2008 年，中国花生大丰收，产量达到 1429 万吨，比去年同期增长了 10%。可是，为了应对全球性的粮食短缺，确保国内粮食供应，国家不再鼓励农产品的出口。7 月 1 日起，中国取消了花生出口退税 5% 的政策，致使花生出口受到很大影响，出口受阻的花生只能转为国内市场消化。雪上加霜的是，美国金融危机暴发导致全球经济看衰，大宗商品价格普遍走低。花生价格也结束了连续几年上涨的牛市，开始持续暴跌。到 2009 年初，花生价格只有 2 元/斤，同期花生油价格也跌到最低点的 9000 元/吨。

市场尚且惊魂未定，谁也没想到，随着金融危机的结束及新一轮世界粮食危机的到来，花生价格再次扶摇直上。2010 年，花生价格在 3.5 ~4.5 元/斤的范围内波动。2011 年，在中国农产品市场上表现最为抢眼的，莫过于花生的行情。从 3 月至 6 月，4 个月内累计上涨 44%。如果从 2010 年 8 月算起，十一个月内累计涨幅超过 100%。花生价格最高达到了 6.5 元/斤，“花你钱”成为媒体关注的热点。

受花生原料的价格影响，2011 年的花生油价格在 16000 ~ 18000 元/吨的范围内波动。2012 年，花生油价格持续走高。到了 8 月份，花生油价格达到了 23000 元/吨的空前高位。一吨 23000 元是什么概念？如果换算成桶，那就意味着一桶 5L 的花生油，仅油的成本就高达 125 元。

花生油价格的暴涨及花生油市场份额相对减少，导致花生油与其他食用油的价差在拉大。

拿花生油和豆油的价格做个对比。2003 年，花生油与豆油的差价大概在 2000 元/吨。2007 年，一吨花生油的价格达到 10000 元，而豆油则在 6000 元。2009 年底，花生油和豆油的差价在 6000 ~ 7000 元/吨已是平常事。花生油越来越走高端价位，受豆油、棕榈油等大宗油种的价格影响渐弱，拥有了自己的独立行情。

不仅消费者对高价花生油怨声载道，不少食品加工或餐饮企业也减少了对花生油的采购。如月饼加工厂，原本要用花生油调制莲蓉的，现在大部分改用菜油，甚至有的还用棕榈油。花生油消费量萎缩严重。

花生油和其他食用油巨大的价格差，让花生油的掺假现象猖獗了起来。正常情况下，对一个食用油生产厂家来说，豆油的利润不过每吨一两百元甚至更低，花生油的利润要高些，也不过每吨一千多元。而掺假的利润，每吨超过两三千元是寻常事。按照马克思的说法："为了百分之一百的利润，它就敢践踏一切人间法律；有百分之三百的利润，它就敢犯任何罪行，甚至冒绞首的危险。"花生油的掺假，主要在北京、山东和华南沿海等花生油的重度消费区域。2006 ~ 2007 年，有报道称，广东花生油 80% 涉嫌造假，主要走中小超市、餐饮渠道和乡镇农村销售。

花生油掺假的手法，北方主要直接掺入豆油和棉籽油，南方掺入豆油和棕榈油。也有不嫌费事的，会收购压榨花生油后的花生饼渣，泡入大豆油或棕榈油，通过加热将其残留的花生油萃取出来，再将饼渣杂质过滤去除。当然，也有图省事的，在豆油中加入花生香精，不用一滴花生油原料也能生产出香喷喷的花生油产品。

掺假花生油往往颜色不够深、气味不够香。一些小厂会收购来大厂不要的霉变、小个花生米，将其严重炒焦后再榨油。这样榨出来的花生油香味浓郁，颜色黑红，就可以弥补大量掺假导致的色香味不足的问题。这样的花生油，往往黄曲霉毒素超标严重。而且，花生烘炒、蒸炒的时间过长、温度过高，过氧化值会成倍增长，对人体的危害很大。①

消费者想要鉴别假花生油，从价格可以做一个简单的判断。瓶装油和瓶装水不同，瓶装水的成本其实就是一个塑料瓶的成本，水的成本几乎可以忽略不计，饮料价格体系十年不变也正常；但瓶装油的成本一定是以油脂原料为大头，价格要跟着原料行情变动，价格特别低的花生油产品都不会是好东西。在花生油市场，由于鲁花花生油的价格偏高，最适合做价格标杆的还是金龙鱼花生油。金龙鱼花生油是大厂大品牌的产品，最有能力在保证高质量的前提下，控制花生油的成本和利润，并把花生油零售价格保持在合理的水平上。一般来说，比金龙鱼花生油的价格还要低过 20% 的花生油，赔本赚吆喝的是少数，大多数的质量是有水分的。

2008 年之前的那几年，世界粮食危机席卷全球，花生价格涨幅空前，掺假花生油狂欢，连农村土榨花生油都有不少增长，品牌花生油市场受到很大的冲击。而 2008 年的花生价格意外大跌，导致鲁花经历了前所未有的困难。

花生和花生油价格如过山车般的大幅波动，花生和花生油又无期货市场可供避险，这让品牌花生油厂家们苦不堪言。不仅是花生油，大豆油等大宗油脂的价格也都在大起大落，震荡幅度远远超过 2004 年的大豆价格风波。在这几年里，虽然有一些抓准行情的厂家大赚一笔，但更多的是跟错行情而破产关门。也有些小厂船小好掉头，看着价格不对，搞不清楚状况，干脆就关门歇业。但鲁花这样的大厂不可能停工，只能硬撑着依靠品牌力来度过价格波动的艰难时光。

食用油行业是个低利润率的行业，低端的包装调和油净利润不过每吨几百元，中端的包装玉米油和葵花籽油在每吨 1000 元左右，鲁花花生油可以做到每吨 2000 多元。鲁花的利润率在食用油行业算高的了，但在面对这

---

① 实验表明：破碎花生的烘炒时间从 10 分钟增加到 20 分钟，过氧化值将增加两倍；蒸炒温度从 110 摄氏度提高到 130 摄氏度，过氧化值增加一倍；蒸炒时间在 50 分钟以内，过氧化值为零，60 分钟时过氧化值达到 2. 17meq/kg。《压榨花生油加工过程过氧化值的变化》，柴向化、张文、吴克刚，《粮油加工》，2011 年第 7 期。

样上下最高可超过每吨10000元的原料价格变动幅度时，仍然不堪一击。

所以，细心的消费者会发现，那几年里，超市食用油产品调价频繁。低收入的人群，不得不闻风抢购囤货。从中国到美国，都有因超市抢购而造成踩踏致死的事故发生。

农民喜涨不喜跌，油脂厂家也一样。2008年，花生油价格整整跌了一年，这就意味着鲁花库存花生油的成本一直都高于市场价格，5升鲁花花生油的零售价格最高涨到150元左右，价格实在太贵，许多福利团购客户和消费者都不得不放弃了鲁花，改吃其他品牌的花生油或花生调和油。鲁花大幅压缩各项开支，在好长一段时间内连广告都停了。

针对消费者觉得鲁花花生油太贵的心理，鲁花推出了新的广告语："香味浓，用量省，一瓶要顶两瓶用"。

这句广告语的灵感其实来自"加加"酱油。加加酱油于2001到2004年，为了配合浓酱油的上色特征，提出"加加酱油，一瓶当作两瓶用"的宣传口号。

《中国居民膳食指南（2007）》称：世界卫生组织推荐，合理膳食模式中的脂肪供能比为20%～30%。根据中国居民能量实际摄入计算，通过烹调油摄入的脂肪量不超过25～30克，才能符合要求。而中国居民目前平均每标准人日烹调油消费量为42克。如果减少了烹调油的用量，还能做出美味佳肴吗？当然能，鲁花花生油"香味浓，用量省"，可以做到"一瓶要顶两瓶用"。

鲁花花生油为什么能"用量省"，鲁花是这样通过精心观察而得出周密论证的。"鲁花花生油油品浓度高、黏稠度大、附着力强，烹调时很容易在食物表面形成一层薄薄的油脂，既可防止食物营养成分的流失，又不像其他油品那样会被食物吸收，因此用量非常省。"

没想到南京人民较起真来了。"说是'一瓶油可以顶两瓶用'，实际上跟一般油差不多。"2008年7月，南京市民张女士走进了南京市工商局白下分局。南京人民此前就与鲁花较过劲（详见本书第15章），看来南京人民的维权意识不是一般地浓厚。

张女士称，她家平时食用油用得特别快，一个月就要用上一大桶油，张女士在超市看到鲁花花生油的广告宣传说“香味浓，用量省，一瓶要顶两瓶用”，比较了一下，虽然鲁花花生油的价格比一般油稍微贵了一点，但她还是花129元买了一桶5L的鲁花花生油。可是一个月过去了，张女士丝毫没觉得用油省了，一桶油眼看就要见底了。

在南京的多家超市，鲁花花生油产品上都贴有“一瓶要顶两瓶用”的宣传语，而超市也在显著位置摆放鲁花花生油的促销展台。这一广告宣传确实诱导不少市民选择鲁花花生油，但鲁花集团无法提供广告宣传“1 = 2”的科学依据。

从语言学角度来看，“香味浓，用量省，一瓶要顶两瓶用”的表述确实会让消费者误解。“一瓶要顶两瓶用”，对比性说明，没有依据，经不起推敲，不但对消费者是误导，对同类经营者也是不公平竞争。

为了应对投诉，鲁花声称“一瓶要顶两瓶用”说的是“一瓶鲁花花生油要顶两瓶鲁花调和油用”。解释终究有些牵强。在勉强坚持了一段时间后，鲁花也停止了这句广告语的使用。

说是“一瓶要顶两瓶调和油用”，其实是“一瓶要顶两瓶调和油的价格”。面对花生和花生油价格的大跌，山东省出台特别的支持政策，加大油脂储存，既解决了花生农户的销售问题，还帮助鲁花等花生油厂渡过难关，有效提高了油厂的开工率。

更重要的是，地方政府还积极为花生油厂筹措资金，支持企业入市收储。而随着对2009年花生歉收的预期，花生油价格开始上涨。鲁花看准行情，大举入市，大肆收购低价花生。鲁花终于扬眉吐气，能够凭借低价库存压低零售价格，与其他牌子花生油的价格拉近距离。正常情况下，鲁花5L花生油的价格会比其他牌子的花生油贵上8～10元。而在当年的9月份，鲁花配合六十周年国庆，提出“国宴鲁花为国庆献礼”的口号，在全国范围内将5L零售价直降10元左右，统一放到89.9元。这个价格已与福临门花生油持平，仅比龙大花生油高出4元。这样小的差价让其他花生油品牌目瞪口呆，而鲁花则销量猛涨，在许多超市甚至做到了单店食用油销售额冠军。鲁花高唱凯歌，当年利税达到8亿多，业绩空前的好。

但是，“喜涨不喜跌”是要看市场承受能力的。时光进入了2010年，当花生油原料价格涨到16000元/吨时，鲁花又扛不住了。工厂要收购花生吧，又怕花生跌价。不收吧，看着似乎涨势不停。市场销售也到了最困难的时候。华北区域包括北京和山东在内，是鲁花的核心市场。即便无利可图，鲁花在这块区域也要坚持不提价。在其他市场，鲁花普遍提价到99元/5L，甚至更高。而主要竞品的金龙鱼花生油，仍然保持5L零售价不超过90元。上海、广州等市场的数据显示，金龙鱼花生油的销量超过了鲁花。上海人素以精明著称，广州人也讲究实在，超过10元的价格差就足以让他们改变品牌的选择。

2012年，随着花生原料价格的持续上涨，许多花生油企业的亏损不断加大。4月，鲁花花生油率先提价10%，金龙鱼花生油和福临门花生油紧随跟进。6月，鲁花又率先打响新一轮涨价的“第一枪”。有的市场，鲁花5L装花生油由132.9元/桶涨至145元/桶，引起了相关政府部门的关注。8月13日，国家发改委召集中粮集团、益海嘉里、鲁花集团、九三油脂和汇福粮油等5家食用油企业进行谈话，要求企业建立食用油价格报告制度，定期向国家发改委报送食用油出厂价、批发价和零售价资料。花生油零售价格这才在行政压力下止步。

花生油原料成本上涨到空前的高位，零售价格却被政府限制住，这导致鲁花的不少销售分公司都出现了前所未有的亏损。针对这一情况，鲁花大搞《砍掉成本》《老板通财》之类的培训，努力节约成本、砍掉费用，从内部管理上挖掘可提升和改进的地方。这是鲁花有史以来发展最困难的一段时期。

花生油价格大涨，中国能够从国外进口低价花生油，就像进口大豆一样，来满足国内市场的需求吗？

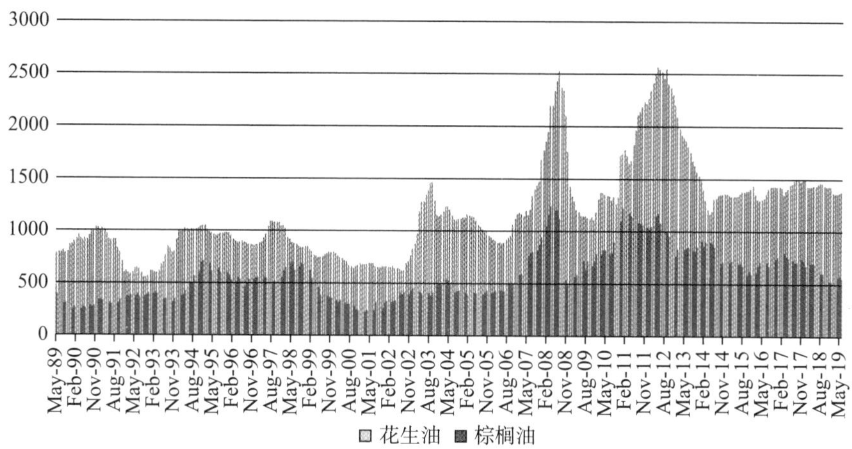

图 4 1989～2019 年花生油和棕榈油价格比较（单位：美元/吨）

（数据来源：https://indexmundi.com/commodities/“索引之窗”数据门户网站）

第 11 章 种子企业、粮食企业，谁更值钱

中国花生的供需矛盾越来越大，还有一个标志性的市场表现是：中国从花生和花生油的出口国，变成了花生和花生油的进口国。

花生的种植和收获都需要使用较多的劳动力，所以擅长机械化大规模运作的美洲农场对花生不太感兴趣。世界 90% 以上的花生生产和消费都在发展中国家。花生的国际贸易量不大，每年不过一百多万吨，大概仅占全球花生总产量的两三个百分点。美国和阿根廷是花生的主要出口国，欧盟则是花生的主要进口国。

与花生相比，花生油的消费量和贸易量就更小。中国和印度两个国家就占了全球花生油总产量的四分之三。两国花生油产量都在 200 万吨左右，基本上是自产自销。其他国家的花生油产量都不大。例如美国，每年仅产六七万吨的花生油。中国花生油有少量出口，主要出口到海外华人较多的东南亚地区。

21 世纪初，形势逆转，中国出口花生油萎缩至 1 万吨左右，而进口花生油则成为常态，并且数量越来越多。2008 年，中国进口了 2 万吨的花生油，2010 年接近 7 万吨，2014 年以后进口数量超过 10 万吨。即便如此，进口花生油仅能满足中国花生油市场 3 个百分点左右的需求，不过是杯水车薪。与之相比，进口豆油却占据了中国 97% 左右的豆油市场。

中国能像进口大豆一样，大量进口花生或花生油吗?

不能。

欧盟和日本等发达国家对花生黄曲霉毒素的限量标准非常严格。在这一方面，美洲大农场相对中国小农户就有很大的优势。美洲农场规模大，花生的出品可以追溯到源头，农场主对保证花生质量的责任心就强。农场规模大也就有实力拥有良好的仓储设施，易控制好湿度和温度，避免花生霉变。中国的花生都是从千家万户的农民手中收购来的，根本没法查到是谁的货，也没法保证划一的品质。所以，欧盟和日本抬高了美洲花生的价格，中国也就不可能从美洲采购食品级花生进行榨油。再说了，由于口味偏好差异，美国人普遍不喜欢花生油的气味，这使得美洲花生油以浸出法加工为主，也不适合中国对压榨花生油的需求。

印度的花生产量和消费量都很大。随着印度人口的增长和经济的发展，印度也不出口花生了，基本上成为一个花生的封闭市场。越南也和印度的情况类似。

中国还能够大量进口花生或花生油的地方，只剩下非洲。

可是，非洲大陆是个高温多雨的地区，那里的黄曲霉毒素问题比中国还严重。在中国市场销售的花生油是要求标出产地的，可是我们从来看不到来自非洲的花生油销售。中国从非洲进口花生毛油后，必须通过精炼来去除黄曲霉毒素。这样的花生油无法进入压榨浓香为主的小包装花生油市场销售，只能以调和油的形式消化。

所以，中国只能通过自力更生的方式来解决花生原料问题。尤其是只做浓香花生油产品的鲁花，只能依赖国产花生原料。作为中国消耗花生原料最多的厂家，鲁花不得不肩负起促进中国花生种植业的重任。

在花生油价格昂贵，企业经营最困难的时候，鲁花在忙些什么？鲁花竟然在操心花生产业的百年大计。鲁花要进军花生种业，力推花生良种，通过增产增收来提高农民种植花生的积极性。

2008年，鲁花集团成立了山东鲁花生种业有限公司（后更名为山东鲁花农业科技推广有限公司），注册资本3000万元，正式进军花生种业。鲁花种业与国内各大科研院所进行“产学研”合作，主要从事以花生为主的农作物良种的引育试验、培养繁育、种植示范和经营推广等工作。鲁花种业配有种子加工设备及检测仪器40多台，拥有4500㎡的加工厂房和仓库，设有先进的种子质量检验中心及花生良种繁育基地。鲁花涉足花生种业，剑锋直指花生产业链的最顶端。

鲁花还与国内最大的花生研究所——国家花生工程研究中心合作，成立了花生良种联合推广中心，引进高产量、高含油率、高油酸的花生品种。经过良种试种，每亩花生果可增产200多斤，农民每亩增收1000多元。鲁花种业还与多家花生合作社合作，具备了50万亩的良种储备能力。普通花生的出油率仅有46%，而良种花生的出油率可提高到51%～53%，鲁花也愿意以高于普通花生的价格收购。这样一来，农民和企业的经济效益就都上去了，对于中国花生产业的健康发展具有重大意义。

其实，鲁花涉足花生种业由来已久。早在2004年，鲁花集团就同航天技术研究所513所天星航天育种中心、山东花生研究所合作进行卫星搭载花生育种工程。当年12月，由鲁花提供的104克花生种子搭乘中国第20颗返回式科学与技术试验卫星进入太空，遨游太空18天后顺利返回地球，交付给山东花生研究所继续进行新品种的培育工作。航天育种是利用太空的特殊环境，对农作物种子诱变产生变异，再返回地面选育新种质，培育新品种的尖端技术。这回进行的是我国第8次航天育种，也是首例花生航天育种。

鲁花进军花生种业的意义非凡。中国种业的技术水平与国际同行相差悬殊。2010年的公开材料显示，中国仍以农民自己制种为主，种子商品化率只有30%～40%，而国际上种子商品化率平均可达70%，发达国家更高，达到90%以上。中国种子企业数量众多，但规模较小。全国持证的种子经营企业约9000家，注册资本500万元以上的企业3000多家，而注册资本3000万元以上的只有80多家。中国种子企业普遍自主创新能力不足，研发投入低，而且科研与生产脱节。大豆、油菜籽等产业的失守，无不与种子的控制权易手密切相关。花生是中国少有的优势农产品产业之一，但中国在花生种子的研发上要大大落后于美国等发达国家。中国要在全球范围内保持花生产业的优势竞争地位，就必须占据花生种子研发的制高点。作为花生产业的龙头企业，鲁花进军花生种业，不仅高瞻远瞩，也是责无旁贷。

要知道，种子是农业领域中，科技含量最为富集，也是最高层次的高科技战。中国化工集团购买种业巨头先正达花了430亿美元，而世界四大粮商ABCD之邦吉的估值不过160亿美元，从近年的这两起并购案的对比，可以看出种子企业的价值远远超过粮食工贸企业。鲁花布局种业这样的长线行业，亦着眼于提升企业的未来价值。种子企业最具价值的地方就在于转基因技术。2016年国务院印发的《“十三五”国家科技创新规划》提到，将加大转基因棉花、玉米、大豆研发力度，推行新型抗虫棉、抗虫玉米、抗除草剂大豆等重大农产品产业化。这为我国种子行业的发展指明了前进的方向。

表2　2000～2016年中国花生油产量变化

年份	种植面积（万亩）	亩产（公斤/亩）	花生产量（万吨）	榨油花生百分比	榨油花生用量（万吨）	出油率	花生油产量（万吨）	花生油进口量（万吨）	花生油出口量（万吨）	花生油供应量（万吨）
	①	②=③/①＊1000	③	④=⑤/③	⑤		⑥=⑤＊32%			
2000年	7283	198	1443.7	46%	670.2	31.5%	211.1	1.6	1.5	211.2

续表

年份	种植面积（万亩）	亩产（公斤/亩）	花生产量（万吨）	榨油花生百分比	榨油花生用量（万吨）	出油率	花生油产量（万吨）	花生油进口量（万吨）	花生油出口量（万吨）	花生油供应量（万吨）
	①	②=③/①*1000	③	④=⑤/③	⑤		⑥=⑤*32%			
2001 年	7487	193	1441.6	47%	674.0	31.5%	212.3	1.1	1.2	212.2
2002 年	7382	201	1481.8	47%	700.0	31.5%	220.5	0.5	1.3	219.7
2003 年	7586	177	1342.0	49%	660.0	31.5%	207.9	0.7	2.5	206.1
2004 年	7710	186	1434.2	47%	680.0	31.5%	214.2	0.4	2.5	212.1
2005 年	6995	205	1434.2	46%	665.1	31.5%	209.5	0.3	1.5	208.3
2006 年	6857	186	1273.8	45%	570.2	31.5%	179.6	0.2	2.0	177.8
2007 年	5918	220	1302.7	44%	570.2	31.5%	179.6	0.6	1.0	179.2
2008 年	6668	214	1428.6	46%	650.2	31.5%	204.8	2.0	1.0	205.8
2009 年	6566	224	1470.8	46%	681.9	31.5%	214.8	4.8	0.9	218.7
2010 年	6450	243	1564.4	48%	745.1	31.5%	234.7	6.8	1.0	240.5
2011 年	6695	240	1604.6	47%	755.9	31.5%	238.1	6.2	0.9	243.4
2012 年	6959	240	1669.2	47%	778.1	31.5%	245.1	6.5	0.6	251.0
2013 年	7065	240	1697.2	47%	800.0	31.5%	252.0	7.4	1.0	258.4
2014 年	7065	233	1648.2	47%	780.0	31.5%	245.7	14.1	1.0	258.8
2015 年	6900	238	1644.0	47%	777.7	32.0%	248.9	11.1	1.0	259.0
2016 年	6995	253	1770.0	45%	800.0	32.0%	256.0	10.7	0.9	265.8

（说明：依据国家粮油信息中心等数据整理。由于不同来源的数据差异很大，本表难免有错误偏差之处，仅供参考）

2008～2009 年，包括中国粮油学会、北京大学地方政府研究院、中国食品土畜进出口商会在内的众多智囊机构在山东、河北等花生主产区进行了一年多的持续调研，并向国务院呈送了调研报告，提出政策建议，希望扶持花生产业，保障中国食用油安全。

2009 年 6 月，时任中共中央政治局常委、国务院总理温家宝在济南主持召开企业家座谈会，听取部分企业负责人的汇报和建议。在孙孟全汇报即将开始时，温总理称赞道："鲁花有名啊，孙孟全！"

在会上，孙孟全向温总理做了详细汇报，包括鲁花集团作为民族企业不断发展的现状，以及鲁花集团独创的5S纯物理压榨工艺。针对我国油脂对国外进口依赖逐渐加深的现状，孙孟全提出了"一增一减"的建议。一增是指让农民每亩花生增产100公斤，增产后能帮助农民增加不少收入，推动中国花生产业健康发展；一减是指鼓励消费者吃香的油，减少食用油的总消费量（大概就是"香味浓，用量省，一瓶要顶两瓶用"的意思），从而减少我国油脂的进口，保证我国食用油战略安全。

为了调动农民种植花生的积极性，孙孟全还建议国家对种植花生的农民给予适当补贴，同时希望国家重视花生良种的培育。孙孟全表示，鲁花集团愿意出巨资奖励培育出优质花生种子的集体或个人。为此，鲁花集团还成立种子公司，专门对有关部门培育出的良种进行推广。

整个汇报过程中，温总理凝神静听，不时颔首点头，并就一些细节和感兴趣的话题向孙孟全进行询问。关于给予花生农民补贴的建议，温总理当即给予答复。他说："不给花生农民补贴是不公平的。今年来不及的话，明年一定给花生农民补贴。"在汇报即将结束的时候，温总理笑着说："我们每天都吃鲁花油！"

随后，财政部、农业部成立联合调研组，多次到鲁花集团进行实地调研，认真听取鲁花集团的意见和建议。2009年11月底，来自中央政策研究室、国务院研究室农村司、农业部政策法规司、发改委体改司、商务部市场运行司、国家开发银行、中央党校内参室等部门的数十位官员奔赴山东，在莱阳市举行了一个闭门会议。据了解，这个规模庞大、规格相当高的调研团队目标明确，就是要了解花生产业链的各个环节，为国家出台花生补贴提供决策依据。

2010年1月，中央一号文件正式发布，首次将"实施花生良种补贴试点""大力发展油料生产，加快优质花生生产基地县建设"等强农惠农政策列入中央一号文件。①

4 月，农业部、财政部联合发布《2010 年花生良种补贴项目实施指导意见》。“花生良种补贴在河北、辽宁、吉林、江苏、安徽、江西、山东（含青岛）、河南、湖北、广东、广西、四川等 12 个省（区）实施。”“花生良种补贴对象为项目区内参与良种繁育和使用良种进行生产的农民或企业。”“花生良种补贴为大田生产每亩补贴 10 元；良种繁育每亩补贴 50 元。”生产用种补贴面积为 3000 万亩，约占中国花生种植总面积的 45%。繁种补贴面积为 200 万亩。两者合计的每年补贴规模为 4 亿元。花生良种补贴政策重点补贴黄淮海花生集中产区，河南作为花生第一大省，获补贴最多，达 9700 万元，其次是山东。

补贴的目的是：“通过实施花生良种补贴，使花生良种供种率稳定达到 50% 以上，带动良种繁育体系的建立和完善。项目区平均亩产比前三年平均增产 15%，比全国平均亩产增产 50 公斤，含油率提高 2 个百分点，推进专用品种区域化种植、产业化经营，进一步提高花生种植效益。”

尽管花生良种补贴仅有 4 亿元，它却能给农民增加上百亿元的收入。假设改用良种花生，原来每亩能产 250 公斤的，现在增产到 300 公斤，每公斤花生以 6 元计算，那就意味着每亩增加了 300 元的收入，是每亩 10 元的良种补贴的 30 倍。所以，仅仅 4 亿元的良种补贴却撬动了整个花生种植业。

除了国家良种补贴政策外，花生主产省份也出台了地方性政策支持措施，例如：河南省推出的“河南食用植物油生产倍增计划”，采取项目补助、贷款贴息、保险保费补贴等财政扶持的形式促进花生、油菜和芝麻等油料作物新品种研发、新技术推广、规模化种植，提高生产环节机械化水平和加工转化能力。山东省人民政府颁布关于山东省油料等四个产业振兴

① 中共中央在 1982 年至 1986 年连续五年发布以“三农”为主题的中央一号文件，对农村改革和农业发展作出具体部署。2004 年至今，以“三农”主题发布每年的中央一号文件成为惯例，中央一号文件成为中共中央重视农村问题的专有名词。

规划，实施地方性花生良种补贴和油料示范基地建设补助，运用补助、贴息、担保、以奖代补等手段，加大政府性资金投入力度，省级重点扶持油料良种繁育、油料基地高产创建和品牌培育。

自2010年开始，中国的花生产量超越国产大豆和国产油菜籽，成为中国产量最大的油料作物（因为近一半的花生用做食品，花生油是仅次于菜籽油的第二大国产食用油）。中国花生种植面积及总产量连年增长。2012年5月，花生价格达到历史最高点后，终于进入下行通道。到2013年，世界粮食危机基本结束，花生价格跌落，花生油的成本一路走低，鲁花终于熬过了最难过的年头，安然通过花生油高价难卖的市场大考。

与其他油料作物相比，花生获得的成功耐人寻味。

要知道，与大豆、油菜籽和葵花籽等油料作物不同，花生种植业获得的国家补贴相对较少。政府对花生既无最低收购价政策，也无临时收储计划，花生种植业居然能够获得这样的增产成绩，实在让人出乎意料。

经常有人呼吁，也要对花生进行最低收购价或临时收储之类的保护政策。如果类似政策真的得以实施，那对花生种植业很可能是一场灾难，而绝非福音。

看看中国的大豆产业。国家对东北大豆实施托底收购，至今累计临储1850万吨大豆，抬高了东北大豆的价格，让东北本地的大豆压榨厂不能以有竞争力的价格收购大豆原料，无法与进口大豆压榨厂抗衡。其结果是东北本地大豆压榨厂几乎全军覆没，东北大豆退出豆油市场。到2016年，东北大豆压榨总量仅有300万吨，出品40多万吨大豆油，在中国豆油市场中仅占3%的市场份额。失去大豆压榨业的需求后，东北大豆只能进入大豆食品市场，其产量渐渐萎缩，十多年时间减少了1/3，到2015年仅余1200万吨。

中国的葵花籽产业也是一样。由于葵花籽主产地的内蒙古和新疆都是少数民族地区，国家会有特别的收储保护制度，结果是一样抬高了葵花籽的价格，让当地的葵花油厂收购不到有竞争力的葵花籽原料，苦不堪言。

国产葵花籽油从2008年的50多万吨下降到2016年的25万吨，不断被边缘化。同期进口葵花籽油则从几万吨增长到100万吨左右，成为市场的绝对主流。国产葵花籽也只能转为食用为主，产量增长缓慢。2016～2017年度，国内葵花籽产量只有285万吨，而全球葵花籽产量已近5000万吨，连鲁花都不得不转为主销从乌克兰进口的一级葵花籽油。

2008年8月份，受美国金融危机影响，食用油价格暴跌，国家开始启动对油菜籽的托市收购政策，累计储备690万吨菜籽油。该政策实施后，油菜籽重蹈覆辙，经历了与大豆和葵花籽同样的命运：国产油菜籽和菜籽油大量退出市场，留下的空白自然由进口油菜籽和菜籽油来填补。一边是部分进口菜籽混进国储骗取补贴，另一边却是国产菜籽压榨厂因原料成本上升而经营困难。与大豆和葵花籽不同的地方在于，油菜籽只能用来榨油，不能转做食用。国家不得不对国有和民营菜籽压榨厂家进行扶持。有100多家国有或民营的菜籽压榨企业进入享受补贴名单，每吨可享受200元的加工费补贴。这项政策的执行结果差强人意。一来正常的市场价格信号受到干扰，菜籽价格成为政策主导价，影响企业决策；二来为什么补贴你有我无、你多我少，产生寻租空间，难显公平；三来托市收购和加工补贴均以量为依据，只会对产量最大的低端次质菜籽油有利，影响优质菜籽推广和菜籽油质量的提升；四来国家财政补贴负担重，而且对补贴过程进行监督的成本很高，几年后又改由中储粮收购菜籽后再委托各油厂加工。

菜籽油是与花生油最类似的油种，风味好的菜籽油容易获得高溢价能力，先天具备打造第二个鲁花的条件。然而，受国家补贴政策的影响，国产菜籽压榨行业无法出现强势品牌和龙头企业。没有强势品牌和龙头企业，就不可能带动产业的发展和农民的致富。享受不了补贴的外资品牌金龙鱼，反而更注重菜籽油产品品质的提升，推出“外婆乡小榨菜籽油”等产品，很受市场欢迎。民营菜油厂的代表，号称菜油第一股的湖南“道道全”，却并不以品牌影响力著称。中国民营菜籽油厂出不了第二个鲁花，其中缘由，引人深思。

中国每年要进口大量的油料和食用油，豆油、菜籽油、棕榈油和葵花籽油等大宗油种的供应严重依赖进口，导致中国食用油供应的进口依赖度高达三分之二左右。除中国不产的棕榈油外，在豆油、菜籽油和葵花籽油上，中国均极其缺乏能带动国产油料种植的强势品牌。虽然主要原因是中国不具备这些油料的种植比较优势，但很大程度上也与国家托市补贴政策扰乱市场价格、不利本土油厂发展壮大有关。

国家也意识到了这个问题，一再提出要逐步扩大“绿箱”政策（直接补贴），调整改进“黄箱”政策（间接补贴）。在中央一号文件中，2016年首次明确提出要“建立玉米生产者补贴制度”，2019年又增加了“大豆生产者补贴政策”。这对中国的粮食加工企业来说，是个姗姗来迟的利好消息。

2015年以后，国家取消油菜籽的托市收购，油菜种植机械化程度低、劳动力成本不断提高、种植收益持续低迷，使得中国油菜种植面积和产量不断下降。菜籽油进口依赖由2008年的不足10%提高到近年来的40%以上。①

与托市收购和加工费补贴等政策相比，良种补贴让国家花费甚少，农民和企业却均能受益良多。农民增加花生产量和收入，企业也获得可靠的原料供应，花生及花生油市场都能得以良好发育，为鲁花一路做强做大奠定了坚实的基础。

油茶籽的情形又有所不同。

与大豆、油菜籽和葵花籽等油料不同，油茶籽不受进口原料冲击的影响。油茶是中国特有的油料树种，全球油茶籽油产量95%以上来自中国。早在公元前100多年汉武帝时，中国就开始栽种油茶，至今已有2300多年

① 2018年中国生产菜籽油698万吨，进口菜籽油130万吨，进口油菜籽476万吨按44%折油209万吨，进口依赖度为（130+209）/（698+130）=41%。中国油菜籽产量官方数据与民间数据差异巨大，官方认为在1000万吨以上，民间认为在400~600万吨，此处依官方数据。

的历史。油茶广泛生长在中国南方亚热带湿润气候地区的天然无污染的高山及丘陵地带。

20 世纪 80 年代，中国油茶栽培面积曾达 6000 多万亩，油茶籽油产量约 30 万吨。在一些主产区，油茶籽油产量占到食用油的一半以上。然而，与其他油料作物相比，中国油茶产业不进反退。随着大豆、油菜、花生等油料作物的迅猛发展，油茶籽油的市场份额逐渐下降，油茶种植面积也逐步萎缩。2008 年，我国的油茶种植面积大约为 4500 万亩，出产油茶籽油 26 万吨，平均亩产不到 6 公斤。长期以来，我国的油茶林产量低，品种混杂老化，经营管理粗放，大多仍停留在“人种天养”或“天种天养”的状态。油茶加工企业原料短缺，难以形成大规模的产业化开发。油茶还有大小年之分，小年的产量只有大年的一半左右，不少农民因小年油茶籽产量太低而放弃采摘，这对原本就紧缺的资源无疑是雪上加霜。

油茶籽油不仅油酸含量超过橄榄油，还含有橄榄油所没有的茶多酚和山茶甙等特定生理活性物质。油茶还可利用荒山种植，不占用耕地。2009 年，国家提出油茶产业总体发展目标：到 2020 年，力争使我国油茶种植总规模达到 7018 万亩，通过更新、嫁接和新造油茶林，使茶油年亩产达到 40 公斤以上，全国茶油总产量达到 250 万吨。自政策出台后，国家每年给出大量补贴扶持油茶产业，中国油茶产业开始快速发展。2017 年，中国油茶种植面积达到 6550 万亩，油茶籽油产量达到 64 万吨。尽管产量翻了一倍多，但油茶籽油仅占中国食用油总供应量 3500 万吨的 1.8%，只完成国家预定目标的 1/4。油茶籽油的亩产水平，仅仅提升到了每亩 10 公斤，这说明油茶的栽培仍以粗放式管理为主。

油茶的播种面积增加了，油茶籽油的产量翻了一倍多，但油茶籽油的成本却居高不下。前些年一窝蜂冲进油茶种植热的企业，如今大多叫苦不迭、进退两难。油茶产业最致命的弱点在于，油茶籽油的平均亩产水平太低。我们拿橄榄油做个参照。橄榄油的亩产水平能达到 300 公斤，而油茶籽油即便是高产也只能达到每亩 50 公斤，前者足足是后者的 6 倍！

如果油茶树的良种培育工作没有革命性的突破，不能大大缩小亩产水平与油橄榄树的差距，那么，中国的油茶产业是不可能有大的起色的。而油茶良种培育工作，又需要国家相关农业或林业科研机构来主导，需要大量的林业学家用几十年甚至几代人的时间来努力，不是靠企业的力量在短时间能做到的。南欧各国可是用了上百年的时间才将橄榄油的亩产水平提高到现在这个水平。

从中国的油茶产业再回过头来看鲁花，笔者不能不感慨：企业一定要清楚自己应该做什么、不该做什么。鲁花把花生油产业做得这么大，可鲁花自己去种花生了吗？没有。鲁花只是扶持花生合作社和花生种植大户的成长。那为什么中国的不少油茶籽油企业都要去自己种油茶树呢？不仅是油茶产业，笔者还接触过其他不少农产品企业，他们都热衷于自己去做农民，但往往发现自己生产出来的农产品比从农民那里收购的成本更高、质量更差。要知道，只有能够实施大规模机械化的农业项目，才可能适合企业去运作。像油茶树这样大量依靠人工操作的项目，还是多花些心思在如何激励农民把树种好更有效。

第 12 章　一个产品、一个品牌、一个产业链

自 2010 年开始，中国花生种植面积实现了五连增。中国花生年产量连续突破 1500 万吨、1600 万吨大关，到 2016 年，竟然突破了 1700 万吨。我国生产的花生总量，约占全球花生总产量的四成。花生成为中国少有的优势油料之一。

近年来，全球花生总产量在 4000 多万吨，但世界花生贸易总量不过 600 多万吨，主要贸易走向是印尼和越南从印度进口便宜花生，欧盟从美洲进口优质花生。中国每年净出口花生不过几十万吨。其他国家都在用葵花油或豆油替代对花生油的消费，中国是花生油消费增长的唯一大国，花生油成为类似白酒那样以华人消费为主的商品。中国花生油年进口量不过

十几万吨，在中国花生油总供应量中所占比例微不足道，但足以让中国长居全球花生油第一进口国之位。总的来说，中国的花生和花生油仍以自给自足为主。

对于中国花生总产量的节节升高，鲁花力推的花生良种补贴当然重要，但并非最关键的因素。与花生良种补贴相比，夏播花生的种植推广更为给力。夏播花生成熟期较短，只有 4 个月左右，花生的克重、含油率和产量都不如春播花生。但夏播花生可以与小麦间作套种或者轮茬种植，收获一季小麦再加一季花生，提高了土地利用率，从而使得总产值大大高于春播花生。夏播花生还能改善土地，提高冬小麦的产量。夏播花生的推广，在不增耕地的前提下，大大增加了花生的种植面积。

花生耐旱。全球气候变暖，旱涝灾害的频次也在增加。如遇严重的旱情，玉米就会减产甚至颗粒无收，而花生的收成就有保障得多。当出现旱灾后，农户会减少玉米、水稻的面积，扩大花生的面积。

玉米的种植效益落后于花生，大豆的种植效益还落后于玉米。“在我国大豆主产区黑龙江省的调研结果显示，国产大豆种植面积下滑、产量减少，并不仅仅是因为进口大豆的挤压。早在种植源头，国产大豆就面临了另一个有力的竞争者玉米。”2011 年开始，机械化的推广使得玉米的收割从之前的人工掰棒变为极省人力的机器操作，一位中老年劳动力可以应付 60 亩玉米的种植工作。这使得大豆种植失去了它的省力优势。在抹平了难以估量的人力投入方面的差距后，销售农产品所能获得的直接利润就成了农户考虑种植何种作物的首要标准。自 2011 年始，玉米的收购价上涨，由原先的 0.7 元/斤涨至 0.8 元/斤左右，利润空间扩大。种植一亩大豆的收益不过 500 元，种植一亩玉米的收益超过了 700 元。①

直接拿花生和大豆相比，差距更为明显。花生的产量和出油率都很

① 《调研黑龙江大豆蛋白加工产业链实践报告》，彭怡晴、付琦缘、张硕越、马梦挺，《中国乡村研究》（第十二辑）。

高，分别是大豆的两倍和三倍。这意味着一亩地用来种花生，可产出六倍于大豆的食用油。与玉米类似，花生也在推进机械化的应用。花生机械耕作率、机械播种率和机械收割率的不断提升，使得花生生产效率在稳步提高，相对大豆的收益优势越发明显。受进口大豆的冲击，中国大豆种植面积减少了1000多万亩，主要都转成了玉米和花生的种植。而且，将花生替代大豆种植，还可大大缓解中国的油脂进口依赖。

花生增产受良种补贴政策实施、夏播花生推广、相对收益率增加、机械化水平提高和气候变化等多因素的影响。在这些因素的作用下，中国的花生生产布局正在发生深刻的变化。

自唐朝以来，中国农业重心南移，“南粮北运”是此后一千多年中国粮食供应的基本格局。直到20世纪90年代，随着南方的工业化和耕地减少，这一格局才被再次颠覆，“北粮南运”重新让北方成为中国粮食的主要供应地。

花生亦如此。有意思的是，所有导致花生增长的因素，都更有利于北方的花生主产区。北方多平原，人均耕地面积大。耕地面积大不仅有利于机械化的应用，也有利于花生良种的推广，因为良种要大面积成片种植才能显出优势。夏播花生需要与小麦配套，而北方才产小麦。全球气候变暖让中国恶劣天气增加，降水趋向不均。北方多旱、南方多涝，花生喜旱不喜涝，自然南减北增。国产大豆让出的耕地也主要落在东北等北方区域。

中国花生有四大主产区。黄淮海主产区占中国花生种植近一半的面积，农户种植花生的面积稳健增加。长江流域主产区花生种植面积保持稳定。华南主产区由于经济发展水平较高，花生种植面积在全国所占比重在下降。东北主产区则迅速扩大花生种植面积，有望在短期内超过华南主产区。

需要注意的是，西北地区很可能将成为新的花生主产区。

以新疆为例，新疆拥有耕地面积6055万亩，适合花生种植的耕地面积占一半以上。从2013年开始，驻扎在天山中段北麓，准噶尔盆地南缘的新疆生产建设兵团农八师与鲁花集团合作，引入花生种植，运用鲁花先进的花生种植技术，结合当地天山雪融水资源，推广滴灌技术，引进先进的花生播种机和收获机，花生规模化种植取得巨大成功。花生种植面积已达到2万多亩，花生荚果（带壳）亩产量突破1000斤。内地的花生种植大户也有跟随鲁花的步伐来到新疆的，例如来自江苏省盐城市的严兴祥，就在新疆种了1万亩的花生。

新疆连年种植棉花，棉花病虫害问题突出，转基因抗虫棉花的推广也不太好使，实行花生与棉花轮作，可以有效减轻病虫害。新疆农田连片面积大，适合大型机械化作业，可以大幅度提高劳动生产率。与新疆毗邻的中亚各国多数不适宜种植花生，需要从新疆进口（回忆一下孙孟全当年将莱阳花生贩到新疆的往事）。因此，新疆发展花生产业的潜力巨大。新疆唯一的缺点是没有吃花生油的习惯，所以主要作为鲁花的原料供应基地，而不是消费市场。

总的来说，从东北、华北到西北，都是花生的适宜产区。花生是国际公认的半干旱作物，对土壤和水分要求低。我国长江以北的广大地区，尤其是沿黄河流域，鲁、豫、冀、皖、苏、鄂、辽，直至新疆的大范围内，大量瘠薄干旱的山岭沙化土地都是优质、高产、高效益的花生适种区域。这些劣质土地一旦通过种植花生而得到有效利用，便可迅速变废为宝，成为解决中国油脂短缺的油料供应基地和促进农民增收致富的新路子。只要解决了机械化的问题，花生的种植就能特别适合中国耕地紧缺的国情。

在可预见的未来，花生的原料供应不再成为一个让鲁花头疼的问题。

再看花生的生产效率。

与美国相比，中国的花生亩产水平也还有很大提升的空间。目前，中国的花生平均亩产在250公斤左右，而美国在2013年就已达到了亩产300公斤，是中国的1.2倍。美国花生从品种资源的收集、保存和育新，到病虫草害防治，食品加工利用等，都进行广泛深入的研究。无论从花生良种的应用、机械化生产、施肥、植保等生产技术，还是收获、储藏、加工利用等产后处理技术，美国都代表着世界花生产业的最高水平。美国花生优质、绿色、低成本、高附加值的特点，正是中国花生产业急需弥补的短板。

美国广泛应用花生良种，其花生育种除了注重高产、优质外，还注重抗虫、抗病品种及专用型品种的选育，并大见成效，已育成抗青枯病、白绢病、线虫病、黑腐病、叶斑病等以及抗黄曲霉毒素的品种。美国已将 Bt 抗虫基因转移到花生栽培品种中，不久抗虫花生即将问世。由于美国主要把花生作为食品而非榨油，从减肥的角度出发，美国倾向于选育低脂肪含量的花生，这与中国注重提高花生含油量的育种方向不同。

美国的花生生产技术领先世界，生产全程机械化，许多农场应用飞机喷药防治病虫害；灌溉已达指标化，采用大型喷灌机根据花生的需水规律进行自动化灌溉；花生初加工流水线自动化操作等。近几年，一些经济基础雄厚的大农场已开始应用卫星和微机进行花生田测土配方平衡施肥，以达到全田肥力基本一致且不浪费的效果。美国的花生技术推广机构还注重各项技术的集成应用，而不是单项技术“单打独斗”式的推广，实现各个生产环节的标准化和精准化。

美国高度重视食品安全。在病虫害防治技术上，通过轮作、深耕等农艺措施，配合种子包衣处理等药物防治，因地制宜实现绿色防控。美国花生大部分实现轮作，主要轮作方式为玉米—花生—棉花等，以有效地减轻病虫害，克服连作障碍，提高产量质量。美国还采用机械除草与化控除草结合，达到对花生田间杂草的有效控制。

中国花生的种植仍然以人工为主，人工成本占到总成本的 40%。尤其是花生播种和收获最为费工，2012 年花生机收率不到 20%，成为花生生产规模及效益增长的重要限制因素。每亩花生的生产成本，美国仅四百元，而中国高达六七百元。

中国花生最高产的省份在新疆，2012 年平均亩产达到 326 公斤，最低的云南亩产仅有 102 公斤。此外，山东和河南均有亩产花生过千斤的记录，这说明中国花生单产还有不小的提升空间。过去的十年里，中国的花生种植面积在波动中略有增长，但花生亩产水平却稳步提高，这使得中国的花生产量连年增长。如果中国的花生平均亩产能达到美国的水平，中国的花生年产量还将轻松跃过 2000 万吨的大关。

中国花生产量有望再上台阶。那么，问题又来了。花生增产了，谁来负责收呢？

鲁花早已做好了接招的准备。

鲁花建厂大致可以分成三个阶段。

第一个阶段，是 1993 年成立的莱阳鲁花。在长达 10 年的时间里，鲁花只有这么一个花生油厂，在一点一点积蓄自己的力量。后来，即使鲁花的花生油厂不断增多，许多消费者还是固执地认为莱阳厂的质量最好。很长一段时间内，莱阳厂一直是鲁花花生油市场的主导产地。

第二个阶段，是从 2002 年至 2007 年，这段时间鲁花做得比较杂，除了建了 4 个花生油厂外，还建了芝麻油厂、葵油厂、酱醋厂和吹瓶厂，此外还做了一点房地产。以上这些投资，全部都有丰益的参与。这也是孙孟全与郭老板合作的“蜜月期”。

第三个阶段，则是自 2008 年以来，鲁花开始单飞，在河北深州、辽宁阜新、广东东莞、重庆、福建宁德、广西钦州、陕西西安、江西九江、吉林扶余、河南正阳、河南延津等地新建了十多个工厂，基本以一年一个新厂的节奏扩张。这些工厂全部由鲁花集团自己独资设立。

鲁花这些花生油工厂的兴建其实是有些超前的，其花生油压榨产能的利用率往往还不到一半。但是，为了坚定农民种植花生的信心，确保农民种植花生的收益，鲁花不惜提前在全国范围内布厂，做重资产的投入。

以鲁花的辽宁阜新厂为例。该厂于 2010 年建成投产，每年需收购花生约 16 万吨。次年，辽宁省的花生种植面积同比增幅达到 14%，大大超过全国同期 4% 的平均增长水平。从这个例子可以看出，鲁花的花生油厂对当地花生种植业的显著拉动作用。

鲁花各地工厂也是花生良种的推广大使。仍以阜新鲁花为例。从 2015 年开始，阜新鲁花大力推广由鲁花集团与山东省农科院合作培育的“鲁花

18”和“鲁花 19”两个新品种花生。新品种花生采用大垄双行的种植技术，使花生亩株数由原来的 8000 株左右增至 10000 ~ 11000 株，土地利用率提高 25% 左右。同时，为提高农民种植积极性，阜新鲁花与种植新品种花生的农户签订了保底收购协议——当市场价高时，农户可自行出售花生；当市场价低时，阜新鲁花将按保底价收购，确保农户收益。2017 年，阜新鲁花在阜新推广新品种花生种植达到 8000 亩，预计每亩花生增产 200 ~ 300 斤。以当年花生价格 3.5 元/斤计算，可给当地农民增收 700 万元。

鲁花在花生产区设厂，方便向当地合作社和种植大户等农业生产者直接收购花生，获得增值税进项抵扣额度，减轻税务负担。花生产地往往也是偏好食用花生油的地方，鲁花依赖工厂布局也完成了花生油产品的就近供应。此外，建厂还方便获得当地政府的各项优惠政策，又可使用当地低成本的劳动力。

花生的原料供应问题解决了，鲁花却给自己提出了一个更具雄心的目标：发展中国的高油酸花生产业。

《中国居民膳食指南》认为：“油酸在橄榄油和茶油中含量丰富，有降低血胆固醇、甘油三酯和低密度脂蛋白（坏胆固醇），升高高密度脂蛋白（好胆固醇）的作用。”以此为依据，高油酸的植物油被认为其质量要远高于低油酸的植物油。

普通花生油饱和脂肪酸含量较高，在气温较低时易凝固，经常引起消费者的误解和抱怨。花生油较高的亚油酸含量也使得产品氧化稳定性差、货架期短。高油酸花生油以其营养和保健价值高、自然抗氧化、耐储藏、货架期长的优势成为花生产品消费升级的重要方向。

高油酸花生油绝对是市场发展的未来方向。美国、阿根廷、澳大利亚等国家均在大力推进高油酸花生的种植。美国高油酸花生选育、推广和产业化进程较快，已占美国花生产量的 30%，美国仍在加速实现花生种植的全面高油酸化。

早在 2011 年，在经过一系列严格标准的评审，由鲁花集团自行经营，集种植管理、实验研究与技术推广为一体的莱阳市潭格庄镇大水岔村种植基地正式成立，面积超500余亩，主要种植和培育高油酸花生。高油酸的新品种花生培育工作已经初见成效，鲁花集团与青岛花生研究所合作培育研发了十多个具有高油酸、高产量、高含油、适合国内不同地区种植的花生新品种。

鲁花培育的最新花生品种，具有“三高”特征：即高油酸、高含油量、高亩产量，这三个指标分别达到普通花生的1.7倍、1.3倍和1.2倍，甚至超过了美国花生的相应指标。从目前市场消费的主要油品来看，油茶籽油和初榨橄榄油的油酸能达到70%以上，国内普通花生的油酸含量在40%左右，而鲁花培育的花生新品种的油酸已经达到了75%以上。对于花生产业来说，这是一个革命性的巨变。

鲁花的“三高花生”先是试种了三年，试种面积在一万亩左右。从试种情况看，在原有的土地上，新品种产量普遍提高了30%~50%，有的地块产量都翻了一番。高油酸花生需要成片种植、规模化生产，这样才能批量出产优质产品，不与普通花生混杂。花生种植大户或合作社都不具备这样的实力。没有鲁花这样的龙头企业的全力支持，高油酸花生是难以迅速产业化的。

2018年，鲁花集团以订单农业的方式，在山东、河南、河北、湖北、江苏、安徽、新疆、内蒙古、吉林等9个省份（自治区），建立了面积超5万亩的高油酸花生种植基地，每个基地均配备专业的技术团队、实验室、试验田，开展种苗选育、农资优选、品种改良等研发工作，确保出产优质高油酸花生。

从花生米市场价格看，目前从国外进口的普通花生米大约每吨7000元，从阿根廷进口的高油酸花生米约为每吨10000元左右，中国生产的花生米大概8000元一吨。在产量不增加的情况下，农民从普通花生改种高油酸花生，每亩可增收300~500元。从提高农民收入、保护中国花生产业的角度而言，推广高油酸花生也迫在眉睫。在未来两三年，高油酸花生将形成千万亩级别的种植面积、数百亿元的产值规模。如果在国家支持下，5~10年，中国的花生都换成高油酸品种，形成上千亿的大产业，中国人的食用油消费习惯和食用油营养摄取都将会有一个重大的转变。

“在中国30年的经济变革中，致富的人很多，做成一个公司的人也不少，但是能够把一个产品做成一个品牌，把一个品牌做成一个产业链，用一个产业链来既造福消费者，又造福农民，同时为整个社会生态环境做出巨大贡献的企业，可以说是凤毛麟角。这就是我尊敬这样的企业和这样的企业家的原因。”在鲁花文化读本《鲁花生生之道》的序中，营销战略专家路长全如此写道。

鲁花凭一己之力整合各方资源，努力推动中国花生种植业的发展。反过来说，中国花生种植业的壮大，也反哺了鲁花的快速成长。鲁花在2013年的销售额为130亿元，2014~2016年竟然连续分别新增了20亿、30亿和50亿的销售额，每年都上一级大台阶。

鲁花的“国宴品质”已深入人心。在鲁花品牌日渐强势的基础上，鲁花花生油的零售价格并不与花生原料成本同时下降，而是尽可能保持在高价位上，以此确保销售额和销售利润的双增长。鲁花销售收入的快速增长，还应归功于大规模扩张分公司和经销商，用更多的人力实现对市场的进一步精耕细作。在2013年，鲁花还只有66个分公司，次年即增加到了140多个。鲁花与机构扩张同步实施信息化，让公司的管理水平能够跟上企业规模的扩张。最后，不容忽视的是，鲁花第二产业的调味品业务也开始起飞，为集团做出越来越多的销售贡献。

鲁花的快速发展，对企业的管理水平形成极大的挑战。为了让企业能够长期稳定地健康发展，鲁花必须建立起适合自身的企业文化。

第13章　卖油，卖出的哲学

鲁花集团是一个典型的家族企业。

什么样的企业是家族企业？一旦企业的创始人在退休时把所有权和经营权传给他的家人，并且这个家族控制了企业的多数股份，那么就可将这个企业认定为家族企业。鲁花集团完全符合这个定义，一个家族企业上市了，并不等于马上就会“非家族化”。一个企业只有在股份不断稀释的过程中，家族色彩才会变得越来越淡。

家族企业其实是一种与国有企业颇为相似的企业形态。一般人都以为，在一个家族企业中，家族成员是为了家族利益打拼，会更讲奉献、更加卖力。其实不然。国有企业员工的主人翁精神带来的，往往是吃大锅饭、得过且过、化公为私等不良风气，家族成员在家族企业中的表现亦可能如此。当然，家族企业相对国有企业的优势在于企业所有者的产权是清晰的，企业所有者有动力去设计出赏罚分明的管理制度，并身体力行，实现对员工的正向激励。

反过来说，一个治理良好的家族企业，一定是做到了对家族成员的良好约束，既发扬家族企业凝聚力强的优点，又避免家族企业常见的公私不分现象。

虽然在鲁花高层中有不少老板的亲戚，但对于人才，鲁花也会进行不拘一格地提拔。某个大区的经理，竟是从导购做起，从业务员、办事处主任、分公司经理一路提拔到大区经理这样的高管岗位。这样的传奇经历，在传统消费品公司中是很罕见的。

不过，当鲁花发展成全国性品牌的时候，对各种专业人才的需求量会越来越大。可是，据说鲁花的员工按照地缘远近可以分成好几个圈层（其实多数家族企业都有类似的圈层）。最核心的内圈是和老板娘一个村里的，第二圈是和老板一个镇上的，第三圈是莱阳人，第四圈是烟台人，第五圈是山东人，第六圈是其他省份的人员。鲁花集团的地域色彩太浓厚，莱阳籍员工占了大多数，不少人沾亲带故，就容易因远近亲疏而形成各种无形的小圈子。人事关系复杂，一定会妨碍外部职业人才的引进。在鲁花集团，中高层的关键岗位，几乎全是莱阳人。

家族企业常见的居功自傲、论资排辈、独裁专断、溜须拍马等各种现象也在鲁花出现了。诸如：年老的同志瞧不起年轻的同志，年轻的同志瞧不起年老的同志；有文化的同志瞧不起有经验的同志，有经验的同志瞧不起有文化的同志；有些同志凡事自以为是，不愿意和大家商量；有些同志干工作始终在看领导的脸……凡此种种，不一而足。

有鲁花基层员工在网上这样曝光一位“在鲁花工作了九年的业务主任”：“有些分公司领捣（原文如此）直接说：我让你挣钱你就挣钱，不让你挣钱你就不挣钱！要么同流合污，要么你就不适合鲁花的文化！和我一条心就是融入团队，不是就不适合在鲁花工作！我们不是为鲁花公司干的，我们是为钱干的！”像这样倚老卖老、仗势欺人，而且曲解鲁花文化的“领捣”，相信绝非个案。当然，几乎所有公司都或多或少存在这样的现象，大权在握的“地方诸侯”尤为严重。如何既保证团队的“狼性”，又防止“水至清则无鱼”，则考验着每一个企业管理者的智慧。

面对此情此景，孙孟全忧心忡忡，思虑良久，并从中国传统文化中寻找解决问题的灵感。孙孟全早已把对中国传统文化的学习列为企业文化建设的一个重要组成部分。从2000年开始，鲁花就形成了晨读的制度。每天7点半上班后，从生产基地到营销分公司，在会议室、食堂或操场上，所有干部员工拿出30分钟的时间，学习鲁花的自编读本《鲁花生生之道》及《道德经》《易经》《论语》《了凡四训》《弟子规》等中国传统文化典籍。全年工作日风雨无阻，雷打不动。对于重要的理念和章节，孙孟全还会请管理大师来讲解，甚至自己亲自做详细阐释，并要求领导干部熟记于心，做到知行合一。在此基础上，孙孟全建构起了一套独特的管理哲学。

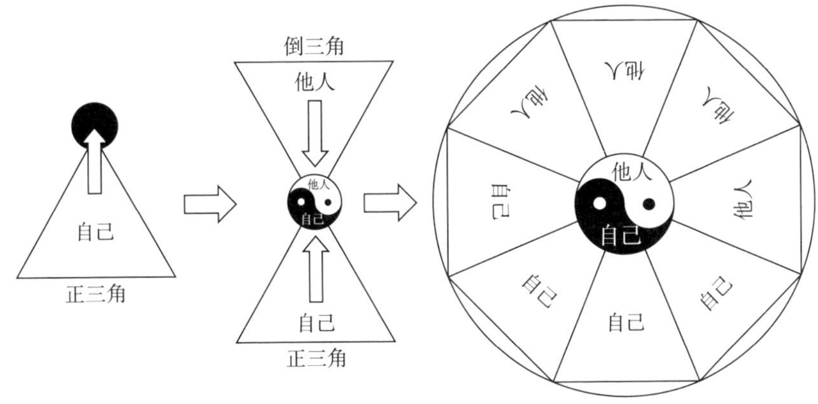

图5　球体核心论，人生成功三步走

“‘球体核心论、人生成功三步走’是鲁花文化的根基和源头。我根据大自然中太阳、月亮、地球、星星、原子、中子、质子等球体结构的组成，以及人类社会是由国家、民族、团体、家庭等团队组织组成的客观存在，发现球体和团队都具有核心，人类的生存与发展离不开球体和团队，这是大自然和人类社会的共同现象。如何在团队中生存与发展，如何融入团队、形成球体、做成核心，整合社会资源，取得人生成功，这是人们普遍追求的目标。”

孙孟全从他对大自然和人类社会的观察中，总结出万物都有团队和核心的客观规律。用孔子的说法，这就叫“为政以德，譬如星辰，居其所，而众星拱之”。孙孟全认为，他人与自己的关系，就是一个球体与核心的关系。如果以自己为核心，成功地构筑出一个球体，需要分成三步来进行。

第一步，“一人一太极”，人要树立正确的价值观和崇高的奋斗目标定位。一个人就好比是一个正三角，正三角的顶点，是成功、是高峰、是第一，总之是人们必须追求的目标。人生有了一个目标高点，就不会迷失方向，就能找到解决问题的方法。

第二步，“一阴一阳之谓道”，人要学会与另一个人的相处，不管这人是自己的领导还是下属，是农民、消费者、代理商、竞争对手还是社会群体。当两个人，也就是两个三角形相遇时，就要形成一个正三角和倒三角在顶点处的结合。这个时候就要讲辩证法，学会一分为二、合二为一地看问题。单纯讲自己时，要把自己定位在正三角的最高点，自信且充满激情；面对别人时，要把自己定位在倒三角的最低点，尊重他人、谦虚谨慎。能做到这一点的，即使你再平凡，也是平凡人中的一个英雄。

第三步，“简易八卦、生生不息”。如果自己与每个人都能形成这样的正倒三角形的联结，例如说是四对四，那就形成了一个生生不息的八卦图。如果自己能与无数人都形成正倒三角形的联结，那就突破了二维平面，形成一个三维立体的球体。这时候，你的角色就实现了从英雄到领袖的转变。你的能量有多大，辐射力就有多大，球体就有多大。如果你能够成为一个核心型人才，所做的事业就会无往而不胜。

需要注意的是，孙孟全的球体核心论，决非说只有他孙孟全是一个核心，公司所有人都必须形成一个球体来围着他转。孙孟全的哲学思想高明之处在于，他认为，任何一个人都可以成为一个球体的核心，不管你是位居公司高层的领导，还是在平凡岗位上的一个普通员工。只要你做到了能正确处理自己与他人的关系，你就可以形成以你为核心的球体，实现从个人到英雄、从英雄再到领袖的转变。

孙孟全的球体核心论其实源于孔孟的儒家思想。孔子称“推己及人”，意思是一个人先得克己修身，然后才可“本立而道生”，孟子亦自称“善推其所为而已矣”。在儒家思想数千年的塑造之下，中国就形成了著名社会学家费孝通所认为的圈子文化或网络文化：中国人之间的社会关系，就像石子投入水中形成的一圈圈波纹，或者是一个蜘蛛结成的网络。圈子可大可小，网络能伸能缩，全凭这个圈子或网络中心势力的变化而改变大小。圈子或网络所形成的人与人之间的关系和界限是模糊的。而西方社会则像一捆柴，每根柴所在的位置是清晰的，与其他柴的界限是分明的。①

球体核心论要求每个人在对自己时要拼命努力，能充分发挥个人的主观能动性；对他人时要谦虚谨慎，摆正自己的位置。可是，球体核心论出现的最大风险就在于，这个“球体”可能积极向上、满满的正能量，也可能结伙谋私、贪污腐败，全凭“核心”一己所欲。“大公无私”与“公私不分”，其实是一个硬币的两面。这与西方社会讲究“公私分明”的文化是很不同的。

孙孟全也看到这个问题，他又制定了《鲁花人的行为准则》予以补充，虚实结合，让球体核心论能落到实处。《鲁花人的行为准则》只有四条内容。

贪腐行为零容忍。

帮派行为零容忍。

质量投诉零容忍。

安全事故零容忍。

---

① 《乡土中国》，费孝通，华东师范大学出版社，2018 年 6 月版。

排在第一条的是“贪腐行为零容忍”。

腐败，是中国消费品营销公司的一个普遍存在的现象。尤其是“天高皇帝远”的驻外分支机构，更是管理上的难点。因为中国社会信用基础薄弱，市场环境本身也不规范，存在大量无合法票据的灰色支出，例如法律禁止但超市却必收的条码费等，给贪污腐败制造了不小的空间。

曾有鲁花基层员工在百度贴吧上披露分公司的腐败套路。

“贪腐”往往与“帮派”相关，没有团伙上下合作，贪腐举动也很难操作。“帮派行为零容忍”的重要性排在“贪腐行为”之下、“质量投诉”和“安全事故”之上，由此可见孙孟全对圈子文化的深恶痛绝。

孙孟全称：“我们要坚决杜绝不正当的人情关系，不正当的人情就是一种帮派行为。在鲁花公司任何部门、任何人，特别是高层领导干部不允许沾染不正当的人情。不拉帮结派是考验一个干部是否合格的试金石。”

他还具体谈道：“我们是绝对不允许有帮派行为的人在鲁花公司存在的，搞帮派的人是道德品质极差的人，也是没有正当能力的人。有些同志，和你好的人就弄个好地方让他自在享受，和你不好的人就挤压人家。你既然和他好，就应该好好培养他，严格要求锻炼他，教他走正道，他自然而然就会得到提升。越和你好的人越要保持一定的距离，越要让他在前面冲锋陷阵，这才是真好。不要培养出个活不干就知道跟在你后面瞎转转的人。如果你真正有爱心，就必须要一视同仁，一碗水端平，大家对你才能心服口服，就会和你同心同德，心往一处想，劲往一处使，为整个团队建设贡献自己的力量。”

孙孟全推崇的日本经营大师稻盛和夫也说过类似的话：“领导者必须公正，而妨碍公正的因素就是私心。夹杂私心的利己主义者当领导最不称职。将自己的利益放在首位的领导者的行为，不仅会极大地降低现场的士气，而且会让整个组织道德堕落。”①

① 《领导者的资质》，稻盛和夫，机械工业出版社，2014 年 7 月版。

说到底，企业治理，要解决的主要问题就是权力和利益的分配问题。让有能力的人获得相匹配的管理权力，让为公司创造利益的人获得合理的回报，一个企业才能够欣欣向荣、蒸蒸日上。而这个问题的核心，在于企业的最高领导者，也就是老板，能不能管理得好自己，控制得了自己的私心。

不夹杂私心，其实是一件违背人性的事情。基因是自私的，人类天生就会有关爱亲属、亲近同乡和照顾好友的倾向。但是，作为一个企业的管理者、领导者必须是用特殊材料制成的，能够拥有长远的眼光和志向，克制得了人类的自私本性，并且有强烈的利他精神。只有这样，一个企业，尤其是家族企业，才能走向卓越，并且成为一个真正让人尊敬的企业。

所谓“上梁不正下梁歪”，如果老板一门心思都花在用人唯亲和多吃多占，就不要指望有什么可靠的企业制度或管理方法能够让管理层和普通员工去为公司卖命。企业的发展要获得动力和效率，就必须公平竞争、赏罚分明。许多家族企业，就是因为老板抹不开情面，处理不好血浓于水的亲戚或当年一块打江山的老臣的关系，才无法基业长青。

正人须先律己，榜样的力量是无穷的。卓越的领导，一定是对自己的要求高过对他人的要求。正是按照这样的行事原则，稻盛和夫才能领导着京瓷和 KDDI 两家世界 500 强企业。孙孟全称：“鲁花的进步，并不是靠我个人的智慧和力量，靠的是一个大的团队”。事实上，我们知道，只有孙孟全本人以身作则，每个鲁花人才能“正确定位自己，正确定位他人，正确定位万事万物”，按照《鲁花人的行为准则》正确做事，鲁花才能够健康地快速成长。

“球体核心论”解决了“为人处世”的问题，但没有解决“员工激励”的问题。如何让每个员工都有动力充分辐射自己的能量，从而形成一个个硕大而丰满的球体呢？理想虽然美好，但现实也很残酷，每个人都要打打自己的小算盘，将自己的投入与得到的回报进行比较和计算。公司创造的利益应该如何分配？这个饼就那么大，应该怎么画才好？

关于如何画饼的问题，孙孟全也一定花了很多时间进行研究。首先，孙董事长肯定了大家追求回报的想法是合理的。

“我们提倡无私的奉献，按照辩证法的观点，既然有无私的奉献，还要有有偿的回报与之相对应，使大家的付出能够得到相应的回报。若只有付出，没有回报，就违背了规律，就只能是空谈了。”

不过，孙董事长的论述重点还是落在“无私的奉献”上。

“有的人说，现在是市场经济，还讲什么无私的奉献？但我认为再过几千年，无私的奉献还是要讲的。例如我们养个鸡，也得先投资，买个鸡雏回家养活半年后下蛋，才能得到回报。

“大家一定要处理好付出与回报的关系，一定不要搞短期行为，不要急于求成，不要单纯地追求眼前利益，必须把眼前的利益和长远的利益有机地结合起来。

“所以我们要从这些理性的方面教给自己的员工，正确地、辩证地认识付出与回报的关系。当你首先思考我能为公司做出什么，而不是公司为我做了什么的时候，才能真正地有担当。在鲁花，没有担当的人是没有前途的。在企业文化里，我们倡导做人要能吃苦、能吃亏、能受气、能忍耐，从某种程度上讲，忍耐是非常重要的。如果你一口喝不着个豆就感觉不行，忍耐不了，放弃了，就可能失去成功的机会。忍耐是人生追求成功的一个必经过程，通过努力支撑过这段时间，你就能成功。”

鲁花是大家的，只有公司好，大家才好。

“我们每一位同志不要认为自己在鲁花公司出了多少力，给自己的回报不相称。有的同志到来后，一个正间还没转遍，就时时处处考虑到自己的职务、自己的升迁、自己的收入，这就有悖于鲁花的企业文化，不懂得先有付出后有回报的道理。十几年前，我们提出的‘鲁花是大家的鲁花，是参与者的鲁花’作为公司的定位来倡导，但有很多人不理解，怎么能是大家的鲁花？是参与者的鲁花？因为鲁花这个发展平台，自始至终是提供给大家的。鲁花把这几年挣来的钱全部用在滚动发展上，这个发展平台越大，大家在这个平台上保险系数就越大，个人收入会越高，抗风险能力和竞争力就越强，受益的人数就会越多。实际上，鲁花这个企业，谁参与，谁就会受益。所以要教育大家怎样珍惜自己的岗位，珍惜自己的企业，处理好爱企业和爱自己的关系。”

来到鲁花的人，必须要做一个对国家、对社会、对企业有利的人，先他人、后自己，这样的人生才有价值。

“我一直在想：一定要把鲁花建成一所培养人的大学校，不能让来到鲁花的人单纯地只追求物质和金钱，关键还要学会做人做事的道理。要教给员工认识自己存在的价值，就是我能为别人带来什么好处，为家庭、国家、社会带来什么利益。如果不这样想，不这样做，就失去了自己存在的价值和意义。要教给员工怎么样做人，怎么样做一个有利于家庭的人，怎么样做一个有利于企业的人，怎么样做一个有利于国家的人、有利于社会的人、有利于他人的人。慢慢让大家明白：有自己必须有别人，有别人才能有自己。如果只有自己，没有别人，人类就要灭亡了。”

孙董事长也清楚，一定会有人因受不了诱惑而犯错误。他期望大家能相信鲁花，鲁花还在快速发展期，鲁花发展好了，一定是不会亏待员工的。

“我希望大家不要犯低级错误，不要因为这些事情把自己的前途埋没了。我们关爱部下和员工，就是要经常提醒他们不要犯贪污、不廉洁等原则性的错误。随着公司规模的扩大，效益的增加，我们将会更多地解决大家的收益问题。鲁花公司在快速地发展，前景光明，我现在还是那句老话：企业好了，受益的首先是我们的干部员工，这点是毋庸置疑的。只要大家跟着鲁花持久地走下去，我相信在鲁花的人一定比离开的人要过得好。”

孙董事长把该说的话都说完了。但是，问题解决了吗？可以说解决了，也可以说没有解决。企业要降低用工成本、员工要提高收入待遇，这一对矛盾是永远存在的。公正地说，在劳动力市场上，大企业给的薪酬一般要比小企业低一些。毕竟，大企业相对稳定，管理也比较规范，而且还有光环，镀了金离开后容易找工作。在不影响企业正常发展的前提下，适度的员工流动是正常现象。在离职员工身上，往往最能看出企业文化的力量。许多人离开鲁花许久后还对企业心怀感激，怀念那段收入不高但朝气蓬勃的日子，这就最能证明鲁花的企业文化是很成功的。

“我是一名鲁花人，我深深地爱着鲁花，信奉鲁花理念，传承鲁花精神……”，在山东莱阳鲁花集团总部，300 多名中层以上领导干部，右手握拳郑重宣誓，由此拉开了为期十天的鲁花集团新一期企业文化培训班的大幕。

像这样大规模集中的企业文化培训，从2004 年开始，鲁花集团每年都会举办几场，平时小的培训更是月月都有。鲁花通过对干部员工的持续培训，已将鲁花文化的理念内化于心，外化于形，固化于制，为企业的发展提供了强大的精神动力。是什么让鲁花如此重视企业文化的建设，鲁花企业文化的核心又是什么?

在开班仪式上，孙孟全的一番动员讲话给出了答案。孙孟全认为，“在（鲁花）这个发展的历程中，我深深地体会到中国文化的先进性。中国文化是敬天、敬地、敬人，是活的，是讲规律的。天是生生不息，地是厚德载物，人是道德与创造，这些都是规律，是天道、自然之道。”孙孟全的思想源泉，有中国传统的儒家和道家学说，有毛泽东思想和邓小平理论，有日本管理大师稻盛和夫，无一例外都是东方智慧。在孙孟全看来，鲁花由一个小小的乡镇物资站，发展到今天拥有中国食用油三大品牌之一的知名企业，靠的就是以“爱心”和“创新”文化为核心的企业文化的力量。“这是鲁花的立企之本，精神支柱，也是鲁花 30 多年来的成功密码。”

如果说，球体核心论是个八卦图，那么孙孟全的管理思想还有一个太极图，那就是爱心与创新的阴阳相生。在孙孟全的管理哲学中，“球体核心论”其实只是一种方法，一个形式，还需要往里面填充内容。最基本、最重要的内容是什么? 除了给予农民的爱心，就是在研发上的创新。

第 14 章　花生最易感染黄曲霉毒素

孙孟全称：“鲁花这些年为什么发展得这么快，就是由于在坚持爱心的基础上不断地创新。通过创新，我们实现了产品的差异化，提高了市场竞争力，降低了成本，提升了产品的含金量，保证了企业的经济效益。鲁花发展到今天，所有的成绩的取得都是持续不断追求创新的结果。”

鲁花谈创新，首先在研发。鲁花重视研发，不是喊喊口号而已，而是从制度建设开始就落到实处。每年要把两三个百分点的销售收入投入到研发中，是鲁花雷打不动的硬性规定。当然，不要拿这两三个百分点的研发投入和华为 10% 的研发投入相比，毕竟食用油行业的平均净利润率也仅有两三个百分点，研发费用投入平均为 0. 20% （2017 年行业统计）。仅 2006 年这一年，鲁花在研发方面的投入便达到了 8000 万元，接近鲁花在央视上的广告投放。孙孟全认为：“这笔钱不仅仅是花在了科技创新上，更是花在了消费者的身上，是为消费者的健康而投入，就是再多也值！”

注重研发人才的聚集和研发设施的建设，也是鲁花科技创新的经验。早在 2001 年，鲁花便成立了国内第一家以研发花生制品为主要方向的科研中心，19 位中外知名的科技专家成为该中心的首批顾问。在此基础上，鲁花在 2004 年又将科研中心进行大刀阔斧地扩建，投入巨资购买了 26 套大型精密分析仪器，高薪引进 148 名工程技术人员，并聘请 26 名国内知名专家作为常年科技顾问，还挖来了青岛植物油厂的退休总工程师等高级技术人才。

鲁花科研中心成为山东省省级企业技术中心，又被农业部认定为国家农产品加工技术研发的花生分中心。鲁花集团被科技部列为首批“国家星火计划龙头企业技术创新中心示范单位”，这让鲁花科研中心成为莱阳历史上第一个国家级技术创新中心。

2009 年 11 月，“中国花生产业技术创新战略联盟”在鲁花集团成立，孙孟全当选为联盟理事长。该联盟经国家科技部认定，由鲁花集团、山东花生研究所和江南大学为核心单位，联合 21 家科研院所、大专院校、企业共同组成联盟理事单位。联盟总体目标是，以研发花生产业高新技术为目的，力争使中国成为世界花生科技强国。发展花生产业，提高油脂产量，这对保障我国食用油战略安全，缓解我国植物油过度依赖进口的严峻形势，具有重要的意义。

2017 年底，为加大高层次人才引进的力度，加速科技成果的转化，推动产学研结合向更高层次发展，鲁花集团与河南省农业科学院张新友院士及其创新团队合作共建鲁花花生产业院士工作站。该院士工作站针对花生产业技术瓶颈开展技术攻关，主要围绕花生良种培育、繁育推广、栽培技术、基地建设及产业发展等方面开展工作。

除了引进外脑，鲁花在企业内部也倡导创新精神，完善创新机制。在鲁花集团，不管是转正还是晋升，都要将创新成果作为硬性指标考核。鲁花要使一切创新想法得到尊重，一切创新举措得到支持，一切创新才能得到发挥，一切创新成果得到嘉奖。仅在 2017 年，鲁花所有油厂的创新项目受到厂级表彰的就达 1020 项，中心级别的创新项目达到 486 项，集团创新项目达到 232 项。鲁花要打造创新型企业，通过创新做成百年企业。

鲁花最重要的研发创新，要数对“清除黄曲霉毒素”这一世界性难题的攻克。

1960 年 6 ~ 8 月间，英格兰南部及东部地区死亡 10 万只火鸡。解剖火鸡尸体，可见肝脏出血坏死以及肾脏肿胀。经过两年多的研究调查，从巴西进口的饲料花生饼粉中分离出黄曲霉，并发现是黄曲霉产生的毒素造成火鸡的大量死亡。黄曲霉毒素从此进入人们的视野。1979 年，印度西北部农村发生食用霉变玉米致 106 人死亡的严重事件，也与黄曲霉毒素有关。

黄曲霉毒素是一种真菌产生的次级代谢产物，是目前发现的极强的化学致癌物质之一。它不但可引发急性中毒症，而且长期少量食用也可引起癌症。产生黄曲霉毒素的霉菌广泛分布于空气和土壤中，能够在不同的自然底物上生长。水分或相对湿度是影响黄曲霉生长的重要因素。大多数受到黄曲霉污染的谷物或坚果，都与收获时没有充分干燥且储存温度较高有关。黄曲霉毒素耐高温，在烹调过程中不会被破坏。

花生是最容易产生黄曲毒霉的农作物之一。黄曲霉毒素为什么对花生具有极高的亲和性？这是因为花生荚果在地下发育成熟，与土壤微生物有很长时间的接触，这使得它比其他农作物更易受到黄曲霉菌浸染。

广东等南方地区由于气候潮湿，花生在生长、储存过程中易滋长黄曲霉毒素。相对来说，越往北方去，湿度和温度就越低，就越能防止黄曲霉的生长，也就更能保证花生的质量。所以，辽宁省的花生产量虽然不高，却成为中国重要的优质花生出口基地。

世界各国对花生食物中的黄曲霉毒素都有严格的规定。欧盟自1999年起实施国际上最为严格的黄曲霉毒素限量标准，食用级花生的黄曲霉毒素限量为4微克/公斤（相当于十亿分之四），而中国的标准为20微克/公斤。由于中国出口欧盟的花生多次检出黄曲霉毒素超标，欧盟于2002年2月开始对中国花生采取特殊严检措施。同一年，日本新生效的《食品卫生法》，对进口花生丁酰肼（一种喷洒农药）的检测由过去的小于等于0.1PPM修改为“不得检出”。这两项规定使得中国原本要出口欧盟和日本的花生严重受阻，到最后不得不全部转为内销，由此带来中国花生市场价格的大幅下跌，极大地打击了农民种植花生的积极性。2003年中国花生产量大降，此后多年低迷，与此不无关系。

黄曲霉毒素的问题，不能不引起花生油厂家的警惕。

早在1988年，青岛植物油厂负责起草的《浓香花生油》国家标准中，就列入了“黄曲霉毒素B1不得检出”的条款。当时的浓香花生油主要用做出口，对原料控制严格，而且产量不大，还容易做好黄曲霉毒素的控制。可是，随着花生油厂家的规模越来越大、产量越来越高，对花生的收购量也越来越大，加上中国的花生种植以小农为主，很难避免从农民手中收购的花生原料中被混入少量发霉的花生。花生油厂家只能想办法在加工过程中把黄曲霉毒素去除。

在花生油的加工过程中，压榨法中对花生进行蒸炒等高温环节可去除60%以上的黄曲霉毒素。浸出法中的加碱精炼或加入漂白土吸附，可以去除大部分的黄曲霉毒素，使油脂中的黄曲霉毒素含量降至允许的标准以下。不过，即使是浸出工艺，也很难做到100%去除黄曲霉毒素。

正规厂家要完全清除黄曲霉毒素都很困难，更不要说土榨花生油。一些小作坊式的花生油厂加工工艺简单，通常只有花生去壳、加热烘烤、压榨出油、过滤沉淀四道工序。在加工过程中难以将霉变的花生过滤出来，缺乏精加工和检验，难以达到食用油国家安全标准，容易出现黄曲霉毒素B1超标现象，有的甚至超标数倍以上。

2018年8月13日，佛山市顺德区公安局与顺德区市场监督管理局联合行动，在顺德区陈村一杂货店内，成功查处店主夫妇黎某和赵某非法销售土榨花生油。经广东省产品质量检验研究所检验，黎某、赵某所销售的土榨花生油检出黄曲霉毒素B1含量为160μg/kg（标准要求为≤20ug/kg）。2018年以来，当地共查处花生油黄曲霉毒素B1超标案件35起。不仅是佛山市，广东省许多地区都流行吃土榨花生油。在土榨花生油旺销的背后，却是黄曲霉毒素在严重威胁消费者的身体健康。

如何将花生油中的黄曲霉毒素去除干净，是个世界性的难题，也是鲁花研发的重点。

对于黄曲霉毒素问题，鲁花关注已久。

2006年，鲁花宣布发明了“去除黄曲霉毒素工艺”，而且做到了在去除黄曲霉毒素的同时，不改变植物油营养、风味等品质特征。2009年，鲁花该项核心技术——“一种除去黄曲霉毒素的方法”获国家发明专利，标志着鲁花的长期努力获得了一个阶段性的成果。

该发明专利书称：“采用物理方法、利用紫外线照射使黄曲霉毒素全部分解去除、操作过程不受任何外来污染、不改变被处理食品的营养成分及固有风味、机械化程度高、处理能力高、适用于连续性大规模生产的特点。”为了保证将黄曲霉毒素去除干净，该发明要求安装最多达到20个的紫外线裂解装置。

虽然该专利称：“不改变被处理食品的营养成分及固有风味”，但也有院校研究人员认为：“（紫外线杀菌法等）物理、化学方法，一方面不能彻底地清除其毒性；另一方面均不同程度地破坏了花生原料中其他营养元素，降低了花生食品的营养价值。”①。

市场上曾经有花生油产品在瓶标上打了“黄曲霉毒素未检出”的字样，但并未持续多久。这说明这个难题尚未得到彻底解决。

2007年，鲁花将独创的5S纯物理压榨工艺延伸应用，将葵花籽也剥壳去皮压榨，突破了原来葵花籽带壳制油的传统方法，填补了国内外葵花油剥壳生产工艺的空白。“年产10万吨浓香葵花仁油剥壳压榨、无水脱磷新工艺”，获得了山东省科技进步一等奖，引领了中国高含油油脂生产工艺与技术的发展方向。

依据鲁花浓香葵花仁油的国家发明专利书中所称，其改进之处在于：“通过离心式剥壳机反复剥壳，直到籽仁中的含壳率达到5%以下；在炒胚时加入5%～10%的经炒制的籽仁增香；使用珍珠岩做助滤剂低温脱磷、脱蜡。通过这些工序制取的葵花仁油，葵籽香味浓郁、油质清澈透明，色泽金黄、营养丰富，入锅不起沫、爆炒无黑烟。”

鲁花称，用此发明生产出来的葵花仁油中，含有大量的不饱和脂肪酸，其中亚油酸为30%～72%、油酸为29%～60%，并富含维生素E、叶酸、铁、钾、锌等多种人体必需的营养成分，其中维生素E的含量比其他大多数植物油都高。

鲁花的浓香葵花仁油，颜色金黄，并有着浓郁的葵花籽炒香。鲁花也为这一产品做了长时间的大量推广。目睹鲁花浓香葵花仁油的成功，金龙鱼和多力也都推出过葵花仁油产品。不过，由于大多数消费者还是偏好风味清香的葵花籽油，金龙鱼、多力都还是放弃了对风味葵花仁油的推广。最终，甚至鲁花也在一些市场推广经过精炼后浅澈清香的一级葵花仁油。这还引起了一些老年消费者的投诉，他们已经养成了对浓香葵花籽口味的偏好。

---

① 《我国花生食品产业现状与发展趋势》，华南理工大学食品与生物工程学院，周雪松、赵谋明，《食品与发酵工业》，2004年3月17日。

有意思的是，鲁花襄阳油厂也曾努力研究过“油菜籽剥壳压榨”的技术。油菜籽虽然很小，但剥壳已无技术障碍。菜籽剥壳压榨技术的目的主要有两个，一是进行后续的低温压榨（冷榨），提高油的品质，避免高温精炼，以尽可能保留热敏性营养成分如维生素 E 和甾醇等；二是提高饼粕的利用价值，剥壳后菜籽粕纤维素含量显著降低，有利于提高饲料适口性。但由于缺少高温蒸炒环节，冷榨菜籽油缺乏传统菜籽油的浓郁香味，不讨消费者喜欢。冷榨花生油难以取得市场突破就是前车之鉴，故这一研发方向至今未有成果投入应用。

鲁花集团研发创新硕果累累。以其所获得的国家发明专利为例，除了“除去黄曲霉毒素”和“浓香葵花仁油”，还有 2010 年的“冻干果蔬丁慢复水技术”，2011 年的“高温花生粕生产浓缩蛋白技术”“低温亚麻籽油生产技术”及“冻干脆片制备方法”，以及 2012 年的“油料籽仁的油脂加工预处理方法”，等等。

2013 年 1 月，中共中央、国务院在北京人民大会堂隆重举行国家科学技术奖励大会，由山东鲁花集团牵头研发的“高含油油料加工关键新技术产业化开发及标准化安全生产”，荣获国家科学技术进步二等奖，为鲁花在科技创新发展道路上再立一块丰碑。

在国家科学技术进步奖推荐书的项目简介中，推荐单位如此介绍其科技创新成果：“针对高含油油料花生、葵花籽的特点，本项目依靠自主研发和技术集成，攻克了生香预处理、机械压榨、无水脱磷、辐照脱毒、低温充氮储藏 5 项关键技术”。“在集成以上 5 项关键技术基础上，形成了 5S 大型物理压榨生产、管理规程和产品标准体系。”

在这次国家科学技术奖励大会上，由鲁花集团参与研发的另一项技术——“果蔬食品的高品质干燥关键技术研究及应用”也荣获了国家科学技术进步二等奖。

鲁花将品牌定位调整为“科技鲁花”，将“国家科技进步奖”作为最主要的宣传点，并在产品挂标、终端形象上体现。鲁花在中央电视台播放的广告语，从此也改成了“中国的花生，中国的科技，中国的好油。”

鲁花非常注重研发，这在利润率偏低的食用油行业中是相当突出的。有一种普遍存在的观点认为：研发是那些高科技公司或者重工业企业的事情，像粮油行业这样传统得不能再传统的行业，是不需要研发的。这样的观点是非常错误的。事实上，任何一个行业都需要研发。只要有核心科技作为支撑，传统行业也能成为高科技行业。所谓的传统行业，只有思想传统与否之分，不存在行业传统与否之分。

孙孟全称：“一个品牌的兴起，必须有技术含量，没有技术含量，就没有差异化，就很难有市场竞争力。鲁花要成为中国食用油第一品牌，必须在食用油行业中打造出差异化，才能在市场上占据优势地位。”没有接受过多少正规学历教育的孙孟全，对技术却有着执着的重视。中国市场的发展实在太快，短短三十多年，就已经从一个“物美价廉”的市场升级为一个“优质优价”的市场。企业的竞争力不再是大批量、低成本带来的规模效应，而是“掌握核心科技”。事实上，技术不仅关系一个品牌和一个企业的成败，还关系到一个民族和一个国家的兴衰。

面对产能过剩，外企和国企居然都在扩张。外资企业凭借技术优势向高附加值产业转移，国有企业凭借资金优势仍在保持扩张态势。在这双重挤压之下，民营企业的生存空间在缩小。以大豆压榨行业为例，在美国大豆进口剧减的背景下，原本外资、国有和民营三分天下的局势已经发生改变。2018 年，中粮（含中纺及来宝）和益海嘉里的大豆压榨量均占 18%，益海嘉里仍在扩张大豆压榨产能。郭老板称：“在艰难时期里最好的做法就是进行扩张。”而粮食央企亦加速整合，中储粮的粮油加工业务将划至中粮旗下，中粮将超过益海嘉里，成为中国最大的油脂加工企业。其他各大豆压榨的国企和外企均表现坚挺，民企却连续发生昌华、晨曦和三维的破产事件，民企压榨实力在下降。并非巧合的是，这三家破产的大豆压榨企业均是山东企业。

大豆压榨企业的艰难只是中国民营企业困境的一个缩影，中国民营经济明显处在一个十字路口上。一个企业的发展必须要有长远的眼光，必须跟随着时代的变化而更新自己的发展战略，重视研发创新无疑是企业能够立足于不败之地的终极武器。民营企业在中国贡献了近50%的进出口贸易，50%以上的税收，60%以上的国内生产总值，70%以上的技术创新成果，80%以上的城镇劳动就业和90%以上的企业数量。中国能否拥有更多重视科技研发投入的民营企业，国家能否给科研投入提供更多的支持，是决定中国能否跳出“中等收入国家陷阱”、能否在大国较量中最终胜出的关键因素。

拥有最多诺贝尔科学奖项科学家和一流大学的美国，无疑是创新能力最发达的国家。美国管理学家德鲁克认为：“创新需要专注”“创新未必需要高科技，创新在传统行业中照样可以进行。”德鲁克用1980年代美国的数字说明，创新型企业3/4来自传统行业，只有1/4是来自科技行业。德鲁克说的这两点，鲁花都做到了。

鲁花的创新能力，是鲁花产品竞争力的重要保证。鲁花产品质量虽好，但也要解决“王婆卖瓜、自卖自夸”的可信度问题。“人民大会堂宴会用油”无疑是鲁花品质可信赖度的重要体现。但万一有一天，“人民大会堂宴会用油”不能用了，鲁花将要怎么办？

第15章　“人民大会堂宴会用油”不能再用了

一个企业，自己夸耀自家产品好是不够的，最好能有一个第三方权威进行背书，否则消费者不会轻易相信。能够具备全国性影响力的第三方权威有几种：明星等公众知名人物的代言、以体育赛事为主的赞助，及权威机构的荣誉认证。其中，性价比最高的还是权威机构认证。明星代言和赛事赞助，大家都相信只要花钱就能买得到。而权威机构的荣誉认证与产品的质量或多或少有关联，更有可信度，而且还投入少、效益高。

20世纪90年代初，国内企业还不知道什么是认证的时候，进入中国市场的国际大牌们却深谙此道。狂轰滥炸的媒体广告，权威认证标志，再加上有感染力的策划创意，很容易让消费者束手就擒，乖乖掏出钱包。那个年代，进入中国大大小小的超市和商场，迎面而来的是各种各样的产品或者品牌认证，消费者协会的，技术监督局的，杂志社的，市场研究机构的，等等，不一而足。其中一部分认证确实能够依据实际的产品表现或者统计数据来说话，但是也有很多鱼目混珠，混淆视听，装大牌，冒充权威机构。很多企业经常收到这样的传真，“尊敬的××公司，经过××评选，贵公司被评为××”。当然传真的最后都是需要你汇款过去的指定银行账号。

全国牙防组事件，成为中国认证市场发展的一个转折点。

那时候，某国际大牌牙膏的电视广告末尾，会有力地盖下一个大大的全国牙防组的红色圆章。包括该品牌在内，全国牙防组从1992年起先后为9种口腔保健用品做过认证。可是，新华社记者通过实地调查发现，全国牙防组只有两张桌子、两部电话、两台电脑和两个办公人员。这个消费者心目中的权威机构无注册资金，无固定有保障的设施，甚至不是法人单位。更为让人吃惊的是，全国认证机构的上级管理部门——国务院认证认可监督管理委员会下属的认证机构目录中，没有全国牙防组。也就是说，全国牙防组根本就没有认证资格。全国牙防组成立的目的，原本只是向全国人民宣传口腔卫生和牙齿保健。2007年4月30号，卫生部正式发布公告，撤销全国牙防组。

全国牙防组事件发生后，国内认证市场进行了一定的清理和整顿。有一定规模的企业不再随意选择认证机构。某食用油产品，原本标签上有着中国营养学会授权的“营养成分符合DRI标准”字样[①]，在此事件后也忙不迭地予以取消。各品牌主要力争国内含金量最高的三块金匾——“中国名牌”“中国驰名商标”和“国家免检产品”。这几个荣誉标志获得最后认可的过程比较漫长，对企业的要求也比较高，有一定的门槛。

① DRI指Dietary Referencr Intakes，居民膳食营养素参考摄入量。

以“中国名牌”为例，获得过该项荣誉的食用油品牌和企业仅有下表的这10个。笔者当年曾跑遍全国市场，也曾费心去寻找表中的一些“中国名牌”食用油产品，个别的要在一些很小的城市才能看得到。真的从心底佩服参与评选的相关专家，埋藏得这么深的品牌都能被他们挖出来。

表3　曾获“中国名牌”称号的食用油品牌及企业

品类	品牌	企业
大豆油	口福	秦皇岛金海粮油工业有限公司
	金龙鱼	嘉里粮油商务拓展（深圳）有限公司
	富虹	辽宁富虹集团
	福临门	中国粮油食品（集团）有限公司
菜籽油	金龙鱼	嘉里粮油商务拓展（深圳）有限公司
	福临门	中国粮油食品（集团）有限公司
	禧万年	南通宝港油脂发展有限公司
	大平	安徽大平工贸（集团）有限公司
花生油	胡姬花	青岛嘉里植物油有限公司
	鲁花	山东鲁花集团有限公司

那么，“中国名牌”又是怎么评选出来的呢？

国家质检总局发布的《中国名牌产品管理办法》规定：在企业自愿申请的基础上，经各省、自治区、直辖市初审公示并审核推荐，中国名牌战略推进委员会（以下简称“名推委”）相关专业委员会综合评价后，最终由名推委全体委员会议审议确认哪些产品为“中国名牌”产品。名推委是非常设机构，由中国工业经济联合会负责其日常工作，并由国家质检总局监督和管理。

鲁花分别于2002年、2004年和2005年获得“国家免检产品”“中国驰名商标”和“中国名牌”三大荣誉称号。食用油行业的另外两大全国性品牌，金龙鱼和福临门也同样拥有这三大荣誉称号。事实上，许多拥有全国性影响力的消费品品牌，都不难同时拥有这三大荣誉。

包括三鹿奶粉。

2008 年 9 月，北京奥运会刚结束，中国奶制品污染事件爆发。

9 月 18 日，国家质检总局发布公告，废止《产品免于质量监督检查管理办法》，所有相关企业要立即停止其国家免检资格的相关宣传活动，其已印制在产品包装上的国家免检标志不再有效。

同日，国务院办公厅发布通知称，为了保证食品质量安全，维护人民群众身体健康，国务院决定废止已实施 8 年之久的产品质量国家免检制度①。国家质检总局每年组织对免检产品开展监督抽查。国家免检制度主要有赖于企业的自律。然而，事实证明，一些企业不值得给予这份信任。

2008 年 9 月下旬，国家质检总局宣布撤销几个牌子液态奶产品的“中国名牌”称号。国家质检总局亦不再直接办理与企业和产品有关的名牌评选活动。自 2005 年到 2007 年，名推委分别公布了 493 个、556 个和 856 个中国名牌产品，最晚的将于 2012 年 9 月有效期满。“中国名牌”标志从此走入历史。

“中国驰名商标”的情形则与“中国名牌”和“国家免检产品”有很大的不同。

“驰名商标”最早出现在 1883 年签订的《保护工业产权巴黎公约》，其宗旨是为了充分保护知名商标所有权人的合法权益而创设，制止侵犯他人商标专用权的行为。我国于 1984 年加入该公约，成为其第 95 个成员国。世界贸易组织《与贸易有关的知识产权协议》中也有与驰名商标相关的规定。

与人们通常所理解的不一样，中国驰名商标并非一个荣誉称号，也并非企业提出申请就可以启动认定程序。如果以法律语言来表述，驰名商标的保护采用国际上通行的“被动保护”和“个案认定”的方式，即在发生侵权或权利冲突时，由相关机关确认商标是否驰名，以便决定是否给予扩

① 1999 年 12 月 5 日发布的《国务院关于进一步加强产品质量工作若干问题的决定》（国发［1999］24 号）。

大的保护。显然，认定中国驰名商标的前提必须是要有侵权案。

打个比方，如果鲁花集团仅注册了食品类的鲁花商标，有一家汽车企业注册了汽车类的鲁花商标，推出了鲁花牌汽车，结果这个鲁花牌汽车还老出质量事故。这时候，鲁花集团就可以申请驰名商标的保护，禁止该汽车企业使用鲁花商标。

一个商标再有知名度，如果没有发生侵权案，就无法被认定为驰名商标。1990 年代末期发生了一个特殊案例。同仁堂商标在日本被人抢注，中国的同仁堂无法进入日本市场。为了保护民族产业，国家工商总局于 2003 年颁布《驰名商标认定和保护规定》，启动主动认定驰名商标程序，无须企业申请，国家工商总局每年评定十来个驰名商标，将包括茅台酒在内的一些知名品牌主动认定为驰名商标。

最高人民法院也公布相关司法解释①，人民法院在审理商标、域名等知识产权纠纷案件中，按照个案认定、被动认定和根据案件需要认定的原则，在查明事实的基础上，严格按照商标法的相关规定，对涉案注册商标是否驰名，可依法作出认定并给予强有力的保护。某食用油知名品牌即是通过“金龙龟”的近似商标诉讼一案而被法院认定为驰名商标。

在浙江、山东和广东等地，为了鼓励企业创名牌，促进当地经济发展，地方政府明文规定，企业商标一旦被认定为中国驰名商标，立即给予高达百万元的奖励。相关企业在投资、信贷等领域将得到政府更多的优惠和支持。而且，驰名商标能够对抗恶意抢注，获得跨类保护，加大侵权打假的力度，有利于企业提高品牌的美誉度，在市场竞争中巩固地位。

因此，许多企业都开始琢磨着怎么才能将其商标申请认定为驰名商标，将获得驰名商标作为提高产品知名度和竞争力的捷径，甚至利用广告宣传误导消费者。驰名商标原本是用来维护公平竞争的，结果却成为不正

① 2001 年 7 月 17 日公布的《最高人民法院关于审理涉及计算机网络域名民事纠纷案件适用法律若干问题的解释》和 2002 年 10 月 12 日公布的《最高人民法院关于审理商标权民事纠纷案件适用法律若干问题的解释》。

当竞争的工具。

2009 年，最高人民法院出台多份司法解释[①]，更加严格地规范司法认定驰名商标。驰名商标司法认定的管辖权从全国 400 多个中级人民法院集中到省会城市和计划单列市的约 40 个中级人民法院。为尽量减少当事人利用驰名商标认定去追逐不正当利益，司法解释还规定："在涉及驰名商标保护的民事纠纷案件中，人民法院对驰名商标的认定，仅作为案件事实和判决理由，不写入判决主文；以调解方式审结的，在调解书中对商标驰名的事实不予认定。"

最重要的转折点，是 2014 年 5 月起实施的新《商标法》，其中第 14 条规定："生产、经营者不得将'驰名商标'字样用于商品、商品包装或者容器上，或者用于广告宣传、展览以及其他商业活动中"。驰名商标从此不能再滥用于产品宣传，经济价值大为下降，也不再有人热衷于相关认定。

与其他企业不同，鲁花所损失的，不仅有"国家免检产品""中国名牌"，还有"人民大会堂宴会用油"的称号。

自从鲁花获得"人民大会堂宴会用油"称号，争议就与之伴随。早在 2003 年 12 月，南京市秦淮工商分局就对之提出了异议。那时候，鲁花在瓶口标牌上的宣传还用的是"国宴指定用油"。

南京工商执法人员认为，华堂国际广告公司和人民大会堂管理局的授权书，不能有效证实鲁花就是"国宴指定用油"。因为，作为一家广告公司，按其授权，只能对"人民大会堂"这几个字的使用进行管理，不可能由它来决定国宴中用什么油。在《现代汉语词典》中，国宴是指"国家元首或政府首脑为招待宾客而举行的隆重宴会"。所以，在人民大会堂举办的，未必都是国宴。国宴，也未必都在人民大会堂举办。即使是人民大会堂管理局，也未必有权指定所有国宴用油。

---

① 《关于涉及驰名商标认定的民事纠纷案件管辖问题的通知》（法［2009］1 号，2009 年 1 月 6 日印发），《关于审理涉及驰名商标保护的民事纠纷案件应用法律若干问题的解释》（法释［2009］3 号，2009 年 4 月 23 日公布，自 2009 年 5 月 1 日起施行）。

此外，按我国广告管理规定，除法律规定和国务院批准的活动外，禁止在广告中使用排序、推荐、认定等对企业及其商品进行排序或综合评价的内容，其中就包括“×××指定”之类的用语。

于是，鲁花把品牌主视觉中的“人民大会堂国宴指定用油”改成了“人民大会堂宴会用油”，继续进行人民大会堂概念的宣传。在各区域市场上，不时还是可以看见鲁花各地分公司用“国宴鲁花、金牌品质”之类的广告语，继续宣传“国宴”概念①。

2004年4月，国家工商行政管理总局发出《关于禁止在商业广告中使用国家机关名义的紧急通知》。但仅强调禁止“包括使用党和政府及其工作部门的名义，使用人大、政协的名义，使用审判机关、检察机关的名义，使用军队、武警的名义，以及使用其他国家机关的名义发布广告”。这里的“国家机关”，是否应包括这些机关运转的公共场所，即人民大会堂、钓鱼台国宾馆等，存在争议，就给使用这些单位名字做宣传的企业，留下打“擦边球”的机会。

人民大会堂、钓鱼台国宾馆等严格意义上应属于国家事业单位范畴，不算是国家机关，但很容易使人联想起国家权威机构。尽管它没有用国家机关部委的名字，却具有政治场合的概念。如果使用这些称号的产品出现质量问题，或者商家信誉受损，那么这些国家事业单位的信誉也势必会跟着受损。这相当于是把公权力的信誉抵押给了商家。

此后，国家工商总局多次发出与特供、专供相关的禁令，明确禁止“同中央国家机关的名称、标志、所在地特定地点的名称或者标志性建筑物的名称、图形相同的”标志作为商标使用。按照这一规定，“人民大会堂”属于“中央国家机关的标志性建筑物的名称”，既不能作为商标使用，也不能印在标签上宣传。

---

① 例如，2010年1月19日《南方都市报》A15版面的鲁花花生油“国宴鲁花、金牌品质”广告。

然而，由于牵涉利益巨大，特供、专供商品屡禁不止，一再卷土重来。

2011 年 9 月至 10 月，国家工商总局、工业和信息化部、商务部、国家质检总局联手重拳出击，合作开展专项行动，要求各地对商品的包装、标签以及广告宣传中含有“特供”“专供”等类似内容进行清理检查。重点是：酒类、茶、食用油、乳制品、饮料、香烟、水果、大米等日用消费品及上述商品的生产经营者。清理内容包括：利用与国家机关有密切关联的特定地点名称或者标志性建筑物的名称，及利用国宴、国宾等内容宣传“特供”“专供”“专用”或类似内容，等等①。

2011 年对“特供、专供”的整治力度最大。许多厂家措手不及，纷纷将超市终端产品打上补丁，用贴纸把“人民大会堂”等字样盖住。也是从这一年开始，鲁花不再用“人民大会堂宴会用油”进行宣传。

但是，这次行动并不等于特供、专供商品完全退出市场，直至 2013 年 3 月，国管局、中直管理局、财政部、审计署、工商总局等 5 部门联合下发《关于严禁中央和国家机关使用“特供”“专供”等标识的通知》。这份通知详细规定“含有中央和国家机关部门名称”“含有中央和国家机关部门名称与机关所属行政事业单位名称”“含有与中央和国家机关密切关联的重要会议、活动名称”“含有与中央和国家机关密切关联的地点、标志性建筑名称”的特供、专供商品均在禁止之列。更重要的是，这份通知前所未有地对中央和国家机关各部门及所属行政事业单位下了禁令，断了特供、专供商品的源头。从此以后，特供、专供商品才真正从市场上销声匿迹。

虽然鲁花不再拥有“人民大会堂宴会用油”的头衔，但是国宴却也少不了它。2017 年度的金砖国家工商论坛在厦门举行。金砖国家包括中国、俄罗斯、印度、巴西和南非五个新兴市场国家，其领导人每年都会通过金

① 《关于开展清理整顿部分商品滥用“特供”、“专供”标识专项行动的通知》（工商广字〔2011〕182 号）

砖会议正式会晤。金砖工商论坛与金砖会议同期举办，是其重要配套活动。鲁花集团的“5S压榨花生油”成为此次会议的指定专用食用油。

会议开始前两周，鲁花集团将500箱花生油打包装车，然后经过30多小时、1767公里的行驶，送达厦门人民大会堂金砖会议会场。莱阳市场监管局按省食药局的相关布置安排，会同公安部门对整个过程进行了全程录像及相关业务指导，确保花生油万无一失运到目的地。

由于鲁花并未得到正式授权，所以只是做了一轮新闻传播，没有将类似“金砖会议指定用油”的概念应用在其他宣传上。鲁花也不再需要类似的宣传，它的国宴品质概念已经深入人心。

“人民大会堂宴会用油”称号对鲁花的重要性，怎么强调也不为过。使用该称号的8年，是鲁花销售增长最快的阶段。此前的2002年，鲁花销售收入不过10亿元。在“人民大会堂宴会用油”称号的期间，鲁花每年都要增加10亿左右的销售额，相当于每年都再造一个2002年版的鲁花。到该称号取消的2011年，鲁花的销售额已突破百亿大关。

经过长达8年时间的大力宣传，人民大会堂概念已经为鲁花品牌积累了很好的声誉。鲁花品牌早已深入人心，鲁花集团也已成长为一个巨人，失去这一称号并没有对鲁花构成太大的影响。而且，对于市场的先行者来说，其实也希望市场环境规范化。因为市场越规范，市场的后来者就越不可能再通过剑走偏锋的方式来实现逆袭。

鲁花花生油的市场地位稳固，不等于鲁花就可以高枕无忧。事实上，在鲁花的销售额中，花生油从来就不超过60%的份额。调和油和葵花籽油这两个产品的成败，对鲁花的成功也至关重要。

第16章　花生算坚果吗

在花生原料价格最高、花生油市场萎缩的时候，鲁花也有过摇摆，想要大力推广调和油，用调和油产品来增加市场份额。鲁花为此还提出过

“做强花生油、做大调和油”的口号。

当时，鲁花最重要的调和油产品，是坚果调和油和花生调和油。花生调和油已经是个被市场玩坏的产品。不管花生油含量多少，只要有一点花生香的都可以叫花生调和油。这个产品低级到没有底线，添加了棕榈油的花生调和油，价格可以低到与豆油相差无几。而坚果调和油却是鲁花的独门利器。

早期的鲁花坚果调和油，是以葵花籽油为基料，加上花生油等食用油调和而成，主打坚果概念。

严格意义上说，葵花籽和花生都不属于坚果。依据《辞海》的定义，“坚果：由合生心皮的下位子房发育形成，成熟时果皮干燥而坚硬，但不开裂，一般多包藏于壳斗或总苞内。”坚果包括榛、栗、槲、核桃、杏仁等。但消费者没那么明白，一般会把葵花籽和花生这样有硬壳的果实都当做是坚果。

由于鲁花坚果调和油的原料成本高过纯葵花籽油，5L 零售价也要比葵花籽油高十多元，一般定价在 80 多元。这样高端的定价显然无法为鲁花支撑起“做大”的重任。

于是，鲁花修改了坚果调和油的配方，改成以菜籽油或豆油为基料，添加压榨葵花仁油、压榨花生油、压榨核桃油、压榨山茶籽油和压榨葡萄籽油等油种的调和油产品。新出炉的坚果调和油配方比较灵活，各地工厂可以因地制宜地进行调整。有的产品配方中的葵花仁油和花生油没有“压榨”字样，显然是为了方便使用浸出葵花仁油和浸出花生油做配料，能降低成本。还有工厂选用转基因原料豆油为配料的，成本可以做到更低。

产品成本一降低，定价就可以很灵活，非转基因产品正常零售价不超过 80 元，例如 79.8 元，转基因原料产品，正常零售价只有 65 元左右，特价最低时可打到 50 多元。

价格一灵活，鲁花坚果调和油的销量暴增。鲁花提出了“花生是坚果、坚果有花生”的宣传口号，推出“坚果大花生、限量大派送”之类的买赠促销活动，希望让坚果调和油借助花生油的产品美誉度，让消费者认可坚果调和油产品。

然而，群众的眼睛是雪亮的。坚果调和油，顾名思义，就应该是用各类坚果油调和成的食用油。但鲁花坚果调和油显然并非以坚果油作为主料。对鲁花坚果调和油的投诉很快接踵而来。

2011年年底，浙江杭州的消费者向记者投诉，反映在物美、华润万家、欧尚等大超市内销售的鲁花坚果调和油疑似以菜籽油或大豆油冒充坚果油，产品成分标注不清，存在利用产品标签标注和广告宣传故意误导消费者的可能。

在物美大卖场杭州文一路店，货架摆满了鲁花牌的食用油，瓶身贴上“坚果调和油”几个大字格外显眼，油瓶封口处挂着的标签上用醒目的文字和图片标注油的成分有“核桃、花生、葡萄籽”，并自称为“活力金三角”。一眼看过去，让人认为“核桃、花生、葡萄籽”应该是这款调和油的主要成分，其中核桃被列在最前面，应该是含量最高的。标签翻过来，另外一面的内容还是宣传核桃、花生和葡萄籽三种成分对人体的好处。挂标上还喊出“向脑力劳动者致敬”的口号，瓶身贴上写着“天天坚果、心脑灵活”的宣传语。因为我国民间向来有核桃等坚果补脑的说法，这些宣传更进一步强化了人们认为这个调和油的主要成分就是核桃的认识。

然而，当仔细研究了产品标签字体较小的部分后，发现这款油的成分根本就不是标签大幅字体和画面宣传上说的那么回事，配料表上依次标注的是菜籽油、葵花仁油、花生油、山茶籽油、核桃油和葡萄籽油等，从排序看，宣传上特别突出的核桃油和葡萄籽油在鲁花坚果调和油里的含量是最少的。

国家强制标准《预包装食品标签通则》第五条规定，“如果在食品标签或者食品说明书上特别强调添加了某种或者数种有价值、有特性的配料，应标示所强调配料的添加量。”很明显，鲁花坚果调和油未按这一规定行事。它特别强调了核桃油、葡萄籽油的好处和优点，人们却无法了解这两个成分的真实含量，因为根本就没有标注。

含量到底是多少呢？导购也说不上来，说是保密配方。鲁花杭州分公司的解释是，鲁花坚果调和油是国家专利产品，调和油配方保密。其中核桃油和葡萄籽油的含量是公司的商业机密，不能向记者提供。

为什么不按国家标准要求标注？是因为核桃油和葡萄籽油含量太少不方便标明，还是有其他原因？

对食品宣传的真实性，国家很多法律都有明确规定："《食品安全法》48 条规定，食品标签不得有虚假、夸大的内容。"《反不正当竞争法》第九条规定："经营者不得利用广告或者其他方法，对商品的质量、制作成分、性能、用途、生产者、有效期限、产地等作引人误解的虚假宣传。"《预包装食品标签通则》第三条规定，"（预包装食品标签）应真实、准确，不得以虚假、夸大、使消费者误解或欺骗性的文字、图形等方式介绍食品，也不得利用字号大小或色差误导消费者。不应直接或以暗示性的语言、图形、符号，误导消费者将购买的食品或食品的某一性质与另一产品混淆。"

鲁花坚果调和油的配料标识不明并非个案。事实上，鲁花的做法符合当时调和油市场的"行业惯例"。市场上的调和油产品，只在瓶身包装上标注原料成分，但不标注各成分所占比例。调和油产品的冠名，也存在着很大的随意性。这些随意勾兑、标识混乱、名称繁杂的问题，让调和油一直是被标签投诉的重灾区。

调和油市场的乱象，很快迎来了相关政府部门的整肃。

2012 年 2 月 21 日，江苏盐城市东台工商局行政执法人员在千家惠超市检查时，发现金龙鱼橄榄原香食用调和油未标示橄榄油的添加量。该产品名称为"橄榄原香食用调和油"，其标签上有"橄榄"二字，配有橄榄图形，标签侧面标示"配料：菜籽油、大豆油、橄榄油"等内容。

东台工商局认定该标签不符合《食品安全法》的规定，属于食品标签上特别强调添加某种有价值、有特性配料而未标示添加量的情形，于是作出责令改正并罚款 6 万元的行政处罚。在随后的行政复议和法院上诉中，上级工商局和各级法院先后判决维持该处罚决定。

金龙鱼迅速修改标签内容。例如，将“香”一律改成“香型”，“橄榄原香调和油”改成了“橄榄原香型调和油”，以强调“橄榄原香型”仅仅是对产品物理属性的客观描述。既然“香味”无法量化，自然也就无须标出橄榄油的添加量。另外，金龙鱼则将“橄榄”的图案适当缩小，并修改相关文案，以避免被认为是“对某种配料的特别强调”，从而规避诉讼风险。

东台工商局仅要求将“特别强调”的油种所含的比例标示出来。为了让消费者明白消费，鲁花决定更进一步，将调和油中所有油种的比例都进行明确标示。2014 年底，鲁花新推出了菜籽调和油、大豆调和油和玉米调和油等三款非转基因食用调和油，产品配方中占比最大的分别是菜籽油、大豆油和玉米油，在三款产品中各均占 56% 的比例。其他的则是葵花仁油 36% 、花生油 6% 、芝麻香油 2% 。鲁花还郑重承诺，今后鲁花品牌旗下所有调和油产品将全面公开配方比。鲁花的行为引起了较大的市场反响。

容易被人忽视的是，鲁花调和油的花生油比例均为 6% 。市场上一般调和油产品的花生油比例大概在两三个百分点甚至更低，所以花生香味都远逊于鲁花的调和油产品。这是鲁花调和油新品能在市场上受欢迎的基础。一般人都以为调和油就是一个玩概念的产品。实际上，调和油是一种可以在合理价位基础上，通过各种食用油的调配而做到色、香、味俱全的食用油产品。这才是调和油品类存在的真正价值，也是其市场成功的最终保证。好酒靠勾兑，好油也一样。鲁花调和油的三个新品以浓郁的花生香味为基础，以公开配方为号召，同时在豆油、菜籽油和玉米油三个品类方向上争夺消费者的青睐。

由于坚果油太贵，含量超过 50% 的话，虽然可以“坚果”冠名，但就因成本太高而失去市场竞争力。在三款调和油新品上市的同时，鲁花果断地将销售已达十数亿规模的坚果调和油和花生调和油产品退市。

鲁花希望自己先做出表率，来影响调和油国家标准的制定，推动国家标准出台如下规定：调和油只能用含量最大的那个油种来进行冠名，调和油应当注明各种食用植物油的比例。

2018年6月，国家市场监督管理总局、农业农村部和国家卫生健康委员会三部委联合发布《关于加强食用植物油标识管理的公告》（以下简称《公告》），《公告》称："采用两种或两种以上食用植物油调配制成的食用油脂，产品名称应当依据《食品安全国家标准　植物油》（GB 2716—2018）的规定，标注为"食用植物调和油"，并在标签上注明各种食用植物油的比例。"从2005年全国粮油标准技术委员会开始编制调和油国家标准以来，调和油新国标经历了13年的讨论才最终定稿。调和油新国标的内容，基本符合鲁花的预期。

同在调和油国标定稿的这一年，已执行了15年的《玉米油》《大豆油》《花生油》和《葵花籽油》等国家标准在完成修订后也相继出台。这可是食用油行业的一件大事。要知道，2003年的那一拨食用油国家标准出来后，天下大乱，转基因原料食用油成众矢之的，浸出加工工艺成过街老鼠。所谓"一流企业定标准，二流企业做品牌，三流企业卖产品"。能通过参与制定国家标准来影响游戏规则，那可是企业竞争力的高度体现。每次国家标准的修订，背后都是各厂家在明枪暗箭的激烈较量。

2016年6月，花生油、葵花籽油系列国家标准制修订研讨会在山东烟台召开，就已开始了相关国家标准的讨论、起草和修订工作。在那次会议上，全国粮油标准化技术委员会油料及油脂分技术委员会授予鲁花集团花生油和葵花籽油系列国家标准制修订基地。

鲁花作为中国花生油第一品牌，主导修订花生油国家标准还说得过去。值得注意的是，鲁花并非是葵花籽油的领导品牌，它的葵花籽油销量低于多力和金龙鱼这两个隶属于外资的品牌。葵花籽油是全球第四大植物油，年产量高达1800多万吨，超过花生油产量的3倍。所以，葵花籽油是鲁花市场拓展的重要方向。鲁花主导了葵花籽油的国家标准修订工作，就掌握了制定葵花籽油市场游戏规则的权力。

鲁花的努力没有白费。在这一轮的食用油国家标准修订工作中，压榨花生油和压榨葵花籽油受到了特别优待，详见下表中各油种、各等级的酸值标准可知。同样是一级油，压榨花生油和压榨葵花籽油的品质可不如其他的食用油产品。

表4　各等级成品食用油的酸值国家标准比较（2018年版）

酸值（KOH）/（mg/g）	压榨花生油/压榨葵花籽油	浸出花生油/浸出葵花籽油/成品大豆油/成品玉米油
< =0.5		一级
< =1.5	一级	
< =2.0		二级
< =3.0	二级	三级

同时，对各油品的酸值要求，与2003年版国标相比普遍下降。以压榨一级花生油为例，原来的酸值要求是< =1.0mg/g，如今下降到< =1.5mg/g。

制订国标的专家是这么解释的："目前食用植物油产业普遍存在过度加工现象，导致了植物油营养伴随物中的植物甾醇流失约为35%～40%，生育酚被去除70%，角鲨烯被去除80%。在过度加工过程中不仅会损失营养伴随物，也可能引入或产生新的污染物，如反式脂肪酸、多环芳烃等危害物。3项植物油产品国家标准修订从我国油料、油脂的实际情况出发，既考虑了国内油料生产和植物油加工业水平的实际情况，又借鉴国际标准；特别要符合我国适度加工、节能减排、最大化保留营养成分、减少加工过程危害物产生等新要求。"① 例如花生油，因为中国各地气候地理条件的差异，导致各地花生仁酸值差异较大。新的花生油国家标准调整了相应的特征指标和质量指标，可以充分利用花生资源。

简单地说，食用油的精炼工艺是柄双刃剑。它既能提高食用油的品质，降低食用油的酸值和过氧化值等对健康不利的物质，又把食用油中的

① 《〈花生油〉〈大豆油〉〈葵花籽油〉3项植物油国家标准7月1日正式实施》，2018年7月2日，《中国消费者报》。

一些营养物质去掉了。近年来，粮油产品的“适度加工”已成行业主流意见，这几项食用油产品的国家标准修订，则是顺应了这一潮流。

但是，如此一来，消费者的知情权其实是受到伤害的。笔者倾向于食用油产品需告诉消费者是否经过精炼工艺。喜欢营养多或吃油快的消费者可选择未精炼的食用油，喜欢健康多或吃油慢的消费者可选择精炼过的食用油。这才是真正给予消费者知情权。至于压榨法和浸出法，其实都是安全可靠的食用油加工方法。浸出法是主流也是趋势。所谓要让消费者获得食用油是否采用浸出法的知情权，其实是伪科学，除了对消费者造成困扰并败坏食用油行业声誉外，并无好处。

尤其值得一提的是，新的葵花籽油国标中增加了对葵花仁油的定义:“全部剥壳脱皮、色选的葵花仁经焙炒、蒸炒等处理后，采用压榨法制取的油品可称为葵花仁油。”然而国标中并未对葵花仁油的各项质量指标进行单列。也就是说，葵花仁油的品质指标与葵花籽油并无区别。实际上，葵花壳并不含油，葵花籽都要经过剥壳这一工序后才能拿去压榨。将葵花壳百分之百去除，在技术上很难做到，也没有必要。所以，葵花仁油和葵花籽油的区别仅在于前者的剥壳率要高一些。“脱皮”或指去掉壳内那层类似花生仁衣的种皮?①“色选”是去除杂质的工艺之一，并无特殊之处。

鲁花是目前市场上几大主要品牌中，独家十年如一日地坚持着葵花仁油的销售推广，如今终于“守得云开见月明”。葵花仁油从此名正言顺，自然对鲁花葵花仁油的销售有很大的好处。在京东商城上，鲁花 5L 装葵花籽油售价 75.9 元，葵花仁油售价却高达 89.9 元。由于新国标规定“应标识产品的原产国”，不再要求“注明产品原料的生产国名”，我们也无从知道鲁花葵花仁油用的是国产原料，还是和鲁花葵花籽油一样用的是欧洲进口原料？总之，一字之差，每桶油就差了 14 元的价格（5L 装），全国销量累计起来是个不小的数字，真可谓“一字千金”。

① 《请教：葵花仁油是怎样的油?》，“油脂工程师之家”公众号，2018－06－07。

旧国标要求“注明产品原料的生产国名”，是为了让中国的消费者知道产品原料是否国产，从而支持使用国产原料的产品。新国标很奇怪地更改成了“应标识产品的原产国”，除非是原装进口，其他所有葵花籽油自然都是在中国生产，消费者也很容易从产品标签上的厂家信息知道是否国产，这一规定对消费者来说纯属画蛇添足，但有利于那些将国产原料更改为进口原料的食用油品牌和厂家。

在葵花籽油新国标出台后，金龙鱼也从中觅得商机，快马加鞭于2019年3月推出“阳光葵花仁油”，在京东商城上的售价高达99.7元（5L装），比同等容量的金龙鱼葵花籽油足足高出30元。①

葵花仁油写入国家标准，为中国食用油行业新开辟了广阔的市场“钱”景。既然葵花籽剥壳后可以榨出葵花仁油，那花生剥壳后自然就能榨出花生仁油，核桃剥壳能榨出核桃仁油，棉籽剥壳也能榨出棉花仁油来喽?

食用油行业对转基因说法的转变，也反映到了国家标准的修订上。

早些年，中国粮油学会油脂分会会长王瑞元等专家还是称：“食用油脂中是几乎不含转基因成分的。”② 科学家说话严谨，亿分之一也是有的啊，不能使用“绝对用语”不是? 但消费者不明白什么是“几乎不含”，只知道那还是有的，对转基因原料食用油唯恐避之不及。事态的发展越来越严重，以至于近年来，食用油行业专家对转基因的说法已经变成了“由于转基因大豆中的转基因成分是以蛋白质为载体的，不与脂肪相结合，所以用转基因油料生产的食用油中是不含转基因成分的。”③

于是，在2018年版的大豆油新国标中，删去了老国标中类以“转基因大豆油”“转基因玉米油”之类的提法，仅有一句“采用转基因原料生产的大豆油/玉米油应按国家有关规定标识”。

由于食用油及以它为原料的产品（如罐头），几乎是超市里唯一可见

① 京东商城价格数据采集于2019年5月24日。

② 《食用油基本不含转基因》，2011年11月02日，新华网。

③ 《油脂业泰斗王瑞元解食用油疑惑，号召行业自律》，2015年1月17日，光明网。

的进行了转基因标识的食品。所以中国老百姓对转基因的认识主要是从食用油产品上得来的，既不科学，也很片面。中国老百姓对转基因的负面认知不仅影响了食用油行业的声誉，还影响到中国农业未来的科技竞争力，极不利于中国的国家粮食安全。

人类科技的进步，需要深入到基因的层面，才能揭开生物化学的奥妙。转基因技术在农业和药业上的应用，必然会不断地扩大和深入。例如，糖尿病人所需要的胰岛素，就是用转基因技术才能大规模制取的。中国是转基因农作物种植面积全球排名第六的大国，发展转基因技术是我国的重要国家战略。如 2010 年的中央一号文件中就提到："继续实施转基因生物新品种培育科技重大专项，抓紧开发具有重要应用价值和自主知识产权的功能基因和生物新品种，在科学评估、依法管理基础上，推进转基因新品种产业化。"[①] 农业部也推出《转基因明白纸》宣传："我国发展转基因技术的基本方针是'加快研究、推进应用、规范管理、科学发展'，通过安全评价并获得安全证书的转基因食品是安全的，可以放心食用。到目前为止，转基因食品没有发生一起被证实了的食用安全问题。"[②]

但与之形成鲜明对比的是，国家级的新闻报刊却公开质疑转基因作物的安全性，对立派别之间也开始公开争吵。最疯狂的说法——转基因作物是西方世界通过控制中国食品供应和诱发癌症来削弱中国的阴谋——这类言论首次发表在官方媒体《环球时报》上。在转基因作物问题上，政府给了人民以惊人的自由。社交媒体上充斥着捏造的假新闻，渲染着反对转基因的狂热情绪，人人都是谣言的传播者。公众对转基因作物的抵制情绪日益高涨，这使得领导层在推进商业化方面犹豫不决，并严重影响到中国转基因技术的发展。[③]

---

① 《中共中央 国务院关于加大统筹城乡发展力度进一步夯实农业农村发展基础的若干意见》(2009 年 12 月 31 日)

② 更多关于转基因的科普知识，参见农业部转基因宣传网站。

③ 《中国的转基因悖论》，Panda，2019-05-24，基因农业网。

2014 年，国家提出："要大胆创新研究，占领转基因技术制高点，不能把转基因农产品市场都让外国大公司占领了。"① 为了加强国内转基因技术研究，2017 年 6 月，中国化工集团有限公司以 430 亿美元的价格完成了对转基因种业巨头瑞士先正达的并购。这是目前为止中国企业海外最大并购案，由此可见中国政府对转基因农业技术的重视程度。瑞士先正达愿意下嫁中国化工，自然是看中了中国广阔的转基因种业市场前景。而这也意味着转基因农业很快将在中国得到进一步的大规模推广。

从功效的角度出发，可以把转基因技术视同为一种农药技术。如果能够只吃不用农药的有机食品或绿色食品，当然最好，但事实上不可能做得到。人类已经离不开农药，也同样离不开转基因技术。我们知道，除了有机食品和绿色食品，其他农产品多多少少都要使用到农药。我们不会要求这些农产品打上农药标识，为什么要求转基因食品打上转基因标识？我们不会要求领导对每一种使用新农药产出的农产品都带头试吃一下（其实个人以为能这样做最好），为什么在转基因食品上就这样期望呢？

笔者以为，非转基因概念是可以宣传的，正如有机食品、绿色食品值得提倡一样，但是转基因标识实无必要，正如用了农药的农产品无须进行农药标识一样。想想如果超市里大多数食品都打上农药标识的话，会是一种多么可怕的场景。虽然这种知情权对我们也很重要。

我们看到，在从中国传统文化中汲取营养的企业文化建设和大力鼓励研发创新的企业经营思维下，鲁花食用油业务一路稳定地高速增长，不仅与第二品牌福临门比肩，而且大有力挑第一品牌金龙鱼的趋势。即便失去"人民大会堂宴会用油"的称号，对鲁花的成长亦无太大影响。鲁花还通过对食用油国家标准新一轮修订的影响，巩固了食用油业务的稳定成长。

而鲁花的调味品业务，也能与食用油业务一块日月同辉吗？

① 《习近平：占领转基因技术制高点》，2014 年 09 月 28 日，农民日报。

第五篇
油香、酱香、米香、面香

第 17 章　谁教会日本人做酱油

鲁花的调味品业务中，最重要的产品，莫过于鲁花自然鲜酱油。鲁花卖酱油，并不让人意外。事实上，如果鲁花不卖酱油，反而会让人觉得奇怪。因为，食用油行业从来都对调味品市场虎视眈眈。

食用油企业原本就对调味品并不陌生。食用油厂家普遍在生产的芝麻油，就是一个不折不扣的调味品。芝麻油虽然也是食用油，但它与花椒油、藤椒油一样属于调味油品类。调味油的调味品属性占绝对优势，不像其他食用油一样更多的是拥有粮食属性。这决定了芝麻油与其他食用油品类大不一样。

笔者还在益海嘉里工作的时候，曾经拜访过一个长江流域省份的金龙鱼经销商。该经销商正气愤难平，因为当地的益海嘉里分公司挡了他的财路，不允许他销售自己的芝麻油贴牌产品。这是一个很有意思的现象：经销商不高兴，自然是因为他有把握在贴牌芝麻油产品上赚到比金龙鱼芝麻油更多的钱。

这说明，在芝麻油品类上，金龙鱼的品牌力不强。事实上，芝麻油是一个区域品牌主导的品类，金龙鱼在全国芝麻油市场上的份额不到10%。相比之下，金龙鱼在小包装油市场上可是占有35%的份额。金龙鱼芝麻油的瓶标上，有个大大的“香”字。好多消费者都以为他们买的是“香”牌芝麻油，有没有那条金灿灿的金龙鱼似乎关系不大。

芝麻油销量不大，利润率却很高。对于调味品，消费者的价格敏感度不高。几个月才吃一小瓶，何必在乎那一两元差价？而且，经销商做自有品牌的芝麻油，当地产、当地销，原料可以做些手脚，包装、生产和物流成本都很低，看上去真的很美。

在芝麻油产品上，向来是专业调味品企业和食用油企业两大阵营对垒。专业调味品企业，全国性品牌有太太乐、李锦记和淘大等，区域性品牌有山东崔字、上海三添、武汉福达坊、北京古币和合肥燕庄等。食用油企业，如金龙鱼、福临门、鲁花、长康等。

食用油企业财大气粗，惯用食用油的营销手法来推芝麻油，手段粗暴、来势凶猛，动不动就在大桶5L油上挂个小瓶芝麻油做赠品。我就通过白送来抢市场，服不服？然而，调味品的市场，餐饮渠道是大头，商超渠道只占一小部分。而对食用油来说，餐饮渠道和商超渠道完全是两码事，两个渠道的产品和团队都完全不一样。所以，食用油企业做芝麻油，往往只做商超而忽略了餐饮，重拳打在棉花包上，用不到力，这就给专业调味品企业留下了很大的生存空间。

至于花椒油、藤椒油等用几种食用油混合的调味油，行业协会也在打架。粮油行业认为调味油属于食用油，要用调和油的行业标准来管理，例如说花椒油，是用花椒油和菜籽油两种油调和而成，显然符合调和油的定义。但调味品行业则认为调味油属于调味品，适用调味品的行业标准，真要把花椒油改名为“花椒香型食用植物调和油”，显然是个大笑话。

仅做芝麻油显然不过瘾，食用油企业又纷纷把酱油作为调味品市场的下一个突破口。小包装油市场已经成熟，每年仅有几个百分点的整体市场增长率。酱油市场虽然竞争激烈，但每年还以10%左右的速度增长。而且酱油行业尚且分散，行业老大海天酱油也仅有约15%的市场份额。酱油是调味品中最大的一个品类，显然也最合玩惯大手笔的食用油企业的胃口。

有意思的是，食用油行业的酱油新贵们普遍瞧不起大陆酱油工艺。金龙鱼和长寿花都师承台湾，鲁花则青睐日本。长寿花“秉承台湾70年绿色精酿传统工艺”，于2017年一口气推出了酱香鲜、一品鲜、味极鲜等多个酱油产品。益海嘉里自2015年初就宣布与台湾百年酱油品牌丸庄合作，大兴土木在泰州建设酱油厂。不过，台湾酱油的酿造也都是广式晒大缸的模式，很难想象走在中国粮油行业技术前沿的益海嘉里也会用晒大缸的方式生产酱油。四年时间已经过去，迟迟不见金龙鱼酱油上市，也许还在忙着做技术改进?

在这些做酱油的食用油企业中，鲁花于2013年推出的自然鲜酱油，尤为让人瞩目。

酱油是中国人的发明。早在三千多年前的商周时期，就出现了“酱”这个字。不过，很长一段时间里，“酱”所代表的，还只是昂贵的肉酱。豆酱要到西汉才有明确的文字记载，酱油则更要迟至东汉才出现。中国传统制酱油的方法，是把黄豆、面粉制的曲与盐水拌匀，放入缸里，中间插上竹篓，酱汁渗入竹篓后，每天舀出酱汁浇在四周的发酵物质上。发酵完成后，从竹篓中将酱汁抽出，故称“抽油”。至今仍有老抽和生抽之分，前者上色、后者增鲜。

公元755年，鉴真大师东渡日本。为了让日本人“口服心服”，大师在传经说法之余，还教日本人做酱油。酱油迷住了日本人。有句俗语叫“和食始于酱油、终于酱油”，由此可见酱油在日本料理中的重要地位。日本酱油在近代融入现代工业技术，还培育出独特的米曲霉菌种，最终超越自己的老师，成为东方酱油的代表。

酱油好不好，首先看菌种。日本已经用了上百年的时间研究多菌种制曲，分离筛选出上万株菌种。日本每个酱油厂里存活着的菌种也是各工厂最重要的宝物。经过数百年的积累，很多日本酱油工坊中产生了很多优质的、特有的菌种微生物。拜这些不同菌种所赐，日本每个酱油工坊酿出的酱油的味道，都会有微妙的差异。而中国的多菌种制曲研究起步较晚，基础薄弱，用于酱油酿造的菌株仅有几种，而且还几十年不变。

其次看原料。酱油的原料主要是蛋白质原料和淀粉原料。大豆或脱脂大豆为酱油贡献蛋白质，小麦则是淀粉原料的主要来源。日本酱油中大豆（或豆粕）和小麦的比例为 1∶1，而中国酱油为了节省粮食，豆粕占比在 60%～70%，并用大量的麸皮（小麦的外皮）来替代小麦。麸皮淀粉含量低，对酱油风味有较负面的影响。酱油的原料还包括食盐和水。日本的海盐和水的质量也要好于中国。

最后看工艺。发酵是酱油生产的重要环节。按发酵方式的不同，可将酱油酿造工艺分为“低盐固态发酵”和“高盐稀态发酵”。

中国 80% 以上的酱油都是低盐固态发酵。这种发酵法的优点是生产设备成本低，制作周期较短，1 个月内即可制出成品。缺点是工人劳动强度大，而且制曲环境开放，杂菌数较高，影响曲的质量。低盐固态发酵过程复杂多变，“事先凭经验、事后靠检验”，数字化控制做得较差，质量不易稳定。高温快速发酵也抑制了酱油中各种微量成分的形成，使得风味欠佳。

高盐稀态发酵法强调多菌种在发酵中的运用，这是为酱油带来丰富风味的重要因素。高盐稀态发酵又可分广式和日式。

广式酱油工艺以香港传统酱园及海天酱油为代表，讲究“春曲、夏酱、秋油”，利用自然气温变化的规律，再经“日晒夜露”制作出鲜美的酱油。广式酱油工艺生产量小，占用场地大，但产品品质好，氨基酸含量高，酱香浓郁、酯香醇厚，色泽红亮、光泽度好，多以生产老抽等上色酱油为主。广式酱油工艺的缺点是采用常温发酵，自然晒制，受天气影响较大。

日式酱油工艺以日本酱油为代表，在相对独立的封闭式发酵环境，按照酱油发酵的微生物生化机理，通过对温度、PH 等的控制，达到对酱油发酵的精细控制，发酵周期 6 ~ 8 个月。这种发酵工艺实质上是把“春曲、夏酱、秋油”酱油制作规律加以科学的总结，用现代控温技术准确地控温发酵。日式酱油工艺采用密闭、低温发酵，发酵周期较长，颜色较淡，风味香浓，一般以制作生抽、味极鲜等较合适，也可添加焦糖色素做成老抽。

2002 年，孙孟全跟着某访问团到日本参观丰田公司。参观结束后，许多人纷纷抢购日本酱油，让孙孟全发现了其中的商机。当地陪同人员“日本酱油远优于中国酱油”的说法，也让他心有不甘。“要知道，中国才是酱油的原产地。”回国后，他立即组织技术人员，筹建酱油研发中心。

早期，鲁花先后推出过浓缩特鲜酱油、儿童有机酱油、味极鲜酱油、极美鲜酱油、一品鲜黄豆酱油等多种酱油产品，基本上都是来“打酱油”的。例如鲁花浓缩生抽王酱油，从鲜味上看，这个产品的氨基酸态氮不过大于等于 0. 7g/100ml，就是正常一级酱油的基本标准；从颜色上看，倒是比一般生抽要深，但颜色深的话就该叫老抽而不叫生抽了；从香味上看也是一般。最有意思的是，这个产品也在宣称“一瓶能当两瓶用”。不过要当也只能当两瓶赠品用，基本没见过它正式上市销售。鲁花的这些酱油产品都是在对市场进行试水。

没想到，日本酱油看着简单，要做好可真不容易。直到 2012 年 3 月，总投资 18 亿元的鲁花酱香酱油生物科技项目，才在莱阳工业园举行盛大奠基仪式。

鲁花从日本引进珍稀菌种，经过反复改良和实验，最终培育出独有的鲁花酱香菌。鲁花酱香酱油采用日式酱油的酿造工艺，以脱脂大豆、小麦为原料，不用麸皮，加以盐水，以流动状态的酱醪（láo）经 6 个月以上时间的低温发酵制成。鲁花建起净酿仓，模拟春、夏、秋的季节交替，让酱醪在密闭环境中发酵。长期的密闭发酵，有效地避免露天日晒酱油容易受到的杂菌侵蚀和环境污染的弊端。中国传统的淋浇工艺需往酱醪上淋浇盐水，稀释了酱香味，鲁花引进的日本酿造工艺，则能全面保留酱油的原汁原味。

传统大缸

海天大棚

鲁花净酿舱

图6　传统大缸、海天大棚与鲁花净酿舱的区别

在发酵过程中，每隔一段时间，发酵罐里会放上一段优美的音乐，让有生命的菌种快乐地孕育和生长。音乐能促进微生物发酵？起初，鲁花人也不相信。一对比，前后效果确实不一样。

发酵完了，需要取油。鲁花利用其擅长的物理压榨技术，直接将发酵原浆中的酱汁压榨出来。

通过上述三大技术生产出来的酱油，口味自然鲜美，营养物质丰富，不需要添加防腐剂。按照酱油的国家标准，氨基酸态氮含量大于0.8g/100ml是特级，而鲁花酱香酱油的氨基酸态氮含量已达到1.2g/100ml，远远超过国家特级水平。鲁花人自豪地将它称为“自然鲜”酱香酱油。

自然鲜酱香酱油出来后，调味品中心负责人问：“孙总，您看厂区标牌上写句什么话好？”孙孟全沉思片刻，脱口道：“为上帝酿一瓶好酱油！”

在孙孟全心中，这个上帝就是消费者。

自然鲜酱油刚上市时，鲁花做过一次免费试吃活动。大瓶上挂一小瓶，消费者买回家后，先试吃小瓶，如果觉得口感不好，可将大瓶原价退回。一些人认为这样做有风险，但孙孟全坚持这样做，他相信自己的产品，也相信消费者。

结果，不但没有人退，很多人还推荐给了亲朋好友。

表5 部分酱油卖点与价格比较

类别	品牌	子品牌	产品	氨基酸态氮（克/100ML）	规格（ML）	零售价格（元）	换算成500ML（元）
零添加	欣和	遵循自然	原酿酱油	1.15	500	28.8	28.8
	李锦记	醇味鲜	特级酱油	0.9	500	21.6	21.6
	厨邦	纯酿酱油	特级生抽	0.8	500	19.5	19.5
	千禾	头道原香	特级生抽	1.1	500	17.2	17.2
	欣和	六月鲜	特级原汁酱油	1.0	500	16.7	16.7
	加加	原酿造	特级生抽	1.0	500	15.7	15.7

续表

类别	品牌	子品牌	产品	氨基酸态氮（克/100ML）	规格（ML）	零售价格（元）	换算成500ML（元）
加味精	鲁花	自然鲜	酱香酱油	1.2	500	13.7	13.7
	鲁花	自然鲜	炒菜酱油	1.2	500	13.5	13.5
	味事达	纯味鲜	特级酱油	1.2	760	18.6	12.2
	海天	味极鲜	特级酱油	1.2	750	14.2	9.5

（数据来源：2018 年 8 月笔者采集于某沃尔玛超市）

虽说花生油和酱油都是“油”，这两种油可大不一样。花生油是食用油，酱油是调味品。鲁花在花生油行业是老大，但在酱油行业只是一名新兵。鲁花要“打酱油”，有三道关要过。

首先是产品关。

早期的酱油只有生抽和老抽之分。“味事达”率先开创出味极鲜酱油，这种酱油的鲜味远高于国家标准，香味也很特别，一面世就得到了市场的追捧。其他厂家想要跟进，都因鲜、香达不到要求而败下阵来。至今，“味事达”在华南市场仍然稳稳占据高鲜酱油的市场。

鲜度是可以靠味精来做到的。与食用油不同的是，酱油允许添加味精。所以关于鲜度，又有两个重要指标：是否添加味精及氨基酸态氮含量。这两个指标是有关联的。零添加的酱油，氨基酸态氮含量都不可能达到 1.2g/100ml；而添加味精的酱油则能轻松做到。从价位上看，零添加的酱油明显比添加味精的酱油高一个档次。所以，要选好酱油，首先得看是否“零添加”。注意不要被“不添加”给迷惑了，许多添加味精的酱油都会大大标上“不添加防腐剂”或“不添加香精香料”的字样，只有“不添加味精”或“零添加”才是最关键的地方。

奇怪的是，大部分日本酱油都做到了“零添加”，吃的就是酱油原本的味道。引进日本工艺的鲁花自然鲜酱油，却仍然需要添加谷氨酸钠、5’－肌苷酸二钠和甘草酸一钾等食品添加剂。“谷氨酸钠”是味精的提鲜剂；

“5’-肌苷酸二钠”具有鲜鱼类、荤类物质的鲜味，其鲜度是味精的40倍；“甘草酸一钾”的甜度约为蔗糖的500倍。

由于添加了味精，鲁花的自然鲜酱油自然就定位在了中低端，这也与其迅速扩大的产能是相匹配的。只有定位中低端，销量才容易在短时间内迅速成规模。

把酱香酱油做出来，不等于产品研发工作就结束了。恰恰相反，产品研发工作才渐入佳境。花生油可以靠一个产品打遍全天下，这在酱油品类是绝对不可能的。人类的味蕾可分辨出无数种只有细微区别的味道，为了满足舌尖上的需求，一个调味品厂家往往会有成百上千种的产品，而且得追踪消费者的口味变化，长期保持对产品研发创新的热情，不断地向市场推出新产品，才能在市场上立足。

食用油不允许添加香料、味精、甜味剂和色素，连几种油混合的调和油都被喊打喊杀，非要以“纯”为美。而作为调味品的酱油几乎什么都可以加，按口味分有菇类酱油、海鲜类酱油，按功能分有蒸鱼酱油、面条酱油、红烧酱油，按原料分有黄豆酱油、黑豆酱油、绿豆酱油，按工艺分有固态稀态、先固后稀、固稀结合，按用盐可分高盐、低盐、薄盐、无盐，还有高鲜、亮色、带甜、加香、增稠等无数种概念可挖。

除了酱香酱油，鲁花还推出了红烧酱油和烧菜香酱油。鲁花的这三种酱油，除了产品名称和瓶标底色略有差异外，几乎看不出有什么区别。据说，鲁花将酱香酱油定位高端，一品鲜酱油定位中端，红烧酱油和烧菜香酱油定位低端。不过，从目前的市场表现，还看不出如此的定位区分。

直到2019年6月，鲁花推出零添加的黑豆酱油。黑豆豆皮含有花青素，能抗氧化，黑豆具有高蛋白、低热量的特点，营养价值丰富，这款黑豆酱油零添加，不仅保留了酱油的酱香风味，还更加安全健康。鲁花黑豆酱油京东500ML零售价19.9元，鲁花这才真正拥有了高端的酱油产品。

其次是品牌关。

有意思的是，鲁花自然鲜酱油的电视广告，依然模仿花生油广告“手掰花生”的创意，从裂开的大豆荚中，滴落一大滴酱油。鲁花当年是花生油品类的开创者，做这样的形象广告无可厚非。但如今的鲁花酱油是市场的跟随者，广告应该更偏重于产品利益点的阐述，要能说清楚比其他酱油好在哪里。只强调“酱香的味道”，说服力显然不够。

鲁花自然鲜酱油，与其他酱油品牌最大的差异点在于，它是中国酱油厂家中唯一引入了日本的密闭酿造技术，彻底改变了中国两千年来依赖阳光曝晒的酿造工艺，在酱油生产领域具有划时代意义。如果找到合适的定位，是有可能在酱油行业产生颠覆性影响的。然而，日本先进技术概念与鲁花品牌坚守的“中国味”有很大的冲突。投鼠忌器，鲁花没能找到一个合适的概念切入市场。鲁花自然鲜酱油的产品外观，和鲁花花生油一样充满了乡土气息，没有一点现代科技感。

当年孙孟全找到营销战略专家路长全，路长全告诉孙孟全，真正会做营销的要么不出手，出手就是第一。高手根本不是从第六干到第五再到第四最后到第一，而是从一个第一走向另一个第一。没有第一，也要创造出个第一来。当年的孙孟全老实憨厚地说，路老师，做不了第一啊。为什么？有一个企业已经做到30亿了。可如今，鲁花已经做到300个亿了，与排名第一的企业也大大缩小了差距。鲁花花生油正是从最香的花生油走到最大的花生油，下一个目标是最大的非转基因食用油，未来要问鼎小包装食用油第一品牌的宝座也未尝没有可能。但是，在鲁花自然鲜酱油的广告上，我们没有看到它占据了哪个第一。“四季原酿、自然鲜香”，大家不都是这样吗？

最麻烦的地方是：鲁花花生油的定位是最香最好的花生油，而鲁花自然鲜酱油的定位却是中低端的酱油产品。长期来看，鲁花自然鲜酱油产品是有可能损害鲁花品牌的美誉度的。

说实在的，调味品厂家不怕食用油厂家卖芝麻油，也不怕食用油厂家打酱油，就怕食用油厂家拥有非常丰富的调味品产品线，并且能建立起专业的餐饮渠道销售团队。餐饮渠道占了调味品市场的半壁江山，这块市场才是调味品厂家真正的奶酪。

所以，渠道问题，是鲁花打酱油要面临的第三道关。

鲁花花生油虽然也有做些餐饮渠道，在有的餐馆里还能看到鲁花的广告，但成本是餐饮渠道要考虑的首要因素，价格偏贵的鲁花花生油在餐饮渠道的销量还是微不足道的。鲁花要进餐饮渠道卖调味品，就得重新建立专业的餐饮渠道销售队伍。而要养活这样的一支队伍，又有赖于鲁花有足够多的调味品产品，可以承载这支专业队伍的高昂人力成本。

从长远趋势来看，这几道关卡对食用油厂家来说都不是不可逾越的难题，无非是转换思路、多做投入、专业做事而已。包括鲁花在内，各食用油厂家入侵调味品市场是势所必然，而调味品厂家想入侵食用油市场却是绝无胜算。

2012 年开始建厂，2014 年 7 月开始规模化生产，当年销售 4 万吨。2015 年销售 6 万吨，达到最大产能，市场还供不应求。短短几年时间，鲁花酱油就达到 10 亿元级别的销售规模。凭借先进的技术和市场的畅销带来的信心，鲁花集团 2015 年投资 10 个亿进行酱油项目二期工程扩建，计划 2018 年达到 20 万吨的产能规模，长期目标是 100 万吨，成为世界上规模最大的酱油生产企业之一。

2018 年，鲁花集团还新投资 1 亿元，打造糯米香醋的酿造车间和小包装分装车间，提高调味品的生产能力和市场供应能力。鲁花调味品还有料酒、生鲜蚝油等。以生物科技项目为依托，鲁花集团大力推进调味品产业建设，加强产品研发，丰富酱油、醋、豆瓣酱、花生食品等品类和规格，把调味品产业打造成第二支柱产业。

在调味品市场上开疆拓土的同时，鲁花在食用油市场上一点也没有松劲。除了花生油、葵花油和调和油之外，鲁花也从未忽视对其他小包装食用油市场的开拓。

第 18 章　产品线的舍与得

鲁花 2014 年一举推出三个非转基因调和油新品，这意味着鲁花产品战略的一个重大转向：鲁花从此完全退出了转基因原料食用油的产品线，只做非转基因原料的食用油产品。

虽然一直在鼓吹非转基因和发展国产油料，但鲁花的产品线中也一直有转基因原料食用油存在。事实上，大多数大力鼓吹非转基因概念的食用油品牌，也都在同时大力销售转基因原料食用油。毕竟，中国食用油进口依赖高达三分之二以上，这也意味着一半左右的食用油源自美洲转基因油料。放弃转基因原料食用油，就意味着放弃了很大一部分市场份额。

然而，到了 2014 年，市场环境已变，对鲁花来说，转基因原料食用油产品已不再不可或缺。

首先，是随着中国 GDP 的增速掉到六七个百分点成为新常态，中国经济开始转型升级。中国的劳动力成本持续上升，服装玩具类的低端产业大量向东南亚国家迁移。外资在把工厂搬走的同时，越来越重视中国市场的庞大容量及巨大潜力。中国已步入中等收入国家之列，正在由制造业国家转变成服务业为主的国家。中国人的消费购买力迅速提高，“消费”对经济的贡献率越来越大，“投资”的重要性则在相对下降。“世界工厂”在向“全球市场”华丽转身。

不少大众消费时代的品牌巨无霸，面对市场因消费升级而产生的巨变不知所措。曾经是候鸟式迁徙人群最爱的方便面，销量持续下滑，严重影响了康师傅和统一的业绩。可口可乐卖掉了所有中国区的瓶装业务。明星产品“营养快线”的销量腰斩，让娃哈哈一筹莫展。麦当劳卖掉了中国公司的多数股份，并将中国公司更名为金拱门。宝洁被消费者称为妈妈品牌，在连续六个季度销量下滑之后走向了退市的命运，其股票从巴黎泛欧证券交易所除牌……这些品牌的遭遇不能不引起鲁花的警觉。

经过十多年非转基因概念的消费者教育，多数消费者都已坚决不再购买转基因原料的食用油。市场已经形成了分化，非转基因食用油居于中高端，转基因原料食用油处于低端。对多数食用油企业来说，非转基因食用油产品线的销量和利润贡献均在增加，转基因原料食用油却在赔钱赚吆喝，沦为鸡肋产品。

如今，对许多消费者来说，购买一桶100多元的花生油，还真不是什么需要犹豫的事。花生油的高价格消费门槛，已经变得越来越低。转基因原料调和油既不赚钱，还影响品牌声誉，麻烦多多，为什么还要做呢？弃一子、全盘活。放弃转基因原料调和油的产品线，反而可以坚定地竖起“非转基因”和“公开调和油配方”两面大旗，既讨好了消费者，又打击了竞品，何乐而不为？

再者，鲁花的非转基因产品线越来越丰富，已经不需要倚重转基因原料的产品线了。

在鲁花食用油品类的产品结构中，花生油只占一半多，葵花籽油约占15%，其余的是调和油等产品。这些年，除了花生油、葵花籽油和调和油，鲁花已延伸到压榨菜籽油、压榨玉米油、橄榄油、大豆油和芝麻香油等食用油。鲁花的这些纯油产品，一律走风味路线，油脂颜色偏深、香味较浓郁，而且都不用转基因油料。

这些新产品中，菜籽油的意义最为重大。花生油和菜籽油是两个零售价跨度最大的食用油产品。花生油70～140元（5L），菜籽油40～90元（5L），最高价花生油能把价格定到最低价花生油的两倍，菜籽油亦然，这才真叫“一瓶要顶两瓶用”。这也说明了消费者愿意为风味好的食用油付出高价格，花生油和菜籽油只要坚持品质路线都能获得高溢价。鲁花压榨特香菜籽油采用的营销策略与花生油一致：单品突破、定位高端，浓香风味、品质上乘。鲁花菜籽油5L定价高达90元左右，能够卖得动吗？笔者在走市场时，亲眼看见有老大妈拎着鲁花菜籽油就走，根本不看价格。

风味食用油的口味偏好相当稳固，这也造成了菜籽油和花生油的重度消费市场是不重叠的。主要吃菜籽油的是西南和西北的内陆地区，主要吃花生油的是华北和华南的沿海地区。菜籽油产品的上市，有助于鲁花打开难以攻破的内陆风味菜油市场。鲁花菜籽油在西北的销量已经超过了鲁花花生油。

鲁花的产品线一丰富，就会与单一品牌定位产生冲突。鲁花品牌，原本是花生油的代名词，如今还能够罩得住这么多的新产品吗？

中国营销界有很多人膜拜定位理论，以为凡事一“定”就灵、不“定”不灵。这里摘抄的一位鲁花员工的观点，就很有代表性。

“尽管鲁花所采取的单一品牌模式已进行了较长时间的市场渗透，但作为一个企业的百年之计，鲁花要成为真正的油脂帝国应该注意到，区域经济发展的不平衡性和地区消费习惯的差异性决定了单一品牌建立模式是不可能满足全部消费者的需要的。针对不同区域、不同消费者口味差异、不同细分市场，只有以不同的品牌和市场定位出现，才有可能占有更广阔的市场，实现利润的最大化。

“现在鲁花涉及的品类太多，先不谈食品、酱油，在食用油市场上鲁花不仅有花生油，还有坚果油、橄榄油、葵花仁油等，这样消费者心目中的‘花生油就是鲁花，鲁花就是花生油’的品牌认知将会因为新品类的涌现而变得愈来愈模糊，然后因为模糊而对品牌失去信赖，最后对品牌产生不安全感。同时这种单一品牌建立模式容易产生‘连带效应’，如果万一鲁花某食用油产生失误，必将会连累到其他的品类，如去年的成都坚果门事件。鲁花的品牌延伸战略，是对花生油就是鲁花品牌定位的最大伤害。会削弱主品牌的市场地位。”

定位理论确实是一个很好的理论，但它有着很大的局限性。定位理论仅仅适用于一个正在崛起的新品类，消费者对这个新品类知之不多，企业才容易找到可推销给消费者的卖点，并有效地在消费者的心中进行定位。鲁花在花生油品类上的定位，有点类似于脑白金之于褪黑素、王老吉之于凉茶、大益之于普洱茶。

例如，原来中国的多数消费者都没有吃褪黑素、喝凉茶、喝普洱茶和吃花生油的习惯。褪黑素只有少数睡眠和肠胃不好的人才当药吃，凉茶是岭南的一个地方性饮料，普洱茶是云南自古以来通过茶马古道卖给边疆少数民族喝的一种茶，花生油也只是山东和两广等少数省份主食的食用油。这些东西本身都确实是好东西，褪黑素能改善睡眠和肠胃，凉茶也能降火，普洱茶能消食减肥（其实所有茶都有这个功效），花生油也确实是香。于是，就可以把这些新品类在消费者原本空白的心中成功地定个位，“送礼就送脑白金”“怕上火喝王老吉”“茶有益茶有大益”和“中国味鲁花香”，产品就能卖得开。这几个品牌的成功，都可以作为美国里斯和特劳特定位理论在中国的成功应用案例。

要想让消费者接受产品定位的前提，是该品类原本在消费者的心中不存在定位。讽刺的是，定位理论本身证明了，消费者心目中已有的定位是极难改变的。例如说，一个原本就天天在喝绿茶的老茶客，你如何让他接受某个新品牌绿茶能减肥的说教？或者一个习惯吃豆油的消费者，你又如何能让一个新品牌豆油用营养价值高的概念来打动他？所以，一个被大多数消费者熟知的成熟品类是无法再给它重新定位的。

而且，在奢谈“定位”理论的时候，我们一定要清楚，打造一个品牌是很费钱的事情。这个新品类必须预计能够产生足够的利润，这样才能够为打造新品牌供应充足的弹药。

鲁花的酱油、醋和料酒等调味品，需不需要用新的品牌来独立定位呢？这个要看产品的竞争优势和企业的战略方向。如果觉得有把握与行业巨头一拼，自然是用独立品牌的好。如果只是作为低端产品迅速上量，尽快跑满产能，那显然用鲁花品牌即可。而且，相对花生油来说，酱油、醋等调味品只是一些低价值的小品类，消费者决策时间短，鲁花很容易将花生油产品上的品牌美誉度延伸到调味品上，让消费者产生冲动购买。

而鲁花的多数食用油产品，也都没有打造新品牌、进行再定位的必要。这些产品基本上都可受益于鲁花品牌带来的“物理压榨”“浓香风味”

“国产油料”“国宴品质”等正面的产品利益联想，在品牌延伸的过程中可节约大量的传播费用，新产品上市后可以很快得到消费者的认可。

其中有一个例外，那就是橄榄油。

在鲁花的食用油产品线中，原本最适合打造新品牌的应该说是橄榄油。橄榄油是个快速发展的新品类，毛利率很高。而且橄榄油是舶来品，与本土味十足的鲁花品牌气质实在不符。

相形之下，嘉里粮油则很明智地在橄榄油品类上启用了新品牌“欧丽薇兰”。欧丽薇兰采用了红酒式的瓶型，以墨绿色为主色调，气质优雅，洋溢着浪漫的意大利风情。欧丽薇兰的品牌推广，基本上是走“地中海原产地概念”和“时尚健康”这两条路线。从 2006 年借《达·芬奇密码》全球公映之际启动的“意大利欧丽薇兰‘情迷达·芬奇’食尚之旅”系列整合行销活动，与《时尚健康》杂志先后合作的“万人瘦身大赛暨千人比基尼派对”和地中海美食节“超级食客”海选活动，2012 年赞助中华小姐环球大赛，再到近年来赞助“十二道锋味”，让谢霆锋款款念叨“橄榄油我只爱欧丽薇兰”，欧丽薇兰展示出了源自意大利的国际大牌范。再加上益海嘉里的强大分销体系及年轻靓丽的专职导购队伍，让欧丽薇兰占据了中国小包装橄榄油约 30% 的市场份额，成为中国橄榄油市场当之无愧的第一品牌。

“贝蒂斯”橄榄油的品牌风格与欧丽薇兰截然不同。贝蒂斯爱用红色、金色，以彰显其“西班牙皇室用油”的显赫身份。据称，贝蒂斯品牌 1914 年诞生于西班牙橄榄油产区心脏区域——塞维利亚，因其卓越工艺和品质在 1924 年被选为“西班牙皇室用油”（阿方索十三世）。贝蒂斯的广告形象喜欢用一个头戴假发、身材板正的中世纪宫廷侍者，与爱用帅哥靓女、极富浪漫气质的欧丽薇兰明显区隔开来。为了血统纯正，贝蒂斯橄榄油坚持从西班牙原装进口。2009 年初，贝蒂斯才进入中国橄榄油市场，仅仅过了两三年，年销售量就达三千多吨，猛冲到中国橄榄油市场老二的位置。

而鲁花牌橄榄油，则别出心裁地用上了西班牙的斗牛场景。斗牛虽然是西班牙的国粹，但由于太过血腥，并且受到动物保护主义者的激烈反对，近年来已渐趋没落。鲁花选用这样的场景来宣传橄榄油“来自西班牙”，口味比较重，不知道能否讨得家庭主妇们的欢心？而且，在橄榄油上用鲁花品牌，老是让人尴尬地觉得这个橄榄油中有些花生的味道。

图7　三种橄榄油产品的气质对比

鲁花新增的食用油产品不少，但如果我们关注一下，鲁花不做什么产品，或许会更有意思。很明显，鲁花始终坚持一个很清晰的产品战略，那就是不做小品种油。

什么是小品种油？顾名思义，小品种油最大的缺陷是产量较少。虽然往往拥有一些独特的营养价值，但产量少导致其原料成本高昂，对市场推广产生很大的制约，如油茶籽油、美藤果油、牡丹籽油等。也有些小品种油的原料成本并不算太高，但稳定性较差，如核桃油和亚麻籽油，或者地域局限较大、培养消费习惯不易，如红花籽油，这些都阻碍了小品种油市场的发展。

个人认为，大致可以把橄榄油当作大宗油种与小品种油的分界点。凡是原料供应量少于橄榄油或原料价格高于橄榄油的（同一质量等级前提下），均可归入小品种油之列。最典型的是油茶籽油。油茶籽油的营养价值高，又是国家重点扶持的木本油料。然而，由于油茶籽油需要投入的劳动力成本较高（要上山开荒及人工采果）、产油效率很低（约为橄榄油的1/6）、消费习惯局限于南方产区，导致其原料成本高昂，市场难以打开。小品种油再怎么“惠利民生”，也难入鲁花法眼。鲁花做生意，还是既精明又现实的。

鲁花橄榄油市场表现一般，那试试橄榄调和油怎么样？从2016年底开始，一款鲁花“双料高油酸食用调和油”的产品悄然在国内各大超市上架。

这个产品是怎么出来的呢？西班牙一家国际橄榄油企业的老板，找到了孙东伟，想借助鲁花品牌，在国内推广橄榄油。孙东伟原本没怎么放在心上，只答应帮忙捎带着卖。有一天，受到市场上的橄榄调和油的启发，孙东伟灵机一动，决定推出橄榄油和高油酸花生油一比一配出的调和油。市场上的橄榄调和油，橄榄油含量一般都不超过10%。鲁花要讲公开配方、明白消费，何不做出个50%含量的橄榄调和油？高油酸花生油成本高、不好卖，但与橄榄油相比就不贵了。高油酸花生油的油酸含量高，也足以替代橄榄油的高油酸特点。出个“橄榄油+高油酸”花生油的产品，在保证消费者油酸摄入量不减少的前提下，既卖掉了橄榄油，也卖掉了高油酸花生油，低价格+高质量，岂不两全其美？

孙东伟让技术部门进行研发与试验，炒土豆丝、炸里脊、炸馒头，结果口味还都不错。产品有了雏形，叫什么名好呢？在一天跑步时，一个偶然的念头闪现在孙东伟脑海中，就叫“双料”，于是，兼具着营养与美味的鲁花双料高油酸调和油面世了。

孙东伟不知道的是，多力此前已经出过一个双宝调和油，配方为50%花生油+50%葵花籽油。这个产品问世以后，两边的消费者都不讨好。花生油消费者认为它不够香，葵花籽油消费者认为它口味较重价格还贵。推了一段时间后，双宝调和油就从市场上消失了。

同样的道理，特级初榨橄榄油适合西式菜肴，擅长凉拌；花生油适合中式烹饪，多做煎炒。橄榄油和花生油的口味都比较重，混在一块，是能吸引橄榄油的消费者，还是花生油的消费者呢？

当然了，产品设计对孙东伟来说仅仅是牛刀小试。2014年10月，孙东伟接过孙孟全的位，就任山东鲁花集团总裁。1974年出生的孙东伟，早在 1995 年就加入鲁花工作，也算是个元老级的人物。孙东伟原本就是一个比较有主见的少壮派，更倾向于引进外部高素质人才。本着扶上马、送一程的思路，孙孟全仍然担任山东鲁花集团董事长。刚到不惑之年的孙东伟主政鲁花集团，也给鲁花带来了一些变化。例如，鲁花触“电”。

前文说过，鲁花是伴随着超市这一零售业态在中国的兴旺而崛起的。然而，不过短短 20 来年，超市竟盛极而衰，步向关店大潮。仅 2013 ~ 2014 年，沃尔玛和家乐福分别关店约 40 家和 25 家。沃尔玛收购一号店，入股京东，努力开拓电商渠道。大润发被阿里巴巴收购，创始人黄明端离职时慨叹：战胜了所有对手，却输给了时代。中国老百姓的收入提高和消费升级，让便利店、社区生鲜店和水果连锁店等更便捷的零售业态渐成主流。而且，电商渠道在中国的发展尤为发达。成为消费主力的“80 后”“90 后”，更愿意宅在家里，在互联网上进行购物。

在网络购物如火如荼的今天，电商渠道对食用油企业来说却是一个鸡肋。食用油行业是一个利润微薄的行业，一桶零售价在 80 元的 5L 食用油，产品成本一般要到 50 多元，这总共 20 多元的利润空间，不过勉强支付物流费用——您想一想，一桶近 10 斤的油，跑个几百上千公里的，物流成本得有多高？而且食用油还和易燃物品沾点边，遇到承压过重或野蛮装卸，还易渗漏造成污染，一般快递公司都不愿碰。所以，食用油厂家做电商，往往卖得越多、亏得越多。

电商渠道还喜欢打折。食用油产品的价格敏感，只要稍微打一点折，全国各地的超市和经销商就马上打来投诉电话。尤其是京东。如果你的产品不上京东，消费者就会觉得没品。如果你的产品上了京东，京东价格立马就成为全国市场价格的风向标。从消费者、经销商、超市到团购客户，都会上京东去查价格。食用油厂家不得不将线下最主力的 5L 规格在电商渠道保持高价位，另外为电商供应特殊规格来做促销。

不爱卖，又不得不卖，食用油厂家都把电商渠道的经营当做应个景，小包装油的电商渠道销售总量不会超过小包装油市场总量的 5%。“低利润率”加“高物流成本”，让食用油击败了所有的互联网思维，成为少数没有电商品牌的品类。在线上卖得好的食用油品牌，同样也是鲁花、金龙鱼等那些线下卖得好的牌子。不存在线下卖不好、线上却能大行其道的食用油电商品牌。

孙东伟认为，“鲁花做电商，看重的不是网上销量的多少。电商是个新业态、新模式，我们做传统行业以前没有接触得到，现在消费者有需求，我们一定不能落下来。鲁花重视电商的发展。这是营销渠道模式的创新，更是未来的方向，是未来发展的补充。”

相比一般的食用油品牌来说，鲁花做电商还是有较大优势的。一来鲁花花生油零售价高，利润空间也大。二来，鲁花全国有 140 多个分公司，每个分公司都是一个直销平台，这就将物流距离缩减到 200 公里以内，大大降低了物流成本。

鲁花从 2012 年才开始真正做电商，2013 年成立电子商务部，2014 年的网络销售已突破 4 亿元。来自商务通的一份统计数据显示，2014 年，国内互联网上每卖出 1000 瓶花生油，就有 766 瓶来自鲁花。

鲁花原本为京东专门设计了一款 6. 18 升的定制规格。这个规格明显是从厂家的角度出发。单品的规格越大，产生的毛利就越高，这样才能保证承担各种电商渠道费用而赚到钱。可是，网络消费者偏年轻，单身和小家庭居多，偏好小规格的食用油产品。于是，针对天猫超市搞的一个 88 元包邮的活动，鲁花专门出了一个 3. 68 升的规格，再配赠一瓶新品酱油。结果，鲁花在 2014 年的双十一中竟然销售了 3000 多万元，仅此 3. 68 升一个单品在天猫超市就卖掉了 6. 8 万桶，新品酱油也借势进入了市场。

当然，孙东伟面临的挑战远不止于电商新兴渠道。他肩负的，可是整个集团发展的重任。

从孙东伟掌权鲁花集团的 2014 年开始，鲁花战车狂飙猛进。从 1993 年莱阳鲁花的成立算起，鲁花用了 18 年时间，于 2011 年突破销售额 100 亿元。但从 100 亿元到 200 亿元仅用了 5 年。从 200 亿元到 300 亿元，只用了2年。2018年，鲁花集团销售额达到301亿元，利税总额惊人的超过50亿元，与中国企业500强榜单仅有一步之遥。

鲁花已经成长为一个巨人。

为了保证鲁花进一步的健康发展，孙东伟需要承担着很多的重任。例如适应消费者的变化、企业现代管理制度的完善、企业融资问题的解决等。其中，最重要也最具雄心的任务，莫过于引领一场新的革命：高油酸花生油革命。

第19章　如何靠产业生态圈盈利

2015年10月，中国粮油学会在莱阳隆重举行“中国花生油之乡”授牌仪式。中国的花生之乡有很多，但仅有培育出鲁花、龙大、吉龙、齐花等一批国内知名花生油品牌的莱阳，被评为“花生油之乡”。

鲁花集团已不仅是中国最大的花生油生产企业，还是全世界最大的花生制品生产企业。鲁花的销售额长期保持两位数的增长，2017年位居“中国农业产业化龙头企业500强”第23位，2018年销售业绩高达301亿元。如今的鲁花，不仅在食用油市场确立了市场覆盖率前三，在调味品市场也取得了快速的进步。鲁花在花生油市场的地位无人能够撼动，而且大有挑战小包装油行业领导品牌的趋势。

到今天，鲁花集团直接带动山东、河北、河南、江苏、安徽、湖北、辽宁等地发展花生配套基地600多万亩，内蒙古油葵配套种植基地150万亩。年产销食用油超150万吨，需收购花生原料130多万吨，油葵原料30万吨，为农民直接创造收入30多亿元，带动全国600多万农民兄弟致富。

2016年，中国花生种植收益在1400～1600元/亩，远高于同期全国1000多元/亩的粮食平均种植收入。花生种植的高收益确保了花生原料供应的稳定，这可以反映在花生油的价格水平上。中国的花生油价格自2008年和2012年达到两个每吨过2万元的高峰后，除了2016年达到每吨16500

元的一个小高潮，其他时间都保持在一个低水平上。长期来看，还有下降的趋势。2017 年的花生种植面积空前之广，使得国内花生供需失衡，2017～2018 年度花生价格跌落谷底。2018 年的花生油散油价格保持在 15000 元/吨的低水平上，2019 年继续下滑。

花生原料供应充足，不仅表现为花生油成本低落，也表现在花生用于榨油的比例是否稳定。从 2000 年至今，在长达十几年的时间里，中国花生用于压榨花生油的比例竟然一直没有太大的变化，多数年份都保持在 46%～47% 的水平。这说明以鲁花为代表的花生油厂，在与花生食品厂家的原料争夺战中保持了微弱的优势，成功地夺回了花生收购的定价权。

要知道，对鲁花威胁最大的竞争对手，不是其他的食用油厂家，而是那些花生食品厂家。

油料打不过食材。从中国的油料发展趋势来看，用不可食用的油料来榨油是油脂行业的发展方向。

油脂是一种能量物质。为了给种子的发育提供能量，各种植物的种子或多或少都含有油脂。多数植物的种子都不可食用，但多数的植物油却是可以食用的。这就使得大多数食用油均由不可食用的油料进行制取。

油菜籽、棕榈果、油茶籽、米糠、棉籽均不可食用，转基因大豆也可归入不宜食用之列。用它们榨出来的食用油，占到中国食用油总供应量的 90%。可食用的油料仅有葵花籽、花生、核桃和非转基因大豆等少数几种，在中国的食用油年供应量中只占 10%，不过 300 来万吨。相对来说，前者的销量占比在增加、价格维持在低水平上，是食用油市场绝对的主流，后者则有着被边缘化的趋势。

人类的耕地只会变得越来越紧缺，必须优先满足为人类提供蛋白质和碳水化合物的需要。油脂行业只能越来越多地利用食品工业和饲料工业的副产品做原料供应，或者用非耕地来种植油料作物。

中国的花生油厂家与花生食品厂家对原料的争夺战还将长期持续下去。如果不是鲁花付出超常的努力，正常情况下，花生油厂家一定是要处于劣势的。

花生成本下来了，鲁花花生油的零售价格却没有与之同步下降。让人惊异的是，依据笔者本人所做的花生油零售价与销量变动关系的研究显示：十年前，鲁花花生油与主要竞品的差价如果超过十元（5L规格），消费者就会选择竞品的花生油。而如今，市场上的鲁花花生油却比主要竞品轻松高出二三十元。这意味着鲁花的品牌溢价能力在大大增强。

早在2009年10月，鲁花集团雄心勃勃地提出关于“做强三大产业链”的战略部署。第一产业链，是利用鲁花5S纯物理压榨工艺生产出差异化产品，使鲁花的生产工厂发展到空前的规模。第二产业链，是以鲁花品牌为基础，建立起覆盖全国的营销网络。而第三条产业链，则是培植和推广优质高产高油的花生品种，建成从种植基地、种子推广、原料控制、加工生产到市场销售的完整营运链。经过十年的努力，鲁花保持优异的产品质量，建立强大的品牌壁垒，在全国各花生产区布局了十多家工厂，并成功地向花生种业拓展，通过对花生种业的深度参与牢牢掌控了花生原料的供应。应该说，通过十年的不懈努力，鲁花顺利达成了当年的战略目标。

在这三大产业链的基础上，鲁花成功建立起了一个花生产业的生态圈。鲁花凭借其强大的品牌和优质的产品，赢得消费者的忠诚度，保证了花生油售价的坚挺及企业丰厚的利润。鲁花给各地政府交纳大量的税收，并解决农民就业问题，使得各地政府愿意给予鲁花各工厂大力支持。鲁花有能力向农民支付合理的花生收购价格，让农民能够增加收入，更愿意种植花生，从而又保证了鲁花拥有可靠的花生原料来源。鲁花生态圈中的各个角色，甚至包括它的花生油产品的竞争对手在内，都能获益，各条利益链均实现了良性循环和互相促进。而且，鲁花生态圈基本上是在充分的市场竞争的环境中发育成熟并茁壮成长的，很少依赖政府行政干预。鲁花生态圈的成功，为中国三农问题的解决提供了一个优秀的典范，指出了一个正确的方向。

花生产业生态圈的建立，亦意味着市场的成熟与规范。到这里，再问一个有意思的问题：鲁花、金龙鱼等品牌已如此强大，小包装油市场是否还有新品牌的机会？例如互联网新秀的跨界产品——“江小白的油”，能够博得消费者的青睐吗？

对于试图进入小包装油市场的新人，需要面对很高的竞争门槛。

高产品成本。除非对某些核桃油、葡萄籽油、椰子油之类的小油种资源有更好的掌控，否则，和那些已形成数十万吨甚至数百万吨产能的行业巨头相比，在市场主流油种的成本上，新来者一定是缺乏竞争力的。不论是油料、包材、生产加工还是物流，无论哪项成本都会高出很多。

高渠道费用。除非是以低价产品走粮油店、批发市场等传统渠道，或者是凭人脉关系走大客户特殊渠道，否则，要想在商超拼杀，就得承受高昂的条码费、堆头费、陈列费等各项超市费用。

高导购费用。如果要想和鲁花、金龙鱼的中高端产品竞争，就得请导购做消费者教育，导购的工资往往还要远高过那些超市费用。

专业团队操作。从产品、市场到销售，需要一个专业的营销团队操刀。让专业的人做专业的事，这句话永远不会错。

在各道竞争门槛中，品牌不在其列。从事品牌管理工作多年，笔者最大的一个心得却是：品牌并没有一般人想象的那么重要。在笔者看来，好产品要比好品牌重要得多，品牌一定是依附于产品存在的。如果产品缺乏竞争力，再怎么打广告都是浪费钱。皮之不存，毛将焉附？胶卷一过时，柯达这个曾经的“至爱品牌”马上就被消费者无情地抛弃，就是最好的例证。反过来说，只要拥有好产品，做出品牌不过是早晚的事情。

简单来说，要想与鲁花、金龙鱼等品牌同台较量，“有钱出钱、有力出力”是免不了的。此外，还有一个看不见、摸不着的因素容易被人忽略：时间。食用油是个慢热的品类，消费者不易下决心去尝试新的品牌或产品。新品牌需要耐心度过漫长的消费者教育期。尤其是高收入人群，品牌意识尤强。金龙鱼当年攻打香港市场失败的经历也证明，要想让新品牌在短时间内拿下一个成熟市场是不可能的。罗马不是一天就能建成的。如果没有耐心，那么就拿着银子去搞并购，也是一条合适的路子。

尽管竞争门槛很高，但是，只要是完全竞争、不存在行政垄断的市场，就一定存在新来者的机会。领导品牌一定是销量大才成为领导品牌，销量一大就很难逃脱沦落于中低端品牌的宿命。高端消费者往往不愿购买大众消费者偏好的产品。品牌一旦占据很高的市场份额，转型成本就高，往往不容易跟上市场的变化。柯达、诺基亚、宝洁、可口可乐……这样的公司可以列出一长串。历史已经无数次证明，没有一个市场领导品牌，能够长治久安、不被挑战。

当然，中国的小包装油市场已经相当成熟。金龙鱼、福临门和鲁花三大品牌均于 20 世纪 90 年代初进入小包装油市场，至今已有近 30 年的历史，覆盖了几十万甚至上百万的销售网点，这是新品牌所不能比的。我们再来看看，食用油之“三国分立”，未来还将如何演义?

虽然中国食用油市场在演绎“三国争霸”，但坊间传说更多的是金龙鱼和福临门的龙虎相争。金龙鱼和福临门均主推调和油，产品线相当雷同，两者有着直接的冲突。鲁花基本上处于坐山观虎斗的那种状态。应该说，对花生油市场的长期轻视，或者说避重就轻，不愿意去啃花生油市场这块难啃的骨头，对益海嘉里来说，是个严重的战略失误。

益海嘉里不是缺乏在花生油品类上挑战鲁花的能力。恰恰相反，胡姬花花生油还曾经长期销量领先鲁花花生油。即使到今天，销量落后于金龙鱼花生油的胡姬花，仍然是最有可能挑战鲁花的花生油品牌。除了没有“人民大会堂宴会用油”的称号外，胡姬花在其他方面都不输鲁花，在品牌历史上甚至可以追溯到 1918 年。不同于现代工艺，胡姬花古法榨油技艺具有深厚的历史积淀，讲究经验的积累，对每一道工序都严格考究，如火候、力度、时间等都有其要诀所在，2015 年还入选青岛市非物质文化遗产。拥有百年压榨技艺传承的胡姬花，为什么没有能够做起来呢? 关键还是管理体制的问题。

坊间常把益海嘉里当做多品牌管理的典范，事实上，说是金龙鱼一家独大、其他专业品牌拾缺补漏还更为准确。虽说金龙鱼和胡姬花各有各的营销预算，但两个品牌是同一个销售团队和同一个销售渠道来进行运作的。对于销售人员和经销商来说，完成金龙鱼的销售轻松容易，何苦再去推胡姬花品牌呢？如果益海嘉里的销售团队和经销商们全力以赴来推胡姬花，尚且有与鲁花争雄的机会。如此三心二意，怎么可能打得过众志成城的鲁花呢？

笔者当年在益海嘉里推花生油品牌时，经常有很深的无力感。当你面对的竞品有几千人的销售队伍都在天天琢磨着怎么卖花生油，而自己仅有几十人的专职队伍时（总部花生项目组两三人及每个分公司一个花生油营销主任），你相信自己能打败竞争对手吗？

在花生油品类上，益海嘉里实施金龙鱼花生油和胡姬花花生油的双品牌运作，不仅没有形成合力，反而相互掣肘。同样一笔广告预算，想让消费者记住两个品牌，显然要比记住一个品牌要吃力不止两倍。更何况鲁花花生油的广告预算还要远远超过胡姬花花生油与金龙鱼花生油之和。随着鲁花销售额的年年递增，其电视、报纸、广告投放也一路水涨船高，更是让胡姬花望尘莫及。

若依笔者的管窥之见，胡姬花要想涅槃重生，就必须从生产、营销到渠道，一条龙单独运作，甚至独立在资本市场上寻求上市。非此不足以对鲁花构成威胁。谁都清楚胡姬花的问题在哪里，然而，谁都没有能力或者动力去改变现状。胡姬花就如温水煮青蛙一样，渐渐消沉了下去。能否改变胡姬花的管理体制，真正形成挑战鲁花的能力，只能看最高层的决策能力。

不能不感叹，小包装油的领军企业，在消费品业务上，早已患有严重的大公司病。什么是大公司病？简单地说，就是躺在功劳簿上睡大觉。具体表现是：认为过去的辉煌一定能够保证未来的成功，如果不成功，那一定是执行力不到位的问题。大厦已经一劳永逸地建好，剩下的只是小修小补和粉饰太平的工作。用战术上的精致，来掩盖战略上的失误：金龙鱼的一个个新产品都做得很漂亮，从产品定位、产品包装、广告文案、广告片制作、媒体投放到促销推广，一切都做得无可挑剔。但是，在战略层面，金龙鱼却在逃避问题、掩盖问题，甚至虚饰问题。金龙鱼躺在1∶1∶1调和油产品的成功上，已不再有自我否定的胆量、壮士断腕的决心和从零开始的魄力。公司上下都是一副吃老本的心态，今朝有酒今朝醉，铁打的营盘流水的兵，哪里需要去伤脑筋“假若明天来临”的问题呢？哪有几个大公司会真的天天为“Winter is Coming”而惶恐不安？

笔者曾经具体操盘过胡姬花古法小榨花生油的上市。这个产品使用青岛上品新鲜花生为原料，传承1918年的古法小榨技艺，100%全烘炒保证极致香味，做到了“不可超越”的花生浓香，香味超过了市场上所有的花生油产品，一度引起竞品的震惊和恐慌。现在回头反思，这个产品的缺点在于用力过猛，为了追求香味的极致而导致了过高的成本，售价太高，销量就受到限制。笔者在离开益海嘉里后，也曾设计过一个新品牌的花生油产品，烘炒花生比例比鲁花稍高，这样就能做到品质很有竞争力、成本又可控。零售价虽然比鲁花低10元左右（5L），但仍然有每吨几千元以上的毛利，操作空间足够。产品包装走的是胡姬花的路线，古香古色，体现古法压榨技艺。产品一上市，即使没有广告投放，也很受消费者的欢迎。只可惜，这个新品牌因缺乏足够的营销预算支持而未能成功。但是，这个案例也可反证，鲁花并非是不可挑战的。

可是，如果胡姬花古法小榨花生油的产品定位准确，就能威胁到鲁花吗？答案是否定的。胡姬花古法小榨花生油新品上市之际，公司上下大干快上，准备在花生油品类上打一场翻身仗。正是在这种热火朝天的乐观气氛中，上级领导让我做一份未来几年的花生油销售规划，特别交代要预估一下需用几年时间能够赶上鲁花。我脱口而出：“赶不上，永远赶不上。”本人从心底里认为，如果现行营销战略不变，胡姬花不被拉大差距，已是幸事，何谈能够追得上鲁花？然而，我收到的却是非常简要而又明确的指令：修改预测数据，做成到公元二零一几年即可完成对鲁花花生油销量的赶超，在PPT上赢得对鲁花的完美胜利。

十年后的今天，在我手中握有的一些连锁超市内部数据表明：在这几个超市中，以单品销售额而论，鲁花花生油超过了金龙鱼调和油；以整体销售额而论，鲁花品牌超过了金龙鱼品牌。而这些连锁超市位于金龙鱼原本强势的某南方省份。

再说中粮。2018年8月，吕军接替赵双连，担任中粮集团的董事长。在此前一年，福临门品牌也已经迎来了新任掌门人。新人新思维，福临门能否出现新的转折?

我们来看看福临门的新思路。

福临门的黄金产地玉米油的概念其实不错，曾经辉煌一时，现在打算要重新推起来。葵花油，也有可能超越对手。但这两种食用油，代表不了福临门。花生油？对手太强了，我们还是放一放。菜籽油，前几年政府托市收购菜籽油，现在仍然在去库存的过程中，成本高、利润低；菜籽油受政策影响太大，而且口味偏好各有不同，也不好推广。剩下的还有什么?你猜对了，调和油。

福临门认为，调和油是百万吨级的品类，原先的天然五谷调和油还做得不错。于是福临门决定力推“营养家”高端调和油新品。

问题是，福临门想向消费者提供更好的调和油产品，消费者对调和油的偏好度却在下降。调和油的整体市场份额呈下跌的趋势。

没人来惹鲁花，鲁花笑了。

鲁花没有对手。

鲁花的对手只有自己。

鲁花要用高油酸花生油来超越自己的5S压榨一级花生油。

在鲁花之前，市场上已经有了一些高油酸花生油或高油酸葵花籽油产品。其他品牌只是打算给自己的产品线增加一个高端产品，或者增加一个销售噱头，但鲁花绝对不是。鲁花做高油酸花生油的推广，是为了推动中国的高油酸花生种植业，为了带动中国高油酸花生油产业的发展。

2017 年 12 月，鲁花高油酸花生油产品正式面市，该产品的油酸含量在 75% 以上。市场上某香港品牌同类产品的油酸含量仅为 60%，其原料来自于美国或阿根廷的高油酸花生。这也说明国产高油酸花生的品质优于国外同类产品。由于油酸的高稳定性，鲁花高油酸花生油的产品保质期可长达 24 个月。鲁花推广高油酸花生油的步子还是比较谨慎的，仅推出 750ML 和 2. 5L 两个中小规格及相应的双支装礼盒。当然，更可能是中国的高油酸花生油尚未量产，还不能大规模供应市场。

早在十年前，鲁花就开始宣传花生油的高油酸优点，事实证明它做得也没有错，只是在时间上太超前了一些（详见本书第 8 章）。

鲁花高油酸花生油的价格虽然要比鲁花 5S 压榨一级花生油高出 60% 以上，但不到同样高油酸含量的食用油——如油茶籽油、橄榄油等，价格的一半。如果中国的消费者能够用买花生油的价格吃到跟橄榄油营养价值一样的油，对于中国消费者和食用油产业来说，都意义巨大。

高油酸花生油对普通花生油的替代，势在必行。高油酸花生油价格较高，对高油酸花生油的推广，看似难度不小，其实无甚风险。而鲁花新涉及的大米和面粉业务，大米和面粉价格低廉，看似难度不大，却有不小的风险。

第 20 章 想在大米上赚钱，有多难

2019 年 2 月，鲁花集团召开年度工作总结动员大会，对 2019 年的工作目标和发展方向进行了安排和部署。引人注目的是，在这次大会上，鲁花提出，“要在米和面这两个行业上发力，加快鲁花集团米、面新产品的上市速度，让鲁花的油香、酱香、米香、面香飘进千家万户。”

说干就干。2019 年 5 月初，京东、天猫和一号店都上了鲁花的大米产品。鲁花在电商首批推出 4 个大米产品，包括五常大米、生态软香米、农

场生态米和长粒香米，规格均为5KG。据悉，鲁花还将推出泰国茉莉香米。线下铺市也是热火朝天，相信消费者很快就能在各地超市看到鲁花的大米产品。

需要说明的是，由于米面品类的鲁花商标为一家与鲁花集团没有关系的企业持有，据说注册时间还早过鲁花集团，即便鲁花是驰名商标亦无可奈何。鲁花集团只能在米面品类另外注册了“福花”商标。

鲁花真的开始卖大米了？业内一片哗然。大米行业看起来很美：市场规模巨大，达数千亿元之巨；市场相当分散，区域特征明显；散米为主，包装率很低；市场周转快，大米是中国人重要的主食。所谓粮油不分家，食用油行业的巨头更是多对大米市场垂涎三尺。殊不知，大米是个全行业亏损的产业。2014 年，有一定规模、被列入统计数据的全国大米企业有8500 多个，生产大米 1 亿多吨，实现销售收入 4 千多亿元，但利润只有 4 亿多元。平均每家利润不足 5 万元，聊胜于无。即便是益海嘉里集团、中粮集团这样的行业巨头，上百万吨的产业规模，也没能从大米上赚到钱。

大米行业为什么难做？关键在“稻强米弱”。

国家对稻谷有托市收储政策，一方面抬高稻谷收购价格，确保农民的收益，把大量新粮收入国家储备库中，另一方面又将储存 1～3 年的陈化粮低价投放市场。一提一降，在国家补贴的影响下，就形成“稻强米弱”局面，大大压缩了大米加工行业的利润。

除了利润空间小，大米的运作难度也高。水稻是劳动密集型农业，中国的农民一户十几亩稻田分散种植。米厂只能从粮贩子手中收购稻谷，难以保证质量的稳定。大米物流成本也高，当地产米、当地加工、当地销售是市场主流。手工作坊式的小米厂在这种市场格局中就很有竞争优势。大米如果想要规模化运作，只能依靠东北米和泰国米。但从东北或泰国将大米运销中国华南大米主销区，比一般大米的物流成本要高很多。

大米的仓储还很麻烦。中国南北方极大的温差和湿差，导致东北米到南方易发霉变质。还有鼠害和虫害，不可不防。金龙鱼最初在 2005 年做大米时，由于经验不足，坏米的严重程度超出所有人的预期。嘉里集团及其经销商都为此吃尽了苦头，损失巨大。

相信这些问题，鲁花集团也一定清楚。那么，鲁花准备如何卖大米呢？

从目前的情况来看，鲁花的打法，是将费用压缩到最低，力图将利润“省”出来。

首先，鲁花玩轻资产运营。鲁花不建米厂，全部是贴牌生产。虽说农场生态米宣称由“鲁花集团海丰农场生态基地”供应，但该农场属上海光明集团拥有，鲁花应该只是挂牌合作，并未深度涉足农业。

其次，鲁花在大米产品上不做任何营销推广，没有任何广告投入，只依托鲁花品牌的影响力来卖。鲁花在大米包装设计上用了许多花生油元素，如“手掰花生”、大桶小瓶花生油、类似的广告语（中国米、福花香）和大大的“山东鲁花集团”字样等，来让消费者迅速、清晰地将福花品牌关联到鲁花品牌。

最后，鲁花也不做什么渠道推广，主要还是压榨现有经销商资源，依靠花生油的经销商去推广大米。连大米入超市的进场费，也是先给经销商报销一半，全年完成大米销售任务，再给报销另一半。如果有新经销商愿意卖鲁花大米的，鲁花还给予优惠政策，允许新经销商可按老经销商的价格进花生油产品，诱惑力很大。

总的来说，鲁花在大米产品上只做供应链管理，希望依托现有的资源，在“不增加费用”的前提下，做到“增加销量和利润”。

然而，个人认为，“供应链管理”绝非“轻资产”，它的运作难度相当高，如果操作不当，实际成本一点也不低。

大米供应链管理，最重要的是稻谷原料的收购，鲁花能放心地把原料收购完全交给那些负责委托加工的地方米厂吗？如何保证用最低的成本收购来最好的质量？初期销量低的时候，这个问题还好处理。后期销量一大，这个问题的处理难度就会指数式地翻倍增长。例如五常大米，大家都知道，真正的五常大米量不多，而且价格很高，一旦需要大量采购，质量是很难得到保证的。大米的生产和仓储，也一定需要专业人员驻厂监控。

大米是活的产品，时间一长，即使没过保质期，也会变成陈米，口感大大下降。要让大米在尽可能短的时间内从田间到餐桌，这对物流管理和销售管理的要求是很高的。

而且，食用油经销商的现有仓库，不必控温控湿，无须防鼠防虫，一定不适合存放大米。如果鲁花对这个问题没有足够的重视，不对经销商仓库进行专业改造，一定会出大问题。

总的来说，大米利润微薄、保鲜期很短、物流仓储成本高，对鲁花的供应链管理能力提出很大的挑战。一旦出现产品质量问题，还可能伤及鲁花品牌的美誉度。

相对鲁花大米的轻资产运营，笔者更看好金龙鱼大米的重资产运营。

卖大米不赚钱，这对益海嘉里来说其实不是个问题。郭老板做粮油加工，从来都是在初级产品上拼规模、在深加工产品上赚利润。

益海嘉里在大米产业链上，是有自己的核心技术的。稻谷加工后，除了70%为大米，还有9%的米糠和21%的稻壳。益海嘉里利用米糠来生产稻米油，利用稻壳来燃烧发电。从稻壳灰中，还可提炼出活性炭和白炭黑。一粒稻谷，在益海嘉里的手里，不仅可成为品牌大米，可发电、可制油、可变身绿色环保的轮胎，还可提炼出卵磷脂、米糠腊、谷维素、米硒粉等高附加值的产品。米糠和稻壳，这些过去没有什么价值的东西，全被益海嘉里送进了加工车间，“吃干榨尽”。

在掌握稻谷深加工的核心技术后，益海嘉里的母公司丰益国际连续在印度、缅甸、越南、印尼和坦桑尼亚等地收购和新建米厂，快速进行米业跨国扩张，在全球范围内复制它的核心技术和商业模式。郭老板看中的可不仅仅是中国的大米市场，他要凭借这一稻谷深加工的独门秘技在全球范围内与ABCD等国际粮商叫板。

要知道，ABCD四大粮商均以大豆、玉米等农产品的深加工见长。能否拥有“初级产品规模化+产业链不断延伸”的能力，是能否真正进入世界级粮商俱乐部的必须资格。

鲁花集团虽然也做产业链，而且在中国民营企业中算做得好的，但在深加工上，和益海嘉里比仍然有很大的差距。

鲁花也在做花生产品的深加工研究，于2002年就投资成立了莱阳鲁花生物蛋白有限公司，期望增加花生粕的附加值，而不是仅仅将花生粕做饲料或肥料。例如，鲁花研发了从高温花生粕中提取浓缩蛋白的方法，并于2011年获得国家发明专利。2014年，鲁花的花生粕增值、加工新技术的研发，获得山东省自主创新及成果转化专项支持，建立了产业化示范线。此外，鲁花还利用生物技术进行精深加工，使花生粕的适口性好、小肽含量高、富含多种有益菌。给动物食用，可以提高吸收利用率，减少抗生素用量，降低有害物质排放，对环境友好。

尽管鲁花在花生的深加工上也下了不少工夫，但还未有突破性的进展出现，未能将相关科技成果成功地转化成生产力。主要原因在于，花生蛋白经蒸炒和挤压后高温变性，就像木头烧成了炭，已不可能有较高价值可以挖掘。这与豆粕增值技术大不相同。大豆用浸出法加工后，豆粕的质量还很高，用来做酱油或生产大豆蛋白等高附加值产品完全没有问题。如果想得到高质量的花生蛋白，只能采用冷榨法或浸出法工艺，但这样一来，生产出的花生油就不香了。个人认为，高温花生粕增值技术前景渺茫。

鲁花为什么要涉足米面业务，应该与它想把企业迅速做大的战略目标有很大的关系。

凭借有口皆碑的品牌价值传递，鲁花一路高歌猛进，从20年前年销售额过亿，再到2011年顺利突破百亿大关，直至2018年销售额达到301亿元，连续20余年保持业绩高增长。如今的鲁花，有2万多名员工，30多个生产基地，240多个销售分公司，5000多家代理商。鲁花凭借真诚的用心和对梦想的执着，坚持以花生油为主的多油种并举，坚持多品类调味品产业链，力争2025年实现一个销售额的小目标：

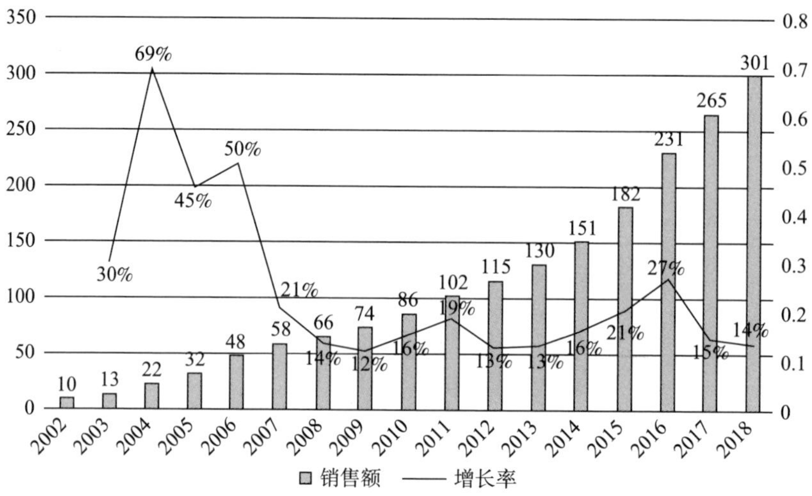

图 8　鲁花集团 2002 ~ 2018 年销售额及增长率

（数据来源：网络搜集，仅供参考）

1000 亿元。

早在 2013 年，鲁花就曾提出用十年达到销售过千亿的目标，而当时的年销售额还仅有 130 亿。在不做并购的前提下，鲁花的发展速度算很快的了，5 年后其收入就突破了 300 亿。但要在余下的 7 年里要将销售规模再增加两倍多，还是有很大难度的。米面业务看起来是一条能够迅速将规模进行膨胀的捷径。鲁花卖大米，可能更看重的是大米业务带来的销售额，而不是利润。虽说粮油不分家，但鲁花不会低估大米供应链管理的难度，不会有太高的利润期望。

在面粉业务上，鲁花要用心得多。2018 年 7 月，注册资本达 2 亿元的山东鲁花（延津）面粉食品有限公司成立。鲁花计划在河南新乡市延津县的鲁花食品产业园打造年产 50 万吨面粉、15 万吨挂面的项目。预计很快，我们也将看到鲁花自己生产的面粉和挂面产品上市。但是，与大米产业不同，面粉是一个高度成熟且拥有强大领导品牌的产业。鲁花要想在面粉市场上取得突破，也一样是任重而道远。

千亿销售规模其实并不难，难在是否能做到有利润的销售增长。鲁花能否在大米和面粉产业上重演食用油产业上的辉煌？让我们吃瓜围观。

鲁花虽然大举进军米面业务，但米面业务可与食用油主业共用销售队伍和销售渠道，严格意义上来说，只是有限度的多元化。鲁花还做了花生制品、矿泉水和真空冷冻干燥食品等，但都不具战略意义。与之形成鲜明对照的，则是山东的大中型企业普遍进行的盲目多元化，以及由此导致的多家企业经营困难甚至破产清算。

曾经高居山东民企第二名的晨曦集团，以石油化工发家，后来进入粮油加工、国际贸易、文化旅游地产等业务，最终由于地炼、大豆贸易等主营业务亏损而导致企业破产，“双油航母”风光不再。

与晨曦集团相似，许多山东大中型企业，不是基于主营业务产业链条的延伸，而是遍地开花，跨度惊人，最后左支右绌，跌落悬崖。

多元化未见成效，资金链却命悬一线。在中国，民营企业很难从银行贷到款，以至于有两个60%之说：60%的民营企业从来没有从银行贷到款，贷到的款也有60%是一年期的短期贷款。贷款难就导致民间高利贷盛行，聊城于欢案即是民间高利贷猖獗的一个缩影。为了方便获得银行贷款，山东企业普遍进行互相担保。平时“抱团取暖”，危机来临时却容易演变为“火烧连营”。

齐星集团爆发70亿元债务危机，为齐星提供担保的西王集团，垫付2亿元资金进行托管亦未见成效。最终还是政府出手，邹平县国有资产管理中心下属的邹平城建出资61.6亿元清偿齐星集团27家公司的相关债务。齐星各担保人按照担保余额的10%进行代偿，西王集团亦得以顺利解套。

在山东企业多元化和债务危机的背后，是山东地方政府普遍对企业的深度干预。

有的山东企业，只要是本地或者山东籍的官员退休，不分部门，不分高低，企业老板都会主动找上门请他们做企业顾问。还有的山东企业，每上一个新项目之前都要向上级部门汇报，若是上级同意，就立马要相关政策支持。山东某县委书记评论说：胶东半岛的乡镇企业曾经红红火火，但乡镇企业家们多有浮躁，经不起名誉与利益的诱惑，热衷于政治轰动资本，所以无暇专注企业发展。当市场变化后，他们已经不适应市场了，因此一个个倒了下去。

在政绩思维引导下，政府和企业都习惯“往后看”，注重过往的产值、利润和成功经验，不注重创新、研发和放眼未来。当广东在忙着腾笼换鸟、产业升级的时候，山东却在极力保笼护鸟、救济帮扶。许多山东企业也乐得在政府的百般呵护下享受安乐，以至于山东多纺织、钢铁、轮胎、造纸、石化、有色金属等重工业。这些传统行业看似不需很多高科技核心技术也能运转，在沿海大城市并非优势产业，但在资源丰富、劳动力相对低廉的农村还能施展开拳脚。当别人在发展新经济的时候，山东的大企业们却把好不容易搞来的大笔资金投入到高耗能、高污染、劳动密集型产业上，遇到环保风暴、产业周期和金融紧缩，败得一塌糊涂。①

改革开放之初，主要是山东和江苏两省在轮番争夺中国经济发展头把交椅的宝座。直到1989年，双方都服了广东，开始轮流做榜眼和探花。如此较量20年，自2009年始，江苏坐稳了千年老二的地位，山东甘居第三。只是近年来，广东和江苏两省绝尘而去，遥遥领先。山东与粤苏的差距一再被拉大，经济发展明显后劲不足，以至于山东被称为又一个东北。

山东素以“大象经济”自傲，只是不知道，山东的这群大象，是否还能跳舞?

山东企业上市数量偏少，更倾向靠银行贷款来解决资金问题。尽管在许多人看来，公司上市就是为了从资本市场圈钱。上市公司无法抑制扩规模、冲业绩、提股价的冲动，为了眼前利益增加了企业经营风险。但不可否认的是，上市后，公司获得了从资本市场融资带来的发展机遇；公司资产因流动性增加而增值；公司治理也提高了透明度而更加规范，更容易吸引职业经理人的加盟；公司的产权也明晰化，从而避免家族企业容易因股

① 《山东激荡40年系列》，敲敲门微信公众号，2018-07-27。

权纠纷而产生的噩梦。

鲁花并不是上市公司，接触不了资本市场，不具备上市企业所拥有的融资能力。鲁花也不能像上市公司一样用可变现的股权来激励员工。鲁花从来没有做过任何的并购，只能靠自己的利润积累来增资发展。这也是鲁花虽然很赚钱，但却不能给员工高回报的重要原因之一。

山东虽然有多个食用油企业上市，但山东的资本意识整体较弱。作为GDP全国第三的经济大省，山东的A股上市公司数量仅列全国第六，近10年未能突破200家；市值仅有广东的两成，不到江苏、浙江的一半。山东上市公司无论是数量还是质量，都难以匹配其7万亿的经济体量。也许孙孟全对资本市场的看法也比较保守？

更重要的原因，或许是孙孟全不愿因上市而可能失去对公司的绝对控制。要知道，在2007年以前，孙孟全控制的鲁花集团，只拥有各子公司的51%的股份。此后，鲁花集团的新增子公司都是自己独资。孙孟全每年从鲁花集团获得的大量分红，都得转做新的投资，不断增加新的工厂。孙孟全在鲁花实际控制的股份比例应有不小的增长，但也不会有太大的优势。鲁花一旦上市就得稀释股份，孙孟全家族对鲁花集团将由绝对控股转变为相对控股，这就给了“门口的野蛮人”恶意收购的机会。金龙鱼背后的丰益和福临门背后的中粮，都是鲁花的大股东。食用油行业第一大品牌和第二大品牌居然是第三大品牌鲁花的两大股东，这就好比是可口可乐和百事可口拥有非常可乐的股份一样让人觉得不可思议。但现实就是如此，历史形成的这样独特的资本结构，对鲁花的发展也有着相当微妙的影响。丰益和中粮都是资本运作的好手。一旦鲁花集团上市，就意味着存在被竞争对手联合夺去控股权的危险。

而且，鲁花集团的股权目前分散在4个家族成员的手中。一旦家族内部不和，有人把股份卖给丰益或中粮，也将意味着孙孟全家族大股东地位不保，失去对鲁花集团的控制。

据说，鲁花集团也有打算要拿做酱油的山东鲁花生物科技有限公司单独上市。调味品板块由鲁花集团独资拥有，这一点与花生油板块有很大的不同。调味品板块即使上市，也仍然会被牢牢掌控在孙孟全家族的手中。

鲁花是一个典型的鲁商。鲁花起步于莱阳，虽工厂与市场撒网全国，但总部扎根莱阳、寸步不移。鲁花的老掌门人孙孟全，做事强势、为人低调，也是典型的鲁商风格。2018 中国企业 500 强，山东有 49 家企业上榜，这些企业的规模均超过了鲁花。鲁花的规模虽不算太大，但在山东各大型企业当中却显得鹤立鸡群。

山东企业家多熟谙“官商之道”。在中国，整合各种社会资源，处好政商关系是中国成功商人的共性。且山东企业表现得更为突出。然而，鲁花却是个例外。

鲁花坚持“与政府谈恋爱但不结婚”，政府只做政府该做的事情，如银行贷款、土地优惠、科研投入、农业补贴等各种外围资源的扶持及良好投资环境的营建，企业的具体经营由企业自己来解决，从而形成政府与企业的良性互动。在企业保持强大竞争实力的同时，政府也获得税收与就业的回报。鲁花坚持谨慎的多元化，主营业务油、调、米、面，均不出厨房。成熟一块了，再发展下一块。鲁花亦有极好的现金流。鲁花的拓展主要依赖自有资金的积累，而且因为其农业产业化国家级龙头企业的性质，也容易从银行获得低息农业贷款。由于鲁花品牌的强势，鲁花对经销商自然是先款后货，可以提前占用经销商的资金。在一片对山东企业的唱衰声中，保持健康、快速发展势头的鲁花，就成为一个研究鲁商出路的独特样本。这些都是值得思考和借鉴的。

山东更应该反思的是，“小县城、大企业”模式是否还能够适应新的时代？毕竟，县城在基础设施建设上还不能和大城市、一线城市相比，对高端人才和高新产业缺乏吸引力。西王集团于 2010 年在北京开设运营中心，并打算将研发和销售部门转移到青岛去，却仍然将总部留在西王村，于此亦可看出其处境之两难。山东 GDP 虽然全国排名第三，但青岛和济南在 2018 年的全国城市 GDP 排名中仅分列第 12 名和第 18 名。而 20 世纪 30

年代曾经有“上青天”之说，当时青岛的经济实力在中国各城市中排名第2，位于上海和天津之间。很显然，如今的青岛已远远不能担负起带动区域经济发展的重任。大象需要栖息森林，不宜再行圈养。

“独行快、众行远”，千亿鲁花，拭目以待。

附录

鲁花大事记

2019 年　世界品牌实验室在北京发布《中国 500 最具价值品牌》榜单，鲁花品牌价值 246 亿元

2018 年　《胡润百富榜》上，孙孟全家族以 80 亿元身家列名中国富豪榜第 483 位

2018 年　鲁花成功入选新华社民族品牌工程

2017 年　鲁花成功入选央视国家品牌计划

2016 年　鲁花集团荣获“山东省省长质量奖”

2014 年　荣获“第三届山东省企业管理奖”，成为烟台市首家获此殊荣的企业

2014 年　孙孟全任山东鲁花集团董事长，孙东伟接任山东鲁花集团总裁

2013 年　山东鲁花集团有限公司荣获“国家科学技术进步奖”

2012 年　鲁花生物科技项目（酱香酱油）在莱阳工业园举行盛大奠基仪式，带领鲁花开始向第二大产业链发展

2012 年　鲁花集团被国家民政部授予“中华慈善奖”

2011 年　鲁花 5S 物理压榨工艺荣获“山东省科技进步奖”

2010 年　鲁花集团被中国食品工业协会授予“中国食品工业百强企业”及“中国食用植物油加工业十强企业”荣誉称号

2009 年　中国花生产业技术创新战略联盟在山东鲁花集团有限公司成立

2009 年　鲁花核心技术——“一种除去黄曲霉毒素的方法”获国家发明专利

2009 年　鲁花自主研发的“浓香葵花仁油”获国家发明专利

2009 年　国家科技部《“十一五”国家科技支撑计划》重点项目落户鲁花

2009 年　鲁花被中国粮食行业协会授予“诚信粮油企业”

2007 年　鲁花被授予“全国轻工行业先进集体”

2007 年　鲁花“10 万吨浓香葵花仁油剥壳压榨、无水脱磷新工艺”获山东省科技进步一等奖

2006 年　孙孟全获“2006 年度十大三农人物奖”

2006 年　鲁花被国家商务部评为“中国最具市场竞争力品牌”

2005 年　鲁花获定量包装商品生产企业计量保证能力证书

2005 年　鲁花花生油被国家评为“中国名牌”产品

2005 年　孙孟全被授予“全国劳动模范”荣誉称号

2005 年　获“中国食品工业百强企业证书”

2004 年　“鲁花”商标被国家认定为“中国驰名商标”

2004 年　通过 HACCP 食品安全管理体系认证

2004 年　“5S 物理压榨花生油生产工艺”获山东省科技进步二等奖

2004 年　鲁花压榨一级花生油被国家公众营养与发展中心授予“营养健康倡导产品”

2004 年　成立山东鲁花集团有限公司

2003 年　时任中共中央总书记、国家主席胡锦涛视察鲁花

2003 年　中国烹饪协会推荐产品

2003 年　鲁花公司通过 ISO9001 国际标准质量管理体系认证和 ISO14000 国际标准环境管理体系认证

2002 年　获得国家首批“放心油”称号

1999 年　获得国家“绿色食品”证书

1996 年　鲁花公司通过 ISO9002 国际标准质量管理体系认证

1993 年　与新加坡益海、中粮共同合资成立莱阳鲁花浓香花生油有限公司

1992 年　掌握 5S 物理压榨工艺，鲁花特香纯正花生油研制成功

1986 年　创立莱阳鲁花植物油厂

1983 年　孙孟全出任鲁花的前身山东莱阳姜疃物资站站长

主要参考资料

【参考书籍】

《食用油营销第1书》，余盛，中华工商联合出版社，2013年5月。

《花生加工技术》，周瑞宝、周兵、姜元荣，化学工业出版社，2012年2月第二版。

《酱油食醋生产新技术》，林连启、吴燕涛主编，化学工业出版社，2010年5月。

《中国油脂工业发展史》，王瑞元主编，化学工业出版社，2005年10月。

《调味品营销第一书》，陈小龙，中华工商联合出版社，2014年5月。

《鲁花生生之道》，孙孟全，山东鲁花集团公司编印，2017年6月第十六版。

《大败局》，吴晓波，浙江大学出版社，2013年12月。

《激荡三十年：中国企业1978—2008》，吴晓波，中信出版集团股份有限公司，2017年12月。

《激荡十年，水大鱼大》，吴晓波，中信出版集团，2017年12月。

《大气候——李昌平直言“三农”》，李昌平，陕西人民出版社，2009年3月。

《中国粮食改革开放三十年》，中国粮食经济学会、中国粮食行业协会编著，中国财政经济出版社，2009 年 9 月。

《中国乡镇企业兴衰变迁（1978～2002）》，汤鹏主，北京理工大学出版社，2013 年 6 月。

《贝雷：油脂化学与工艺学（第二卷）》，Y. H. Hui 主编，中国轻工业出版社，2001 年 6 月。

《中国居民膳食指南 2016》，中国营养学会编著，人民卫生出版社，2016 年 5 月。

《中国居民膳食营养素参考摄入量》，中国营养学会编著，科学出版社，2014 年 10 月。

《莱阳市志》（1978～2005），莱阳市史志编纂委员会办公室，2013 年 11 月。

【部分期刊、报纸及网络文章】

第 1 章

《他把一瓶油做到 200 多亿产值，还拯救了一个产业》，张静波，华商韬略，2018－01－26。

《“老山东”捧红大花生》，峻瑛，烟台晚报，2011 年。

《鲁花飘香三十年》，山东鲁花集团官网。

《山东激荡 40 年系列》，敲敲门微信公众号，2018－07－27。

第 2 章

《鲁花成为花生油领导品牌的八大要素》，拳胜策划，2017－09－12。

第 4 章

《2017 鲁酒报告｜“醉”后反思：山东白酒乏力的这些年》，凤观齐鲁，搜狐财经，2017－12－16。

《鲁花集团总裁孙东伟获得“山东慈善奖”最具爱心捐赠个人奖项》，慈善总会，2016－10－28。

第5章

《〈大豆油〉〈花生油〉新、旧国家标准的比较》，喻丽琴，《上海标准化》，2004年11月。

《鲁花：四年，从3亿到23亿的崛起之路》，百度文库。

《时任中共中央总书记胡锦涛视察鲁花》，山东鲁花集团官网，2003-12-14。

第6章

《鲁花：压榨专家是怎样炼成的》，陈亮，《互联网周刊》，2004年10期。

第7章

《“鲁花”为了这一代更为下一代》，天津日报，2010-12-24。

第8章

《鲁花花生油广告称不含胆固醇涉嫌误导》，健康时报，2007-09-04。

《食用油声称“不含胆固醇”，超市被判赔30多万》，生活健康达人手机版，2018-09-01。

第9章

《鲁花集团宫旭洲：一句承诺30年坚守》，大众网，2017-07-07。

《鲁花扶贫路：现货现款收花生》，新华社，2018-11-08。

《解密鲁花集团19年抒写的文化家书》，新华社，2018-05-04。

《花生产业扶贫记：鲁花集团“身土不二”的三农情怀》，褚沙舟，《半月谈》一点号，2018-10-17。

《惠利民生追求卓越，鲁花荣获山东省省长质量奖》，粮油市场报，2017-06-05。

《浪潮ERP案例研究：鲁花“益”犹未尽》，赛迪网，2013-07-10。

《盖玉兴　山东鲁花集团CIO》，e-works，2013-12-25。

第10章

《调查：原料短缺导致花生油价格上涨》，经济参考报，2007-12-12。

《鲁花再降价，油脂厂苦熬最困难一年》，庞丽静，经济观察报，2008－12－01。

《2009年我国花生种植及市场回顾分析》，农博网——郑州粮食批发市场，2010－02－02。

《2012年我国花生及花生油市场分析暨2013年展望》，陈艳君，《粮食与油脂》，2013年第2期。

《鲁花涨价带动整个食用油市场整体价格上涨》，经济导报，2012－06－28。

第11章

《2011年我国花生及花生油市场分析及2012年展望》，陈艳君，《粮食与油脂》，2012年第2期。

《广告吹嘘太过火　鲁花被罚8万》，食品商务网，2008－07－12。

《百克花生太空归来，鲁花致力良种培育》《花生学报》，2005年第2期。

《中国种业危机：进口的按粒卖　国产的论斤卖》，经济参考报，2017－08－16。

《假袁隆平博文虚构供应危机　中国种业实供大于求》，第一财经日报，2014－01－07。

《时任国务院总理温家宝考察山东　鲁花集团济南受赞扬》，山东鲁花集团官网，2009－06－27。

第12章

《中国花生主产区生产布局演变规律及动因挖掘》，周曙东、景令怡、孟桓宽、乔辉，《农业技术经济》，2018年第3期。

《阜新鲁花在我市推广新品种花生种植达到8000亩》，中国阜新门户网，2017－09－12。

第13章

《孙孟全：鲁花人的成功之道》，食品代理网，搜狐财经，2017－11－22。

第14章

《鲁花集团民族品牌建构的“三体”演绎》，新华网，2018-08-01。

《企业家眼中的十三五——鲁花孙东伟：科技创新为农业插上腾飞的翅膀》，新华网，2015-12-08。

《鲁花：中国食品工业的一面旗帜》，人民网，2008-04-03。

《父子接力40载　食用油企瞄准千亿》，山东鲁花集团官网，2018-05-04。

《这种“纯天然”花生油别买！毒性很强!》，中国消费者报，2019-06-26。

第15章

《“驰名商标”牵出贪案　律师、法官联手造假》，鞠靖，《南方周末》，2009-12-16。

《“全国牙防组”事件——惊！两个人两张桌忽悠了13亿人》，财富时报，2006-03-29。

《全国牙防组“忽悠”了多少钱?》，北方网，2007-05-26。

《“人民大会堂”被滥用“特供”厂商忙贴创可贴》，陈琼，中国新闻网，2011-11-17。

《“特供”商品无视政策　学者称部分国家机关贪小利》，范传贵，法制日报，2012-02-02。

《“特供”标识为何总能“卷土重来”》，丁斌斌、文静，中国青年报，2013-04-07。

《鲁花5S压榨花生油成“金砖会议”指定食用油》，大众网，2017-09-11。

第16章

《鲁花坚果调和油成分标注违规　涉嫌欺诈消费者》，曹吉根，中国质检网，2012-01-10。

第 17 章

《长寿花进军酱油行业，真的是一个“好战略”吗?》，张戟，调味品商界百家号，2018 - 02 - 26。

《连日本人也为之疯狂，百年“丸庄”酱油就是一部台湾酱油史的缩影》，一波说百家号，2017 - 10 - 31。

《鲁花欲造最好酱油　引来俩世界 500 强巨头》，李泽，大众网，2013 - 04 - 10。

《现在的酱油　为什么这么鲜》，张维纳、贺一帆，武汉晚报，2018 - 08 - 02。

《粮油巨头试水酱油行业》，黄芳芳，信息时报，2015 - 01 - 28。

第 18 章

《让“鲁花香”飘进千家万户——访鲁花集团执行总裁宫旭洲》，王歆璐，今日莱阳，2019 - 02 - 16。

《从央视编导到淘大讲师：她如何帮鲁花、西域美农完成品牌转型》，王佳健，天下网商，2017 - 03 - 11。

《鲁花集团总裁孙东伟：花生良种将带来食用油变革》，刘帅、张贵君，齐鲁晚报，2017 - 05 - 10。

第 19 章

《“福临门”掌门人王庆荣：打造虎豹之师，挑战老大才有机会》，中国经营报，2018 - 02 - 06。

《美国花生产业对我国花生产业发展的启示》，河南省经济作物推广站，任春玲、曲奕威、姜玉忠，《河南农业》，2017 年第 12 期。

第 20 章

《宋作文和他的“南山”王国》，秦沣，《新西部》，2008 年 Z1 期。

《一潭死水的山东资本界与失去的 8 年，山东错过了什么?》，生菜、李国强等，ET 财经观察、天下公司等，2018 - 06 - 30。

推荐作者得新书!

博瑞森征稿启事

亲爱的读者朋友:

感谢您选择了博瑞森图书!希望您手中的这本书能给您带来实实在在的帮助!

博瑞森一直致力于发掘好作者、好内容,希望能把您最需要的思想、方法,一字一句地交到您手中,成为管理知识与管理实践的桥梁。

但是我们也知道,有很多深入企业一线、经验丰富、乐于分享的优秀专家,或者忙于实战没时间,或者缺少专业的写作指导和便捷的出版途径,只能茫然以待……

还有很多在竞争大潮中坚守的企业,有着异常宝贵的实践经验和独特的洞察,但缺少专业的记录和整理者,无法让企业的经验和故事被更多的人了解、学习……

对读者而言,这些都太遗憾了!

博瑞森非常希望能将这些埋藏的"宝藏"发掘出来,贡献给广大读者,让更多的人从中受益。

所以,我们真心地邀请您,我们的老读者,帮我们搜寻:

推荐作者

可以是您自己或您的朋友,只要对本土管理有实践、有思考;可以是您通过网络、杂志、书籍或其他途径了解的某位专家,不管名气大小,只要他的思想和方法曾让您深受启发。

可以是管理类作品,也可以超出管理,各类优秀的社科作品或学术作品。

推荐企业

可以是您自己所在的企业,或者是您熟悉的某家企业,其创业过程、运营经历、产品研发、机制创新,等等。无论企业大小,只要乐于分享、有值得借鉴书写之处。

总之,好内容就是一切!

博瑞森绝非"自费出书",出版费用完全由我们承担。您推荐的作者或企业案例一经采用,我们会立刻向您赠送书币 1000 元,可直接换取任何博瑞森图书的纸书或电子书。

感谢您对本土管理原创、博瑞森图书的支持!

推荐投稿邮箱:bookgood@126.com　　推荐手机:13611149991

企业案例·老板传记

	书名．作者	内容/特色	读者价值
企业案例·老板传记	**你不知道的加多宝:原市场部高管讲述** 曲宗恺　牛玮娜　著	前加多宝高管解读加多宝	全景式解读,原汁原味
	借力咨询:德邦成长背后的秘密 官同良　王祥伍　著	讲述德邦是如何借助咨询公司的力量进行自身与发展的	来自德邦内部的第一线资料,真实、珍贵,令人受益匪浅
	娃哈哈区域标杆:豫北市场营销实录 罗宏文　赵晓萌　等著	本书从区域的角度来写娃哈哈河南分公司豫北市场是怎么进行区域市场营销,成为娃哈哈全国第一大市场、全国增量第一高市场的一些操作方法	参考性、指导性,一线真实资料
	六个核桃凭什么:从0过100亿 张学军　著	首部全面揭秘养元六个核桃裂变式成长的巨著	学习优秀企业的成长路径,了解其背后的理论体系
	像六个核桃一样:打造畅销品的36个简明法则 王　超　范　萍　著	本书分上下两篇:包括“六个核桃”的营销战略历程和36条畅销法则	知名企业的战略历程极具参考价值,36条法则提供操作方法
	解决方案营销实战案例 刘祖轲　著	用10个真案例讲明白什么是工业品的解决方案式营销,实战、实用	有干货、真正操作过的才能写得出来
	招招见销量的营销常识 刘文新　著	如何让每一个营销动作都直指销量	适合中小企业,看了就能用
	我们的营销真案例 联纵智达研究院　著	五芳斋粽子从区域到全国/诺贝尔瓷砖门店销量提升/利豪家具出口转内销/汤臣倍健的营销模式	选择的案例都很有代表性,实在、实操!
	中国营销战实录:令人拍案叫绝的营销真案例 联纵智达　著	51个案例,42家企业,38万字,18年,累计2000余人次参与……	最真实的营销案例,全是一线记录,开阔眼界
	双剑破局:沈坤营销策划案例集 沈　坤　著	双剑公司多年来的精选案例解析集,阐述了项目策划中每一个营销策略的诞生过程,策划角度和方法	一线真实案例,与众不同的策划角度令人拍案叫绝、受益匪浅
	宗:一位制造业企业家的思考 杨　涛　著	1993年创业,引领企业平稳发展20多年,分享独到的心得体会	难得的一本老板分享经验的书
	简单思考:AMT咨询创始人自述 孔祥云　著	著名咨询公司(AMT)的CEO创业历程中点点滴滴的经验与思考	每一位咨询人,每一位创业者和管理经营者,都值得一读
	边干边学做老板 黄中强　著	创业20多年的老板,有经验、能写、又愿意分享,这样的书很少	处处共鸣,帮助中小企业老板少走弯路
	三四线城市超市如何快速成长:解密甘雨亭 IBMG国际商业管理集团　著	国内外标杆企业的经验+本土实践量化数据+操作步骤、方法	通俗易懂,行业经验丰富,宝贵的行业量化数据,关键思路和步骤
	中国首家未来超市:解密安徽乐城 IBMG国际商业管理集团　著	本书深入挖掘了安徽乐城超市的试验案例,为零售企业未来的发展提供了一条可借鉴之路	通俗易懂,行业经验丰富,宝贵的行业量化数据,关键思路和步骤

互联网+

	书名．作者	内容/特色	读者价值
互联网+	**新营销** 刘春雄　著	新营销的新框架体系是场景是产品逻辑,IP是品牌逻辑,社群是连接逻辑,传播是营销逻辑	助力品牌商实现由传统营销到新营销的理念和行动的跨越,助力企业打赢升级转型之仗
	企业微信营销全指导 孙　巍　著	专门给企业看到的微信营销书,手把手教企业从小白到微信营销专家	企业想学微信营销现在还不晚,两眼一抹黑也不怕,有这本书就够

续表

互联网+	**企业网络营销这样做才对：B2B大宗B2C** 张　进　著	简单直白拿来就用，各种窍门信手拈来，企业网络营销不麻烦也不用再头疼，一般人不告诉他	B2B、大宗B2C企业有福了，看了就能学会网络营销
	互联网时代的银行转型 韩友诚　著	以大量案例形式为读者全面展示和分析了银行的互联网金融转型应对之道	结合本土银行转型发展案例的书籍
	正在发生的转型升级·实践 本土管理实践与创新论坛　著	企业在快速变革期所展现出的管理变革新成果、新方法、新案例	重点突出对于未来企业管理相关领域的趋势研判
	触发需求：互联网新营销样本·水产 何足奇　著	传统产业都在苦闷中挣扎前行，本书通过鲜活的案例告诉你如何以需求链整合供应链，从而把大家熟知的传统行业打碎了重构、重做一遍	全是干货，值得细读学习，并且作者的理论已经经过了他亲自操刀的实践检验，效果惊人，就在书中全景展示
	移动互联新玩法：未来商业的格局和趋势 史贤龙　著	传统商业、电商、移动互联，三个世界并存，这种新格局的玩法一定要懂	看清热点的本质，把握行业先机，一本书搞定移动互联网
	微商生意经：真实再现33个成功案例操作全程 伏泓霖　罗晓慧　著	本书为33个真实案例，分享案例主人公在做微商过程中的经验教训	案例真实，有借鉴意义
	阿里巴巴实战运营——14招玩转诚信通 聂志新　著	本书主要介绍阿里巴巴诚信通的十四个基本推广操作，从而帮助使用诚信通的用户及企业更好地提升业绩	基本操作，很多可以边学边用，简单易学
	阿里巴巴实战运营2：诚信通热卖技巧 聂嵘海　著	诚信通TOP商家赚钱的密码箱，手把手教你操作，拿来就用	图文并茂，内容齐全，直接可以对照使用
	抖音营销如何做：未来抖商 刘大贺　著	解密从0到1亿粉丝的实操路径，深度剖析抖音营销全系统策略	企业做抖音营销的第一书
	微商团队长：从入门到精通 罗品牌　著	由浅入深，涵盖微商团队长必学技能的方方面面	只要照着做，就能当好微商团队长
	互联网精准营销 蒋　军　著	怎么在互联网时代整体策划、包装品牌和产品，并在此基础上为企业设计商业模式，技术实现并运营落地	为有基础的小微企业（大企业的新项目）1年实现销售额过亿，2年对接资本，3年左右准IPO
	今后这样做品牌：移动互联时代的品牌营销策略 蒋　军　著	与移动互联紧密结合，告诉你老方法还能不能用，新方法怎么用	今后这样做品牌就对了
	互联网+"变"与"不变"：本土管理实践与创新论坛集萃·2016 本土管理实践与创新论坛　著	本土管理领域正在产生自己独特的理论和模式，尤其在移动互联时代，有很多新课题需要本土专家们一起研究	帮助读者拓宽眼界、突破思维
	创造增量市场：传统企业互联网转型之道 刘红明　著	传统企业需要用互联网思维去创造增量，而不是用电子商务去转移传统业务的存量	教你怎么在"互联网+"的海洋中创造实实在在的增量
	重生战略：移动互联网和大数据时代的转型法则 沈　拓　著	在移动互联网和大数据时代，传统企业转型如同生命体打算与再造，称之为"重生战略"	帮助企业认清移动互联网环境下的变化和应对之道
	画出公司的互联网进化路线图：用互联网思维重塑产品、客户和价值 李　蓓　著	18个问题帮助企业一步步梳理出互联网转型思路	思路清晰、案例丰富，非常有启发性
	7个转变，让公司3年胜出 李　蓓　著	消费者主权时代，企业该怎么办	这就是互联网思维，老板有能这样想，肯定倒不了
	跳出同质思维，从跟随到领先 郭　剑　著	66个精彩案例剖析，帮助老板突破行业长期思维惯性	做企业竟然有这么多玩法，开眼界

续表

行业类:零售、白酒、食品/快消品、农业、医药、建材家居等			
书名. 作者		内容/特色	读者价值
零售·超市·餐饮·服装	总部有多强大,门店就能走多远 IBMG 国际商业管理集团　著	如何把总部做强,成为门店的坚实后盾	了解总部建设的方法与经验
	超市卖场定价策略与品类管理 IBMG 国际商业管理集团　著	超市定价策略与品类管理实操案例和方法	拿来就能用的理论和工具
	连锁零售企业招聘与培训破解之道 IBMG 国际商业管理集团　著	围绕零售企业组织架构、培训体系建设等内容进行深刻探讨	破解人才发现和培养瓶颈的关键点
	中国首家未来超市:解密安徽乐城 IBMG 国际商业管理集团　著	介绍了乐城作为中国首家未来超市从无到有的传奇经历	了解新型零售超市的运作方式及管理特色
	三四线城市超市如何快速成长:解密甘雨亭 IBMG 国际商业管理集团　著	揭秘一家三四线连锁超市的经验策略	不但可以欣赏它的优点,而且可以学会它成功的方法
	新零售　新终端 迪智成咨询团队　著	梳理和提炼新零售的系统打法,将之落地在新终端建设上	让新零售这一看似形而上的商业概念有了可以落地的立足点
	新零售动作分解:建材　家居　家具 盛斌子　著	第一本锁定在家居建材、家电、家装等耐用消费品领域谈新零售的书	第一本谈新零售的具体动作、策略、方法、招术的书,拿来就用
	新零售进化趋势与未来格局 李政权　著	通过业态、品类、体验、场景等,逐一呈现新零售的未来进化	就新零售未来的发展方向与进化趋势给出一个确定性的未来
	涨价也能卖到翻 村松达夫　【日】	提升客单价的 15 种实用、有效的方法	日本企业在这方面非常值得学习和借鉴
	移动互联下的超市升级 联商网专栏频道　著	深度解析超市转型升级重点	帮助零售企业把握全局、看清方向
	手把手教你做专业督导:专卖店、连锁店 熊亚柱　著	从督导的职能、作用,在工作中需要的专业技能、方法,都提供了详细的解读和训练办法,同时附有大量的表单工具	无论是店铺需要统一培训,还是个人想成为优秀的督导,有这一本就够了
	百货零售全渠道营销策略 陈继展　著	没有照本宣科、说教式的絮叨,只有笔者对行业的认知与理解,庖丁解牛式的逐项解析、展开	通俗易懂,花极少的时间快速掌握该领域的知识及趋势
	零售:把客流变成购买力 丁　昀　著	如何通过不断升级产品和体验式服务来经营客流	如何进行体验营销,国外的好经营,这方面有启发
	餐饮企业经营策略第一书 吴　坚　著	分别从产品、顾客、市场、盈利模式等几个方面,对现阶段餐饮企业的发展提出策略和思路	第一本专业的、高端的餐饮企业经营指导书
	餐饮新营销 杨　勇　程绍珊　著	在新环境下,对餐饮营销管理进行了全面深入的解读,提供了方式方法	全面性、系统性,区别于市面上的纯操作类作品
	电影院的下一个黄金十年:开发·差异化·案例 李保煜　著	对目前电影院市场存大的问题及如何解决进行了探讨与解读	多角度了解电影院运营方式及代表性案例
	赚不赚钱靠店长:从懂管理到会经营 孙彩军　著	通过生动的案例来进行剖析,注重门店管理细节方面的能力提升	帮助终端门店店长在管理门店的过程中实现经营思路的拓展与突破
耐消品	商用车经销商运营实战 杜建君　王朝阳　章晓青　等著	从管理到经营,从销售到服务,系统化运作全指导	为经销商经营开阔思路,掌握方法
	汽车配件这样卖:汽车后市场销售秘诀 100 条 俞士耀　著	汽配销售业务员必读,手把手教授最实用的方法,轻松得来好业绩	快速上岗,专业实效,业绩无忧

续表

耐消品	**润滑油销售:这样说这样做更有效** 张金荣　著	针对渠道、经销商、终端的超实用话术	上车看,下车用,3 分钟就能学会。
	新经销:新零售时代,教你做大商 黄润霖　著	从选址、产品、促销、团队、规模阐述新经销变与不变的市场手法和操作思路	实地拜访近 100 位经销商在传统营销手法上的创新、新营销工具的发现
	珠宝黄金新营销 崔德乾　著	营销、品牌、产品、连接、场景、社群、服务、传播、管理及产业价值链	新营销在珠宝行业的实战应用,业内必备第一书
	跟行业老手学经销商开发与管理:家电、耐消品、建材家居 黄润霖　著	全部来源于经销商管理的一线问题,作者用丰富的经验将每一个问题落实到最便捷快速的操作方法上去	书中每一个问题都是普通营销人亲口提出的,这些问题你也会遇到,作者进行的解答则精彩实用
白酒	**酒水饮料快消品餐饮渠道营销手册** 朱伟杰　著	主要针对快消品(酒水、饮料)的餐饮渠道,提供了区域、商圈、不同业态的规划和促销安排等多种工具,并提出了经销商、批发商等相关人员的管理方法	一本酒水饮料如何在餐饮渠道销售的全能手册,内容深入翔实,可以直接照搬套用,这样的便利简直千金不换
	白酒到底如何卖 赵海永　著	以市场实战为主,多层次、全方位、多角度地阐释了白酒一线市场操作的最新模式和方法,接地气	实操性强,37 个方法、6 大案例帮你成功卖酒
	变局下的白酒企业重构 杨永华　著	帮助白酒企业从产业视角看清趋势,找准位置,实现弯道超车的书	行业内企业要减少 90%,自己在什么位置,怎么做,都清楚了
	1. 白酒营销的第一本书(升级版) **2. 白酒经销商的第一本书** 唐江华　著	华泽集团湖南开口笑公司品牌部长,擅长酒类新品推广、新市场拓展	扎根一线,实战
	区域型白酒企业营销必胜法则 朱志明　著	为区域型白酒企业提供 35 条必胜法则,在竞争中赢销的葵花宝典	丰富的一线经验和深厚积累,实操实用
	10 步成功运作白酒区域市场 朱志明　著	白酒区域操盘者必备,掌握区域市场运作的战略、战术、兵法	在区域市场的攻伐防守中运筹帷幄,立于不败之地
	酒业转型大时代:微酒精选 2014-2015 微酒　主编	本书分为五个部分:当年大事件、那些酒业营销工具、微酒独立策划、业内大调查和十大经典案例	了解行业新动态、新观点,学习营销方法
快消品·食品	**中国快消品营销的这些年** 史贤龙　著	作者精华文章的合集,一本书浓缩了过去十五年,中国营销的实战历程与前沿思考	快消品营销行业的案例和方法都原汁原味呈现,在反映当时风貌的同时,展望与反思
	营销中国茶:2 小时读懂茶叶营销 史贤龙　著	从不同视角对中国的茶营销进行了思考,内容涉及中国茶产业战略困境、茶企规模化、茶品牌崛起、茶文化、茶营销、茶消费、茶零售、茶道等	内容丰富扎实,文字流畅,浓缩的都是精华,让你 2 小时读懂茶叶营销
	这样打造快消品标杆市场 罗宏文　著	帮助你解决如何成功打造标杆市场和进行持续增量管理两大问题	一套系统的方法论,通俗易懂,可以直接套用
	5 小时读懂快消品营销:中国快消品案例观察 陈海超　著	多年营销经验的一线老手把案例掰开了、揉碎了,从中得出的各种手段和方法给读者以帮助和启发	营销那些事儿的个中秘辛,求人还不一定告诉你,这本书里就有
	快消品招商的第一本书:从入门到精通 刘　雷　著	深入浅出,不说废话,有工具方法,通俗易懂	让零基础的招商新人快速学习书中最实用的招商技能,成长为骨干人才
	乳业营销第一书 侯军伟　著	对区域乳品企业生存发展关键性问题的梳理	唯一的区域乳业营销书,区域乳品企业一定要看

续表

快消品·食品	**金龙鱼背后的粮油帝国** 余　盛　著	讲述金龙鱼品牌及母公司丰益国际的商业冒险故事	在精彩的阅读体验中学到营销管理的方法
	食用油营销第一书 余　盛　著	10多年油脂企业工作经验，从行业到具体实操	食用油行业第一书，当之无愧
	中国茶叶营销第一书 柏　龑　著	如何跳出茶行业“大文化小产业”的困境，作者给出了自己的观察和思考	不是传统做茶的思路，而是现在商业做茶的思路
	调味品企业八大必胜法则 张　戟　著	八大规律性的关键成功要素，背后都有本土调味品企业的成功实践	“观点阐述＋案例描述”，行业必读
	调味品营销第一书 陈小龙　著	国内唯一一本调味品营销的书	唯一的调味品营销的书，调味品的从业者一定要看
	快消品营销人的第一本书：从入门到精通 刘　雷　伯建新　著	快消行业必读书，从入门到专业	深入细致，易学易懂
	变局下的快消品营销实战策略 杨永华　著	通胀了，成本增加，如何从被动应战变成主动的“系统战”	作者对快消品行业非常熟悉、非常实战
	快消品经销商如何快速做大 杨永华　著	本书完全从实战的角度，评述现象，解析误区，揭示原理，传授方法	为转型期的经销商提供了解决思路，指出了发展方向
	快消品营销：一位销售经理的工作心得2 蒋　军　著	快消品、食品饮料营销的经验之谈，重点图书	来源与实战的精华总结
	快消品营销与渠道管理 谭长春　著	将快消品标杆企业渠道管理的经验和方法分享出来	可口可乐、华润的一些具体的渠道管理经验，实战
	成为优秀的快消品区域经理（升级版） 伯建新　著	用“怎么办”分析区域经理的工作关键点，增加30%全新内容，更贴近环境变化	可以作为区域经理的“速成催化器”
	销售轨迹：一位快消品营销总监的拼搏之路 秦国伟　著	本书讲述了一个普通销售员打拼成为跨国企业营销总监的真实奋斗历程	激励人心，给广大销售员以力量和鼓舞
	快消老手都在这样做：区域经理操盘锦囊 方　刚　著	非常接地气，全是多年沉淀下来的干货，丰富的一线经验和实操方法不可多得	在市场摸爬滚打的“老油条”，那些独家绝招妙招一般你问都是问不来的
	动销四维：全程辅导与新品上市 高继中　著	从产品、渠道、促销和新品上市详细讲解提高动销的具体方法，总结作者18年的快消品行业经验，方法实操	内容全面系统，方法实操
农业	**饲料营销有方法：策略　案例　工具** 陈石平　著	跳出饲料看饲料，根据饲料营销的关键成功要素（KSF）提出7大核心命题	紧跟农牧产业发展大势，提高饲料企业营销竞争力
	新农资如何换道超车 刘祖轲　等著	从农业产业化、互联网转型、行业营销与经营突破四个方面阐述如何让农资企业占领先机、提前布局	南方略专家告诉你如何应对资源浪费、生产效率低下、产能严重过剩、价格与价值严重扭曲等
	中国牧场管理实战：畜牧业、乳业必读 黄剑黎　著	本书不仅提供了来自一线的实际经验，还收入了丰富的工具文档与表单	填补空白的行业必读作品
	中小农业企业品牌战法 韩　旭　著	将中小农业企业品牌建设的方法，从理论讲到实践，具有指导性	全面把握品牌规划，传播推广，落地执行的具体措施
	农资营销实战全指导 张　博　著	农资如何向“深度营销”转型，从理论到实践进行系统剖析，经验资深	朴实、使用！不可多得的农资营销实战指导
	农产品营销第一书 胡浪球　著	从农业企业战略到市场开拓、营销、品牌、模式等	来源于实践中的思考，有启发
	变局下的农牧企业9大成长策略 彭志雄　著	食品安全、纵向延伸、横向联合、品牌建设……	唯一的农牧企业经营实操的书，农牧企业一定要看

续表

医药	**在中国,医药营销这样做:时代方略精选文集** 段继东　主编	专注于医药营销咨询15年,将医药营销方法的精华文章合编,深入全面	可谓医药营销领域的顶尖著作,医药界读者的必读书
	医药新营销:制药企业、医药商业企业营销模式转型 史立臣　著	医药生产企业和商业企业在新环境下如何做营销?老方法还有没有用?如何寻找新方法?新方法怎么用?本书给你答案	内容非常现实接地气,踏实谈问题说方法
	医药企业转型升级战略 史立臣　著	药企转型升级有5大途径,并给出落地步骤及风险控制方法	实操性强,有作者个人经验总结及分析
	新医改下的医药营销与团队管理 史立臣　著	探讨新医改对医药行业的系列影响和医药团队管理	帮助理清思路,有一个框架
	医药营销与处方药学术推广 马宝琳　著	如何用医学策划把"平民产品"变成"明星产品"	有真货、讲真话的作者,堪称处方药营销的经典!
	医药行业大洗牌与药企创新 林延君　沈　斌　著	一方面,围绕着变革,多角度阐述药企的应对之道;另一方面,紧扣实践,介绍近百家医药企业创新实践案例	医改变革10年,医药企业如何应对大洗牌?重磅出击的药企人必读书
	新医改了,药店就要这样开 尚　锋　著	药店经营、管理、营销全攻略	有很强的实战性和可操作性
	电商来了,实体药店如何突围 尚　锋　著	电商崛起,药店该如何突围?本书从促销、会员服务、专业性、客单价等多重角度给出了指导方向	实战攻略,拿来就能用
	OTC医药代表药店销售36计 鄢圣安　著	以《三十六计》为线,写OTC医药代表向药店销售的一些技巧与策略	案例丰富,生动真实,实操性强
	OTC医药代表药店开发与维护 鄢圣安　著	要做到一名专业的医药代表,需要做什么、准备什么、知识储备、操作技巧等	医药代表药店拜访的指导手册,手把手教你快速上手
	引爆药店成交率1:店员导购实战 范月明　著	一本书解决药店导购所有难题	情景化、真实化、实战化
	引爆药店成交率2:经营落地实战 范月明　著	最接地气的经营方法全指导	揭示了药店经营的几类关键问题
	引爆药店成交率:专业化销售解决方案 范月明　著	药品搭配分析与关联销售	为药店人专业化助力
	处方药合规推广实战宝典 赵佳震　著	推广体系搭建、推广人员岗位工作内容、推广服务外包商管理等六个方面	解决"医药代表转型"和"推广服务外包商管理"的困惑
	医药代理商实操全指导:新环境　新战法 戴文杰　著	结合医药市场政策环境解读新环境下医药招商的战法,着重分析药品产业链的盈利机会	医药销售业务人员的必备读物
	攻略基层诊所:医药营销这样做 张江民　著	对基层诊所的开发、维护和动销,拿来就用的方式方法	实战是本书的主旨,只要用心去看,就能在基层诊所市场中运用
	互联网医药的未来 动脉网　编著	介绍了互联网医药发展的现状与趋势	帮助创业者和投资人看清未来,把握当下
	处方药零售这样做 田　军　著	阐述了处方药零售的重要性,以及做处方药零售市场的具体措施和方法	系统性了解和掌握处方药零售方法
建材家居	**成为最赚钱的家具建材经销商** 李治江　著	从销售模式、产品、门店等老板们最关注和最需要的方面解决问题、提供方法	只要你是建材、家具、家居用品的经销商老板,这就是一本必读的书
	定制家居黄金十年 韩　锋　翁长华　著	梳理了定制家居的商业模式和发展情况	帮助定制家居看清方向,把握当下
	家具建材促销与引流 薛　亮　李永峰　著	十大促销模式的详细方法和工具	让你天天签大单

续表

建材家居	**家具行业操盘手** 王献永　著	家具行业问题的终结者	解决了干家具还有没有前途？为什么同城多店的家具经销商很难做大做强等问题
	建材家居营销：除了促销还能做什么 孙嘉晖　著	一线老手的深度思考，告诉你在建材家居营销模式基本停滞的今天，除了促销，营销还能怎么做	给你的想法一场革命
	建材家居营销实务 程绍珊　杨鸿贵　主编	价值营销运用到建材家居，每一步都让客户增值	有自己的系统、实战
	家居建材门店6力爆破 贾同领　著	合盘道出一线品牌销量秘籍	6力招招见血，既有招数，又有策略
	建材家居门店销量提升 贾同领　著	店面选址、广告投放、推广助销、空间布局、生动展示、店面运营等	门店销量提升是一个系统工程，非常系统、实战
	10步成为最棒的建材家居门店店长 徐伟泽　著	实际方法易学易用，让员工能够迅速成长，成为独当一面的好店长	只要坚持这样干，一定能成为好店长
	手把手帮建材家居导购业绩倍增：成为顶尖的门店店员 熊亚柱　著	生动的表现形式，让普通人也能成为优秀的导购员，让门店业绩长红	读着有趣，用着简单，一本在手、业绩无忧
	建材家居经销商实战42章经 王庆云　著	告诉经销商：老板怎么当、团队怎么带、生意怎么做	忠言逆耳，看着不舒服就对了，实战总结，用一招半式就值了
工业品	**销售是门专业活：B2B、工业品** 陆和平　著	销售流程就应该跟着客户的采购流程和关注点的变化向前推进，将一个完整的销售过程分成十个阶段，提供具体方法	销售不是请客吃饭拉关系，是个专业的活计！方法在手，走遍天下不愁
	解决方案营销实战案例 刘祖轲　著	用10个真案例讲明白什么是工业品的解决方案式营销，实战、实用	有干货、真正操作过的才能写得出来
	变局下的工业品企业7大机遇 叶敦明　著	产业链条的整合机会、盈利模式的复制机会、营销红利的机会、工业服务商转型机会……	工业品企业还可以这样做，思维大突破
	工业品市场部实战全指导 杜　忠　著	工业品市场部经理工作内容全指导	系统、全面、有理论、有方法，帮助工业品市场部经理更快提升专业能力
	工业品营销管理实务 李洪道　著	中国特色工业品营销体系的全面深化、工业品营销管理体系优化升级	工具更实战，案例更鲜活，内容更深化
	工业品企业如何做品牌 张东利　著	为工业品企业提供最全面的品牌建设思路	有策略、有方法、有思路、有工具
	丁兴良讲工业4.0 丁兴良　著	没有枯燥的理论和说教，用朴实直白的语言告诉你工业4.0的全貌	工业4.0是什么？本书告诉你答案
	资深大客户经理：策略准，执行狠 叶敦明　著	从业务开发、发起攻势、关系培育、职业成长四个方面，详述了大客户营销的精髓	满满的全是干货
	两化融合管理系统贯标流程与方法 戴　勇　张华杰　张百荣　编著	全面梳理贯标流程和方法	帮助企业成功贯标
	一切为了订单：订单驱动下的工业品营销实战 唐道明　著	其实，所有的企业都在围绕着两个字在开展全部的经营和管理工作，那就是“订单”	开发订单、满足订单、扩大订单。本书全是实操方法，字字珠玑、句句干货，教你获得营销的胜利
金融	**交易心理分析** (美)马克·道格拉斯　著 刘真如　译	作者一语道破赢家的思考方式，并提供了具体的训练方法	不愧是投资心理的第一书，绝对经典
	精品银行管理之道 崔海鹏　何　屹　主编	中小银行转型的实战经验总结	中小银行的教材很多，实战类的书很少，可以看看

续表

金融	**支付战争** Eric M. Jackson　著 徐　彬　王　晓　译	PayPal 创业期营销官，亲身讲述 PayPal 从诞生到壮大到成功出售的整个历史	激烈、有趣的内幕商战故事！了解美国支付市场的风云巨变
	中外并购名著专业阅读指南 叶兴平　等著	在 5000 多本并购类图书中精选的 200 著作，在阅读的基础上写的读书评价	精挑细选 200 本并一一评介，省去读者挑选的烦恼，快捷、高效
	新三板信息披露全流程：操作与工具 和珩科技　著	详细拆解董秘日常工作过程中所需的信息披露流程	董秘案头必备用书
	成功并购 300 本：一本书搞定并购难题 浩德军师并购联盟　著	从财务，税务，法律等角度详细解答疑问	能解决 80% 的并购问题
	互联网时代的银行转型 韩友诚　著	以大量案例形式为读者全面展示和分析了银行的互联网金融转型应对之道	结合本土银行转型发展案例的书籍
房地产	**产业园区/产业地产规划、招商、运营实战** 阎立忠　著	目前中国第一本系统解读产业园区和产业地产建设运营的实战宝典	从认知、策划、招商到运营全面了解地产策划
	人文商业地产策划 戴欣明　著	城市与商业地产战略定位的关键是不可复制性，要发现独一无二的“味道”	突破千城一面的策划困局
	中国城市群房地产投资策略 吕俊博　著	全方位、多角度分析城市群房地产现状是趋势	让亿元资产投资更理性、更安全
	电影院的下一个黄金十年：开发・差异化・案例 李保煜　著	对目前电影院市场存大的问题及如何解决进行了探讨与解读	多角度了解电影院运营方式及代表性案例
能源	**全能型班组：城市能源互联网与电力班组升级** 国网天津市电力公司　编著	借鉴国内外优秀企业的转型升级思路，通过对于新型班组组织模式和运行机制的大胆设想，力图构建充分适应内外环境变化的全能型班组	看看庞大的国企在新环境下是如何顺应时代的
	国网天津电力全能型班组建设实务 国网天津市电力公司　编著	本书聚焦于天津电力公司在探索全能型班组转型升级时的优秀实践	电力行业的班组实践，具体、可操作性强

经营类：企业如何赚钱，如何抓机会，如何突破，如何“开源”

	书名．作者	内容/特色	读者价值
抓方向	**让经营回归简单．升级版** 宋新宇　著	化繁为简抓住经营本质：战略、客户、产品、员工、成长	经典，做企业就这几个关键点！
	混沌与秩序Ⅰ：变革时代企业领先之道 **混沌与秩序Ⅱ：变革时代管理新思维** 彭剑锋　尚艳玲　主编	汇集华夏基石专家团队 10 年来研究成果，集中选择了其中的精华文章编纂成册	作者都是既有深厚理论积淀又有实践经验的重磅专家，为中国企业和企业家的未来提出了高屋建瓴的观点
	活系统：跟任正非学当老板 孙行健　尹　贤　著	以任正非的独到视角，教企业老板如何经营公司	看透公司经营本质，激活企业活力
	重构：快消品企业重生之道 杨永华　著	从 7 个角度，帮助企业实现系统性的改造	提供转型思想与方法，值得参考
	公司由小到大要过哪些坎 卢　强　著	老板手里的一张“企业成长路线图”	现在我在哪儿，未来还要走哪些路，都清楚了
	企业二次创业成功路线图 夏惊鸣　著	企业曾经抓住机会成功了，但下一步该怎么办？	企业怎样获得第二次成功，心里有个大框架了
	老板经理人双赢之道 陈　明　著	经理人怎养选平台、怎么开局，老板怎样选/育/用/留	老板生闷气，经理人牢骚大，这次知道该怎么办了

续表

抓方向	**简单思考:AMT 咨询创始人自述** 孔祥云　著	著名咨询公司(AMT)的 CEO 创业历程中点点滴滴的经验与思考	每一位咨询人,每一位创业者和管理经营者,都值得一读
	企业文化的逻辑 王祥伍　黄健江　著	为什么企业绩效如此不同,解开绩效背后的文化密码	少有的深刻,有品质,读起来很流畅
	使命驱动企业成长 高可为　著	钱能让一个人今天努力,使命能让一群人长期努力	对于想做事业的人,'使命'是绕不过去的
思维突破	**盈利原本就这么简单** 高可为　著	从财务的角度揭示企业盈利的秘密	多方面解读商业模式与盈利的关系,通俗易懂,受益匪浅
	经营:打造你的盈利系统 高可为　著	从盈利角度梳理了系统化的经营方式	让企业掌舵者把控经营全局
	创模式:23 个行业创新案例 段传敏　著	23 位行业精英的创新对话	创业者、转型者的实战参考
	企业良性成长:用顶层设计突破瓶颈 刘建兆　著	全方位介绍企业顶层设计的方法和思路	帮助企业用顶层设计突破成长瓶颈
	移动互联新玩法:未来商业的格局和趋势 史贤龙　著	传统商业、电商、移动互联,三个世界并存,这种新格局的玩法一定要懂	看清热点的本质,把握行业先机,一本书搞定移动互联网
	画出公司的互联网进化路线图:用互联网思维重塑产品、客户和价值 李　蓓　著	18 个问题帮助企业一步步梳理出互联网转型思路	思路清晰、案例丰富,非常有启发性
	重生战略:移动互联网和大数据时代的转型法则 沈　拓　著	在移动互联网和大数据时代,传统企业转型如同生命体打算与再造,称之为"重生战略"	帮助企业认清移动互联网环境下的变化和应对之道
	创造增量市场:传统企业互联网转型之道 刘红明　著	传统企业需要用互联网思维去创造增量,而不是用电子商务去转移传统业务的存量	教你怎么在"互联网 +"的海洋中创造实实在在的增量
	7 个转变,让公司 3 年胜出 李　蓓　著	消费者主权时代,企业该怎么办	这就是互联网思维,老板有能这样想,肯定倒不了
	跳出同质思维,从跟随到领先 郭　剑　著	66 个精彩案例剖析,帮助老板突破行业长期思维惯性	做企业竟然有这么多玩法,开眼界
	互联网 +"变"与"不变":本土管理实践与创新论坛集萃·2016 本土管理实践与创新论坛　著	加速本土管理思想的孕育诞生,促进本土管理创新成果更好地服务企业、贡献社会	各个作者本年度最新思想,帮助读者拓宽眼界、突破思维
	消费升级:实践　研究(文集) 本土管理实践与创新论坛　著	38 位管理专家及 7 位学者的精华思想,从经营、管理、行业及思想研究四个方面阐述中国企业在消费升级下的实践与研究	思想启发,行业借鉴
财务	**写给企业家的公司与家庭财务规划——从创业成功到富足退休** 周荣辉　著	本书以企业的发展周期为主线,写各阶段企业与企业主家庭的财务规划	为读者处理人生各阶段企业与家庭的财务问题提供建议及方法,让家庭成员真正享受财富带来的益处
	互联网时代的成本观 程　翔　著	本书结合互联网时代提出了成本的多维观,揭示了多维组合成本的互联网精神和大数据特征,论述了其产生背景、实现思路和应用价值	在传统成本观下为盈利的业务,在新环境下也许就成为亏损业务。帮助管理者从新的角度来看待成本,进一步做好精益管理

续表

财务	财报背后的投资机会 蒋　豹　著	以具体的公司案例分析，教你迅速看出财务报表与企业经营的关系、所反映的企业经营现状，从而找到投资机会	前四大会计所员工为读者解密财报，发现投资机会

管理类：效率如何提升，如何实现经营目标，如何“节流”

	书名．作者	内容/特色	读者价值
通用管理	让管理回归简单·升级版 宋新宇　著	从目标、组织、决策、授权、人才和老板自己层面教你怎样做管理	帮助管理抓住管理的要害，让管理变得简单
	让经营回归简单·升级版 宋新宇　著	从战略、客户、产品、员工、成长、经营者自身等七个方面，归纳总结出简单有效的经营法则	总结出的真正优秀企业的成功之道：简单
	让用人回归简单 宋新宇　著	从用人的原则、用人的难题与误区、用人的方法和用人者的修炼四大方面，总结出适合中小企业做好人才管理工作的法则	帮助管理者抓住用人的要害，让用人变得简单
	历史深处的管理智慧1：组织建设与用人之道 刘文瑞　著	对历史之典故、政事、人事、政制进行管理解析，鉴照企业人才的选用育留	推动理论与实践的对接，实现理性与情感的渗透，用中国话语说明管理智慧
	历史深处的管理智慧2：战略决策与经营运作 刘文瑞　著	对历史之典故、政事、人事、政制进行管理解析，鉴照企业战略设计与经营实践	推动理论与实践的对接，实现理性与情感的渗透，用中国话语说明管理智慧
	历史深处的管理智慧3：领导修炼与文化素养 刘文瑞　著	对历史之典故、政事、人事、政制进行管理解析，鉴照企业领导职业能力提升与文化修养	推动理论与实践的对接，实现理性与情感的渗透，用中国话语说明管理智慧
	管理的尺度 刘文瑞　著	对管理中的种种普遍性问题进行了批评	提高把握管理尺度的能力
	管理学在中国 刘文瑞　著	系统性介绍了管理学在中国的发展和演变	了解管理学在中国的发展脉络，更清晰理解管理学的本质
	看电影，懂管理 刘文瑞　著	16部经典电影，带你感悟管理智慧	能够帮助读者放松身心，驰骋想象，在不知不觉中增长智慧
	管理：以规则驾驭人性 王春强　著	详细解读企业规则的制定方法	从人与人博弈角度提升管理的有效性
	打造集成供应链：走出挂一漏十的改善困境 王春强　著	详解集成供应链全过程	帮助企业优化供应链管理
	用好骨干员工：关键人才培养与激励 王　敏　著	系统化分享关键人才打造与激励方法	企业能实在用人的最大化价值
	改变世界的管理学大师1：管理学的前世今生 刘文瑞　编著	介绍了古典管理学时期的大师事迹和思想	深入了解管理大师们的思想和智慧
	成为企业欢迎的咨询师 张国祥　著	从调研到落地，手把手教你咨询流程	不走弯路，方便直接的学到老咨询师的套路
	员工心理学超级漫画版 邢　雷　著	以漫画的形式深度剖析员工心理	帮助管理者更了解员工，从而更轻松地管理员工
	老板有想法，高层有干法：企业中的将帅之道 王清华　著	深入剖析老板与高管的异同	各司其职，各行其是，相辅相成
	分股合心：股权激励这样做 段磊　周剑　著	通过丰富的案例，详细介绍了股权激励的知识和实行方法	内容丰富全面、易读易懂，了解股权激励，有这一本就够了
	边干边学做老板 黄中强　著	创业20多年的老板，有经验、能写、又愿意分享，这样的书很少	处处共鸣，帮助中小企业老板少走弯路

续表

通用管理	**成为敏感而体贴的公司** 王　涛　著	本书为作者对企业的观察和冥想的随笔记录。从生活中的一个现象入手，进而探索现象背后的本质	从全新角度认识公司
	中国企业的觉醒：正直　善良　成长 王　涛　著	围绕着企业人如何发生转化展开，对中国人、中国文化及由此导致的企业现状的观察和思考	企业除了要利润，还需要道德
	有意识的思考：轻松化解问题的7个思考习惯 王　涛　著	本书是对思想、思考过程、思考方式进行的细致观察	养成好的思考习惯，更深刻地看问题
	中国式阿米巴落地实践之从交付到交易 胡八一　著	本书主要讲述阿米巴经营会计，“从交付到交易”，这是成功实施了阿米巴的标志	阿米巴经营会计的工作是有逻辑关联的，一本书就能搞定
	中国式阿米巴落地实践之激活组织 胡八一　著	重点讲解如何科学划分阿米巴单元，阐述划分的实操要领、思路、方法、技术与工具	最大限度减少“推行风险”和“摸索成本”，利于公司成功搭建适合自身的个性化阿米巴经营体系
	中国式阿米巴落地实践之持续盈利 胡八一　著	把企业做成平台，企业才能做大（格局）；把平台做成阿米巴，企业才能做强（专业）；把阿米巴做成合伙制，企业才能做久（机制）	中国式阿米巴落地实践三部曲的最后一部，告诉你企业如何做大做强做久
	集团化企业阿米巴实战案例 初勇钢　著	一家集团化企业阿米巴实施案例	指导集团化企业系统实施阿米巴
	阿米巴经营的中国模式 李志华　著	让员工从“要我干”到“我要干”，价值量化出来	阿米巴在企业如何落地，明白思路了
	欧博心法：好管理靠修行 曾　伟　著	用佛家的智慧，深刻剖析管理问题，见解独到	如果真的有‘中国式管理’，曾老师是其中标志性人物
	领导这样点燃你的下属 孟广桥　著	领导者如何才能让员工积极主动地工作？如何让你的员工和下属保持工作的热情，自动自发？看了这本书就知道	只要你希望手下的"兵将"永远充满工作的斗志，这本书将使你获益良多
流程管理	**1. 用流程解放管理者** **2. 用流程解放管理者2** 张国祥　著	中小企业阅读的流程管理、企业规范化的书	通俗易懂，理论和实践的结合恰到好处
	跟我们学建流程体系 陈立云　著	畅销书《跟我们学做流程管理》系列，更实操，更细致，更深入	更多地分享实践，分享感悟，从实践总结出来的方法论
	人人都要懂流程 金国华　余雅丽　著	当前各企业流程管理方面最为典型的痛点现象及问题案例	通俗易懂，适合企业全员阅读
质量管理	**IATF16949质量管理体系详解与案例文件汇编：TS16949转版IATF16949：2016** 谭洪华　著	针对IATF的新标准做了详细的解说，同时指出了一些推行中容易犯的错误，提供了大量的表单、案例	案例、表单丰富，拿来就用
	五大质量工具详解及运用案例：APQP/FMEA/PPAP/MSA/SPC 谭洪华　著	对制造业必备的五大质量工具中每个文件的制作要求、注意事项、制作流程、成功案例等进行了解读	通俗易懂、简便易行，能真正实现学以致用
	ISO9001：2015新版质量管理体系详解与案例文件汇编 谭洪华　著	紧密围绕2015年新版质量管理体系文件逐条详细解读，并提供可以直接套用的案例工具，易学易上手	企业质量管理认证、内审必备
	ISO14001：2015新版环境管理体系详解与案例文件汇编 谭洪华　著	紧密围绕2015年新版环境管理体系文件逐条详细解读，并提供可以直接套用的案例工具，易学易上手	企业环境管理认证、内审必备

续表

质量管理	**ISO9001:2015 完整文件汇编:制造业** 贺红喜　著	按照ISO9001标准并超出标准的要求,提供了一套完整的制造业的质量管理体系文件	原汁原味完整收入,直接可以拿来就用
	SA8000:2014 社会责任管理体系认证实战 吕　林　著	作者根据自己的操作经验,按认证的流程,以相关案例进行说明SA8000认证体系	简单,实操性强,拿来就能用
	精益质量管理实战工具 贺小林　著	制造类企业日常工作中所需要的精益管理工具的归纳整理,并进行案例操作的细致分析	可以直接参考,实际解决生产中的具体问题
战略落地	**重生——中国企业的战略转型** 施　炜　著	从前瞻和适用的角度,对中国企业战略转型的方向、路径及策略性举措提出了一些概要性的建议和意见	对企业有战略指导意义
	公司大了怎么管:从靠英雄到靠组织 AMT 金国华　著	第一次详尽阐释中国快速成长型企业的特点、问题及解决之道	帮助快速成长型企业领导及管理团队理清思路,突破瓶颈
	低效会议怎么改:每年节省一半会议成本的秘密 AMT 王玉荣　著	教你如何系统规划公司的各级会议,一本工具书	教会你科学管理会议的办法
	年初订计划,年尾有结果:战略落地七步成诗 AMT 郭晓　著	7个步骤教会你怎么让公司制定的战略转变为行动	系统规划,有效指导计划实现
人力资源	**HRBP 是这样炼成的之"菜鸟起飞"** 新　海　著	以小说的形式,具体解析HRBP的职责,应该如何操作,如何为业务服务	实践者的经验分享,内容实务具体,形式有趣
	HRBP 是这样炼成的之中级修炼 新　海　著	本书以案例故事的方式,介绍了HRBP在实际工作中碰到的问题和挑战	书中的HR解决方案讲究因时因地制宜、简单有效的原则,重在启发读者思路,可供各类企业HRBP借鉴
	HRBP 是这样炼成的之高级修炼 新　海　著	以故事的形式,展现了HRBP工作者在职业发展路上的层层深入和递进	为读者提供HRBP在实际工作中遇到种种问题的解决方案
	新任 HR 高管如何从 0 到 1 黄渊明　著	全景式展现新任高管华丽转身全过程	助力新任高管安全着陆
	HR 的劳动法内参 李皓楠　著	100个劳动法案例和分析	轻松掌握劳动法知识,方便运用
	把面试做到极致:首席面试官的人才甄选法 孟广桥　著	作者用自己几十年的人力资源经验总结出的一套实用的确定岗位招聘标准、提升面试官技能素质的简便方法	面试官必备,没有空泛理论,只有巧妙的实操技能
	人力资源体系与 e－HR 信息化建设 刘书生　陈　莹　王美佳　著	将作者经历的人力资源管理变革、人力资源管理信息化咨询项目方法论、工具和成果全面展现给读者,使大家能够将其快速应用到管理实践中	系统性非常强,没有废话,全部是浓缩的干货
	回归本源看绩效 孙　波　著	让绩效回顾"改进工具"的本源,真正为企业所用	确实是来源于实践的思考,有共鸣
	世界 500 强资深培训经理人教你做培训管理 陈　锐　著	从7大角度具体细致地讲解了培训管理的核心内容	专业、实用、接地气

续表

人力资源	**曹子祥教你做激励性薪酬设计** 曹子祥　著	以激励性为指导,系统性地介绍了薪酬体系及关键岗位的薪酬设计模式	深入浅出,一本书学会薪酬设计
	曹子祥教你做绩效管理 曹子祥　著	复杂的理论通俗化,专业的知识简单化,企业绩效管理共性问题的解决方案	轻松掌握绩效管理
	把招聘做到极致 远　鸣　著	作为世界 500 强高级招聘经理,作者数十年招聘经验的总结分享	带来职场思考境界的提升和具体招聘方法的学习
	人才评价中心．超级漫画版 邢　雷　著	专业的主题,漫画的形式,只此一本	没想到一本专业的书,能写成这效果
	走出薪酬管理误区 全怀周　著	剖析薪酬管理的 8 大误区,真正发挥好枢纽作用	值得企业深读的实用教案
	集团化人力资源管理实践 李小勇　著	对搭建集团化的企业很有帮助,务实,实用	最大的亮点不是理论,而是结合实际的深入剖析
	我的人力资源咨询笔记 张　伟　著	管理咨询师的视角,思考企业的 HR 管理	通过咨询师的眼睛对比很多企业,有启发
	本土化人力资源管理 8 大思维 周　剑　著	成熟 HR 理论,在本土中小企业实践中的探索和思考	对企业的现实困境有真切体会,有启发
企业文化	**36 个拿来就用的企业文化建设工具** 海融心胜　主编	数十个工具,为了方便拿来就用,每一个工具都严格按照工具属性、操作方法、案例解读划分,实用、好用	企业文化工作者的案头必备书,方法都在里面,简单易操作
	企业文化建设超级漫画版 邢　雷　著	以漫画的形式系统教你企业文化建设方法	轻松易懂好操作
	华夏基石方法:企业文化落地本土实践 王祥伍　谭俊峰　著	十年积累、原创方法、一线资料,和盘托出	在文化落地方面真正有洞察,有实操价值的书
	企业文化的逻辑 王祥伍　著	为什么企业之间如此不同,解开绩效背后的文化密码	少有的深刻,有品质,读起来很流畅
	企业文化激活沟通 宋杼宸　安　琪　著	透过新任 HR 总经理的眼睛,揭示出沟通与企业文化的关系	有实际指导作用的文化落地读本
	在组织中绽放自我:从专业化到职业化 朱仁健　王祥伍　著	个人如何融入组织,组织如何助力个人成长	帮助企业员工快速认同并投入到组织中去,为企业发展贡献力量
	企业文化定位·落地一本通 王明胤　著	把高深枯燥的专业理论创建成一套系统化、实操化、简单化的企业文化缔造方法	对企业文化不了解,不会做?有这一本从概念到实操,就够了
生产管理	**精益思维:中国精益如何落地** 刘承元　著	笔者二十余年企业经营和咨询管理的经验总结	中国企业需要灵活运用精益思维,推动经营要素与管理机制的有机结合,推动企业管理向前发展
	300 张现场图看懂精益 5S 管理 乐　涛　编著	5S 现场实操详解	案例图解,易懂易学
	高员工流失率下的精益生产 余伟辉　著	中国的精益生产必须面对和解决高员工流失率问题	确实来源于本土的工厂车间,很务实
	车间人员管理那些事儿 岑立聪　著	车间人员管理中处理各种"疑难杂症"的经验和方法	基层车间管理者最闹心、头疼的事,'打包'解决

续表

生产管理	**1. 欧博心法:好管理靠修行** **2. 欧博心法:好工厂这样管** 曾　伟　著	他是本土最大的制造业管理咨询机构创始人,他从400多个项目、上万家企业实践中锤炼出的欧博心法	中小制造型企业,一定会有很强的共鸣
	欧博工厂案例1:生产计划管控对话录 **欧博工厂案例2:品质技术改善对话录** **欧博工厂案例3:员工执行力提升对话录** 曾　伟　著	最典型的问题、最详尽的解析,工厂管理9大问题27个经典案例	没想到说得这么细,超出想象,案例很典型,照搬都可以了
	工厂管理实战工具 欧博企管　编著	以传统文化为核心的管理工具	适合中国工厂
	苦中得乐:管理者的第一堂必修课 曾　伟　编著	曾伟与师傅大愿法师的对话,佛学与管理实践的碰撞,管理禅的修行之道	用佛学最高智慧看透管理
	比日本工厂更高效1:管理提升无极限 刘承元　著	指出制造型企业管理的六大积弊;颠覆流行的错误认知;掌握精益管理的精髓	每一个企业都有自己不同的问题,管理没有一剑封喉的秘笈,要从现场、现物、现实出发
	比日本工厂更高效2:超强经营力 刘承元　著	企业要获得持续盈利,就要开源和节流,即实现销售最大化,费用最小化	掌握提升工厂效率的全新方法
	比日本工厂更高效3:精益改善力的成功实践 刘承元　著	工厂全面改善系统有其独特的目的取向特征,着眼于企业经营体质(持续竞争力)的建设与提升	用持续改善力来飞速提升工厂的效率,高效率能够带来意想不到的高效益
	3A顾问精益实践1:IE与效率提升 党新民　苏迎斌　蓝旭日　著	系统的阐述了IE技术的来龙去脉以及操作方法	使员工与企业持续获利
	3A顾问精益实践2:JIT与精益改善 肖志军　党新民　著	只在需要的时候,按需要的量,生产所需的产品	提升工厂效率
	化工企业工艺安全管理实操 黄　娜　编著	化工企业工艺安全管理全指导	帮助企业树立安全意识,强化安全管理方法
	手把手教你做专业的生产经理 黄　娜　著	物流、信息流、资金流,让生产经理管理有抓手	从菜鸟到能把控全局
员工素质提升	**TTT培训师精进三部曲(上):深度改善现场培训效果** 廖信琳　著	现场把控不用慌,这里有妙招一用就灵	课程现场无论遇到什么样的情况都能游刃有余
	TTT培训师精进三部曲(中):构建最有价值的课程内容 廖信琳　著	这样做课程内容,学员有收获培训师也有收获	优质的课程内容是树立个人品牌的保证
	TTT培训师精进三部曲(下):职业功力沉淀与修为提升 廖信琳　著	从内而外提升自己,职业的道路一帆风顺	走上职业TTT内训师的康庄大道
	培训师,如何让你的事业长青:自我管理的10项法则 廖信琳　著	建立了一套完整的培训师自我管理体系,为培训师的职业成长与发展提供有益的指引	培训师如何在自己的职业道路上越走越高,事业长青,一直有所收获与成长?本书将给你答案
	管理咨询师的第一本书:百万年薪　千万身价 熊亚柱　著	从问题出发,发现问题、分析问题、解决问题,让两眼一抹黑的新人快速成长	管理咨询师初入职场,让这本书开启百万年薪之路

续表

员工素质提升	手把手教你做专业督导：专卖店、连锁店 熊亚柱　著	从督导的职能、作用，在工作中需要的专业技能、方法，都提供了详细的解读和训练办法，同时附有大量的表单工具	无论是店铺需要统一培训，还是个人想成为优秀的督导，有这一本就够了
	跟老板“偷师”学创业 吴江萍　余晓雷　著	边学边干，边观察边成长，你也可以当老板	不同于其他类型的创业书，让你在工作中积累创业经验，一举成功
	销售轨迹：一位快消品营销总监的拼搏之路 秦国伟　著	本书讲述了一个普通销售员打拼成为跨国企业营销总监的真实奋斗历程	激励人心，给广大销售员以力量和鼓舞
	在组织中绽放自我：从专业化到职业化 朱仁健　王祥伍　著	个人如何融入组织，组织如何助力个人成长	帮助企业员工快速认同并投入到组织中去，为企业发展贡献力量
	企业员工弟子规：用心做小事，成就大事业 贾同领　著	从传统文化《弟子规》中学习企业中为人处事的办法，从自身做起	点滴小事，修养自身，从自身的改善得到事业的提升
	手把手教你做顶尖企业内训师：TTT 培训师宝典 熊亚柱　著	从课程研发到现场把控、个人提升都有涉及，易读易懂，内容丰富全面	想要做企业内训师的员工有福了，本书教你如何抓住关键，从入门到精通
	28 天速成文案高手 秦　士　安　丽　著	解构优秀品牌和出彩文案背后的逻辑，28 天循序渐进成为文案高手	让优质文案变成“智慧工厂”般的工序管理与稳定出品
	让投诉顾客满意离开：客户投诉应对与管理 孟广桥　著	立足于投诉处理的实践，剖析了不同投诉者投诉的特点和应对措施，并提供各种技巧方法、赢得客户信赖所需培养的品质修炼、处理投诉应掌握的法律法规等工具	是投诉处理人员适应岗位职能需要、提升工作技能的良师益友，是企业变诉为金、培养业务骨干的法宝

营销类：把客户需求融入企业各环节，提供“客户认为”有价值的东西

	书名．作者	内容/特色	读者价值
营销模式	精品营销战略 杜建君　著	以精品理念为核心的精益战略和营销策略	用精品思维赢得高端市场
	变局下的营销模式升级 程绍珊　叶　宁　著	客户驱动模式、技术驱动模式、资源驱动模式	很多行业的营销模式被颠覆，调整的思路有了！
	动销操盘：节奏掌控与社群时代新战法 朱志明　著	在社群时代把握好产品生产销售的节奏，解析动销的症结，寻找动销的规律与方法	都是易读易懂的干货！对动销方法的全面解析和操盘
	弱势品牌如何做营销 李政权　著	中小企业虽有品牌但没名气，营销照样能做的有声有色	没有丰富的实操经验，写不出这么具体、详实的案例和步骤，很有启发
	老板如何管营销 史贤龙　著	高段位营销 16 招，好学好用	老板能看，营销人也能看
	洞察人性的营销战术：沈坤教你 28 式 沈　坤　著	28 个匪夷所思的营销怪招令人拍案叫绝，涉及商业竞争的方方面面，大部分战术可以直接应用到企业营销中	各种谋略得益于作者的横向思维方式，将其操作过的案例结合其中，提供的战术对读者有参考价值
	动销：产品是如何畅销起来的 吴江萍　余晓雷　著	真真切切告诉你，产品究竟怎么才能卖出去	击中痛点，提供方法，你值得拥有
	1000 铁杆女粉丝 张兵武　著	连接是女性与生俱来的特质。能善用连接的营销人员，就像拿到打开女性荷包的钥匙	重新认识女性的传播力量
	360°谈营销：一位营销咨询师 20 年实战洞察 王清华　古怀亮　著	各个角度，全方位，多视点剥营销	思路单一，此书帮你破

续表

营销模式	**营销按钮:扣动一触即发的力量** 老　苗　著	提供各种奇形怪状的营销武器	一定会带给你不一样的思维震撼
	孙子兵法营销战 刘文新　著	逐句解读孙子兵法,以及在营销方面的感悟	帮助营销人用智慧打营销仗
销售	**资深大客户经理:策略准,执行狠** 叶敦明　著	从业务开发、发起攻势、关系培育、职业成长四个方面,详述了大客户营销的精髓	满满的全是干货
	大客户销售这样说这样做 陆和平　著	大客户销售十大模块68个典型销售场景应对策略和话术,直接拿来就用	从"为什么要这么干"到"干什么、怎么干"
	成为资深的销售经理:B2B、工业品 陆和平　著	围绕"销售管理的六个关键控制点"一一展开,提供销售管理的专业、高效方法	方法和技术接地气,拿来就用,从销售员成长为经理不再犯难
	销售是门专业活:B2B、工业品 陆和平　著	销售流程就应该跟着客户的采购流程和关注点的变化向前推进,将一个完整的销售过程分成十个阶段,提供具体方法	销售不是请客吃饭拉关系,是个专业的活计!方法在手,走遍天下不愁
	向高层销售:与决策者有效打交道 贺兵一　著	一套完整有效的销售策略	有工具,有方法,有案例,通俗易懂
	学话术　卖产品 张小虎　著	分析常见的顾客异议,将优秀的话术模块化	让普通导购员也能成为销售精英
组织和团队	**升级你的营销组织** 程绍珊　吴越舟　著	用"有机性"的营销组织替代"营销能人",营销团队变成"铁营盘"	营销队伍最难管,程老师不愧是营销第1操盘手,步骤方法都很成熟
	用数字解放营销人 黄润霖　著	通过量化帮助营销人员提高工作效率	作者很用心,很好的常备工具书
	成为优秀的快消品区域经理(升级版) 伯建新　著	用"怎么办"分析区域经理的工作关键点,增加30%全新内容,更贴近环境变化	可以作为区域经理的"速成催化器"
	成为资深的销售经理:B2B、工业品 陆和平　著	围绕"销售管理的六个关键控制点"一一展开,提供销售管理的专业、高效方法	方法和技术接地气,拿来就用,从销售员成长为经理不再犯难
	一位销售经理的工作心得 蒋　军　著	一线营销管理人员想提升业绩却无从下手时,可以看看这本书	一线的真实感悟
	快消品营销:一位销售经理的工作心得2 蒋　军　著	快消品、食品饮料营销的经验之谈,重点突出	来源于实战的精华总结
	销售轨迹:一位快消品营销总监的拼搏之路 秦国伟　著	本书讲述了一个普通销售员打拼成为跨国企业营销总监的真实奋斗历程	激励人心,给广大销售员以力量和鼓舞
	用营销计划锁定胜局:用数字解放营销人2 黄润霖　著	全方位教你怎么做好营销计划,好学好用真简单	照搬套用就行,做营销计划再也不头痛
	快消品营销人的第一本书:从入门到精通 刘　雷　伯建新　著	快消行业必读书,从入门到专业	深入细致,易学易懂
产品	**产品开发管理方法·流程·工具:从作坊式到规范化** 任彭枞　著	产品研发管理体系全指导	既有工具,又能开拓思路
	新产品开发管理,就用IPD(升级版) 郭富才　著	10年IPD研发管理咨询总结,国内首部IPD专业著作	一本书掌握IPD管理精髓

续表

产品	**这样打造大单品：案例　策略　方法** 迪智成咨询团队　著	囊括十三个不同行业、企业的实际案例，从不同角度详细剖析、总结了这些品牌厂家打造大单品的成功经验或者失败教训	厘清大单品打造的策划与路径，得出持续经营的思路与方法
	研发体系改进之道 靖　爽　陈年根　马鸣明　著	提出一套系统性的方法与工具	指引企业少走弯路，提高成功率
	资深项目经理这样做新产品开发管理 秦海林　著	以IPD为思想，系统讲解新产品开管理的细节	提供管理思路和实用工具
	产品炼金术Ⅰ：如何打造畅销产品 史贤龙　著	满足不同阶段、不同体量、不同行业企业对产品的完整需求	必须具备的思维和方法，避免在产品问题上走弯路
	产品炼金术Ⅱ：如何用产品驱动企业成长 史贤龙　著	做好产品、关注产品的品质，就是企业成功的第一步	必须具备的思维和方法，避免在产品问题上走弯路
品牌	**中小企业如何建品牌** 梁小平　著	中小企业建品牌的入门读本，通俗、易懂	对建品牌有了一个整体框架
	采纳方法：破解本土营销8大难题 朱玉童　编著	全面、系统、案例丰富、图文并茂	希望在品牌营销方面有所突破的人，应该看看
	中国品牌营销十三战法 朱玉童　编著	采纳20年来的品牌策划方法，同时配有大量的案例	众包方式写作，丰富案例给人启发，极具价值
	今后这样做品牌：移动互联时代的品牌营销策略 蒋　军　著	与移动互联紧密结合，告诉你老方法还能不能用，新方法怎么用	今后这样做品牌就对了
	中小企业如何打造区域强势品牌 吴　之　著	帮助区域的中小企业打造自身品牌，如何在强壮自身的基础上往外拓展	梳理误区，系统思考品牌问题，切实符合中小区域品牌的自身特点进行阐述
渠道通路	**深度分销：掌控渠道价值链** 施　炜　著	制造商通过掌控渠道价值链，将管理触角延伸至零售层面及顾客现场，对市场根部精耕细作，从而挖掘需求，构筑区域市场尤其是三四级市场的竞争壁垒	深度分销是中国企业对世界营销的独特贡献。实践证明，互联网时代深度分销仍有生命力
	快消品营销与渠道管理 谭长春　著	将快消品标杆企业渠道管理的经验和方法分享出来	可口可乐、华润的一些具体的渠道管理经验，实战
	传统行业如何用网络拿订单 张　进　著	给老板看的第一本网络营销书	适合不懂网络技术的经营决策者看
	采纳方法：化解渠道冲突 朱玉童　编著	系统剖析渠道冲突，21个渠道冲突案例、情景式讲解，37篇讲义	系统、全面
	学话术　卖产品 张小虎　著	分析常见的顾客异议，将优秀的话术模块化	让普通导购员也能成为销售精英
	向高层销售：与决策者有效打交道 贺兵一　著	一套完整有效的销售策略	有工具，有方法，有案例，通俗易懂
	通路精耕操作全解：快消品20年实战精华 周　俊　陈小龙　著	通路精耕的详细全解，每一步的具体操作方法和表单全部无保留提供	康师傅二十年的经验和精华，实践证明的最有效方法，教你如何主宰通路

管理者读的文史哲·生活

	书名．作者	内容/特色	读者价值
思想·文化	**德鲁克管理思想解读** 罗　珉　著	用独特视角和研究方法，对德鲁克的管理理论进行了深度解读与剖析	不仅是摘引和粗浅分析，还是作者多年深入研究的成果，非常可贵
	德鲁克与他的论敌们：马斯洛、戴明、彼得斯 罗　珉　著	几位大师之间的论战和思想碰撞令人受益匪浅	对大师们的观点和著作进行了大量的理论加工，去伪存真、去粗存精，同时有自己独特的体系深度

续表

思想·文化	**德鲁克管理学** 张远凤　著	本书以德鲁克管理思想的发展为线索,从一个侧面展示了20世纪管理学的发展历程	通俗易懂,脉络清晰
	王阳明“万物一体”论:从“身－体”的立场看(修订版) 陈立胜　著	以身体哲学分析王阳明思想中的“仁”与“乐”	进一步了解传统文化,了解王阳明的思想
	自我与世界:以问题为中心的现象学运动研究 陈立胜　著	以问题为中心,对现象学运动中的“意向性”“自我”“他人”“身体”及“世界”各核心议题之思想史背景与内在发展理路进行深入细致的分析	深入了解现象学中的几个主要问题
	作为身体哲学的中国古代哲学 张再林　著	上篇为中国古代身体哲学理论体系奠基性部分,下篇对由“上篇”所开出的中国身体哲学理论体系的进一步的阐发和拓展	了解什么是真正原生态意义上的中国哲学,把中国传统哲学与西方传统哲学加以严格区别
	中西哲学的歧异与会通 张再林　著	本书以一种现代解释学的方法,对中国传统哲学内在本质尝试一种全新的和全方位的解读	发掘出掩埋在古老传统形式下的现代特质和活的生命,在此基础上揭示中西哲学“你中有我,我中有你”之旨
	治论:中国古代管理思想 张再林　著	本书主要从儒、法墨三家阐述中国古代管理思想	看人本主义的管理理论如何不留斧痕地克服似乎无法调解的存在于人类社会行为与社会组织中的种种两难和对立
	车过麻城　再晤李贽 张再林　著	系统全面而又简明扼要地展示了李贽独到的学术眼力和超拔的理论建树	帮助读者重新认识李贽的思想
	中国古代政治制度(修订版)上:皇帝制度与中央政府 刘文瑞　著	全面论证了古代皇帝制度的形成和演变的历程	有助于读者从政治制度角度了解中国国情的历史渊源
	中国古代政治制度(修订版)下:地方体制与官僚制度 刘文瑞　著	全面论证了古代地方政府的发展演变过程	有助于读者从政治制度角度了解中国国情的历史渊源
	中国思想文化十八讲(修订版) 张茂泽　著	中国古代的宗教思想文化,如对祖先崇拜、儒家天命观、中国古代关于“神”的讨论等	宗教文化和人生信仰或信念紧密相联,在文化转型时期学习和研究中国宗教文化就有特别的现实意义
	史幼波《大学》讲记 史幼波　著	用儒释道的观点阐释大学的深刻思想	一本书读懂传统文化经典
	史幼波《周子通书》《太极图说》讲记 史幼波　著	把形而上的宇宙、天地,与形而下的社会、人生、经济、文化等融合在一起	将儒家的一整套学修系统融合起来
	史幼波《中庸》讲记(上下册) 史幼波　著	全面、深入浅出地揭示儒家中庸文化的真谛	儒释道三家思想融会贯通
	梁涛讲《孟子》之万章篇 梁　涛　著	《万章》主要记录孟子与万章的对话,涉及孝道、亲情、友情、出仕为官等	作者的解读能帮助读者更好地理解孟子及儒学
	两晋南北朝十二讲(修订版) 李文才　著	作为一本普及性读物,作者尊重史实,运用“历史心理学”的叙事方法,分12个专题对两晋南北朝的历史进行阐述	让读者轻松了解两晋南北朝的历史
	每个中国人身上的春秋基因 史贤龙　著	春秋368年(公元前770－公元前403年),每一个中国人都可以在这段时期的历史中找到自己的祖先,看到真实发生的事件,同时也看到自己	长情商、识人心
	与《老子》一起思考:德篇 **与《老子》一起思考:道篇** 史贤龙　著	打通文史,回归哲慧,纵贯古今,放眼中外,妙语迭出,在当今的老子读本中别具一格	深读有深读的回味,浅尝有浅尝的机敏,可给读者不同的启发

续表

思想·文化	**说服天下:《鬼谷子》的中国沟通术** 翟玉忠　著	由内圣而外王,从心力的培育到具体的说服理论,再到生动的说服案例	从商业到军事再到日常生活,沟通说服已经变得越来越重要
	读《管子》,知天下财富:轻重术与中国古典经济思想 翟玉忠　著	中国农业社会规模庞大的市场产生了复杂发展的经济理论——以《管子》轻重十六篇为核心的轻重术	本书分为道、术两大部分,有思想、有谋略,相信你会从中有所收获
	中国商道:从古典商书说开去 翟玉忠　著	对中国先秦和明清两个商品经济大发展时期商业典籍的第一次系统整理和诠释	中华商道一脉相承,造就了无数商业奇迹,成就了无数商业巨子。今人读之,必能获益
	跟陈忠建学写名家书法Ⅰ **跟陈忠建学写名家书法Ⅱ** 陈忠建　著	中国台湾著名书法教育家,用视频手把手教你摹写历代名家笔触	用拟古千字文的形式,学习名家的技巧
	像美国人一样讲话:教你记住800句最地道的美语 马方旭　著	本书基本囊括了在美国最常用最地道的800习惯用语表达,包含中英双语翻译,以及清晰明了的注解帮助增强记忆,加入视频等流行的记忆方法	易读易懂,趣味十足
	别让你的执着毁了孩子 廖信琳　著	让职场人在家庭教育中不再焦虑,重塑亲子互动模式	只要放下你的执拗,孩子可以更优秀
	非暴力抵抗的诞生 甘　地　著	甘地在南非的自传,介绍了非暴力抵抗诞生的历史	深入了解甘地及其伟大思想
	中东历史与现状二十讲 黄民兴　著	介绍了中东历史和现状的20个重要问题	为研究和教学人员提供指导和依据
	郑子太极拳理拳法 杨竣雄　著	走进郑子太极拳完整训练体系的大门,随着书中另一主角——师父的课程安排与每日功课的练习	当您学完这套书后,在掌握拳架的同时具备诸多正确的太极理念与系统知识
	内功太极拳训练教程 王铁仁　编著	杨式(内功)太极拳(俗称老六路)的详细介绍及具体修炼方法,身心的一次升华	书中含有大量图解并有相关视频供读者同步学习
	中医治心脏病 马宝琳　著	引用众多真实案例,客观真实地讲述了中西医对于心脏病的认识及治疗方法	看完这本书,能为您节约10万元医药费